Seifert/Seifert/Schmidt
Der Energie der Seele folgen

Ang Lee Seifert
Theodor Seifert
Paul Schmidt

Der Energie der Seele folgen

Gelassen und frei durch Aktive Imagination

Walter Verlag

Wir widmen dieses Buch unseren Töchtern

Isabelle und Ursula
Cathrin und Lilian
Marion und Nicola

Bibliografische Information der Deutschen Bibliothek

Die Deutsche Bibliothek verzeichnet diese Publikation in der Deutschen Nationalbibliografie; detaillierte bibliografische Daten sind im Internet über http://dnb.ddb.de abrufbar.

© 2003 Patmos Verlag, GmbH & Co. KG
Walter Verlag Düsseldorf und Zürich
Alle Rechte vorbehalten.
Umschlaggestaltung: Groothuis, Lohfert, Consorten (Hamburg)
Satz: Utesch GmbH, Hamburg
Druck und Bindung: Bercker Graph. Betrieb, Kevelaer
ISBN 3-530-42167-7
www.patmos.de

Inhalt

Dank 6
Einleitung 7

1 Die Energie der Seele 10
2 Unterwegs sein 20
3 In Beziehung zu mir selbst 39
4 »Wie eine Kerze im Sturm« 57
5 Ins »Herz der Dinge« lauschen 74
6 Sicher geführt 96
7 Hilfreiche Wegweisung 114
8 Aufträge und Aufgaben 140
9 Immer wieder Abschied nehmen 162
10 Ankommen und daheim sein 177
11 Und am Ende bleibt das Selbst 192
12 Blick aufs Ganze:
   Technik, Theorie und persönliche Fragen 206

Zusammenfassende Anleitung,
persönliche Fragen und Antworten 228
Und noch ein letztes Bild 236
Anmerkungen 237
Literatur 239

Dank

Mit diesem Buch wollen wir den Leserinnen und Lesern einen vertieften Zugang zu sich selbst vermitteln und ihnen einen Weg zeigen, der sie zu mehr und auch neuem Verständnis ihrer selbst führt. Darüber kann das Selbstvertrauen wachsen, das zu einer größeren Selbst-Sicherheit führt. Dieser Weg ist für jeden Menschen gangbar. Das hat uns die Erfahrung gelehrt, die wir mit uns selbst, mit unseren Klientinnen und Klienten sowie mit vielen an diesem Weg Interessierten, die ihn bereits gegangen sind, gemacht haben. Wir danken ihnen allen sehr, dass sie bereit waren, uns ihre Erlebnisse zur Verfügung zu stellen. Natürlich sind persönliche Daten anonymisiert.

Unser Dank gilt darüber hinaus allen jenen, die das Manuskript immer wieder zur Probe gelesen und uns damit geholfen haben, schließlich ein lesbares Buch daraus zu machen – allen voran Gabriele Schmidt, die durch ihre engagierte Mitarbeit half, den Inhalt trotz der vielen fachlichen Begriffe gut verständlich zu vermitteln.

Wir danken auch sehr unserer Lektorin, Dr. Mathilde Fischer, für ihre überaus gründliche und kompetente Durcharbeitung des Manuskripts.

Einleitung

Viele Menschen begeben sich heute auf die Suche nach den eigenen Möglichkeiten und Fähigkeiten, um glücklicher zu werden, ihr Leben leichter zu gestalten und sich unabhängiger von äußeren Einflüssen zu machen. Sie wollen lebendige Partnerschaften führen, erfolgreich im Beruf sein, Probleme schneller lösen und Konflikte besser durchstehen können. Bei all dem, was auch nicht so gut ist in unserer Gesellschaft, sind doch immer mehr Menschen bereit, einen Weg zu größerer Selbstsicherheit und damit Selbständigkeit, zur individuellen Ausprägung ihrer Persönlichkeit und damit zu Autonomie und Selbstbewusstsein zu gehen. Dafür gibt es beinahe unzählige Angebote im großen Bereich der Lebenshilfe, sowohl auf psychologischer und medizinischer als auch auf philosophischer und religiöser Basis. Es ist für jede Frau und jeden Mann etwas dabei, das dem Wunsch, das ganz Eigene zu finden, entgegen kommt.

Eine große Rolle bei diesen Angeboten zur Selbstfindung spielen die imaginativen Verfahren. Phantasiereisen und Wachträume, positives Denken und spezifische Vorstellungen zur Heilung einer körperlichen Erkrankung, aber auch die klassische Meditation und die Arbeit mit dem nächtlichen Traumgeschehen werden von vielen Menschen erfolgreich angewendet.

Brauchen wir darüber hinaus dann auch noch eine neue Methode, die sich an die bereits praktizierten anschließt? Oder birgt sich vielleicht in ihr etwas, das es rechtfertigt, sie einem möglichst breiten Leserinnen- und Leserkreis vorzustellen?

Wir meinen: Ja, sie birgt in sich etwas Besonderes, weil sie keiner besonderen Vorschrift des Verhaltens unterliegt, weil sie der Weg der größten Freiheit ist. C. G. Jung, Schweizer Arzt und Psychotherapeut, hat diese Methode wieder entdeckt, in die Psychotherapie eingeführt und sie »Aktive Imagination« genannt. Er fand sie in der aktiven Auseinandersetzung mit sich selbst und stellte dann fest, dass ihm da etwas begegnete, das die Menschen schon lange vor ihm, wohl schon seit Anbeginn ihrer Vorstellungskraft, kannten: das Gespräch mit der eigenen Seele bzw. mit Repräsentanten des unbewussten Teils ihrer selbst. Er verhalf dieser Methode wieder zu hohem Ansehen und sah sie als den »Königsweg« zur Auseinandersetzung mit sich selbst, zur Selbsterkenntnis. Da jedoch schon vor ihm Sigmund Freud die Träume, die uns nachts beschäftigen, als »Via regia«, als »Königsweg« in das Unbewusste bezeichnet hat, könnten wir die Aktive Imagination den »göttlichen Weg« zu den unbewussten Quellen nennen. Denn sie führt uns noch schneller und direkter, als Träume dies vermögen, in Bereiche, die uns unbekannt sind, doch in denen sich der ganze Reichtum, den wir für ein gutes, erfüllendes Leben brauchen, verbirgt. Wenn wir uns erst einmal zu diesen inneren Quellen vorgetastet haben, erkennen wir, dass wir frei sind, auf der Sonnen- oder der Schattenseite des Lebens zu stehen, dass wir uns autonom für das entscheiden können, was wir für gut und richtig halten. Und damit wächst das Vertrauen in die heilende Kraft des Göttlichen, das wir dann sowohl im eigenen Inneren als auch im großen Ganzen der äußeren Welt finden.

Aus diesem Wissen heraus antwortete Marie-Louise von Franz, eine langjährige und auch sehr enge Mitarbeiterin von C. G. Jung, auf unsere Frage, was denn von der Jungschen Psychologie am meisten in die Zukunft hinein tragen, ja, was die Jungsche Psychologie vielleicht sogar überdauern werde: die Aktive Imagination, die Synchronizität und die Alchemie. Sie sagte das in den letzten Wochen ihres Lebens, in denen sich ihr auf Grund ihrer schweren Erkrankung der Blick schon weit in eine zukünftige Welt geöffnet hatte. Ob sie Recht behalten wird, können wohl erst die Generationen nach ihr bestätigen, doch wir wollen mit unserer Arbeit den Weg dorthin bereiten.

Deshalb widmen wir dieses Buch auch unseren Töchtern als Stellvertreterinnen der Leserinnen und Leser, in der Hoffnung, dass sie das hierin enthaltene Wissen selber praktizieren und es weitergeben an ihre Kinder und diese wiederum an deren Kinder. So kann das, was schon vor uns viele Menschen gesät haben, reifen und Früchte tragen in der Welt nach uns.

Wir leben in einer Zeit, in der vieles im Umbruch ist, in der sich in schneller Abfolge immer wieder Neues gestaltet und weiter entwickelt. Zum Beispiel erleben wir gerade die erfreuliche, weil hoffnungsvolle Wende von einer hauptsächlich vom Männlichen bestimmten Welt zu einer, in der immer mehr Frauen die Initiative ergreifen, sich in das gesellschaftliche und politische Leben einmischen und so zu einem partnerschaftlichen Miteinander aufrufen. Sie wollen Seite an Seite mit mutigen und sich für das Wohl des Ganzen engagierende Männer die Zukunft für sich und ihre gemeinsamen Kinder gestalten. Ihnen gebührt Respekt und sie brauchen Ermutigung und Unterstützung. Diese Trias – Respekt, Ermutigung und Unterstützung – wollen wir zum Ausdruck bringen, indem wir in unserem Text stets die weibliche und die männliche Form verwenden. Einwände, dass somit der Text schwerer zu lesen sei, entsprechen nicht mehr unserem heutigen Verständnis der Beziehung zwischen den Geschlechtern und sind auch nicht mit der Aktiven Imagination zu vereinbaren. Denn die Aktive Imagination ist ein Weg in die Freiheit – für alle Menschen, unabhängig von ihrem Geschlecht, ihrer Hautfarbe, ihrer Bildung, ihrer Intelligenz oder ihrem Herkommen. Sie ist eine absolut demokratische Methode, die keinen Anspruch auf Elitäres oder Ausschließendes erhebt. Jede Frau, jeder Mann und auch jedes Kind ist eingeladen, diesen Weg in die innere Freiheit auf ihre und seine ganz eigene Weise zu gehen.

1.
Die Energie der Seele

> Von all den Unterschieden zwischen Mensch und Tier ist die Macht, symbolische Bilder zu erschaffen und mit ihnen zu arbeiten, die charakteristische Gabe, die uns zu Menschen macht: die Gabe der Imagination. Die Macht, die der Mensch über die Natur und über sich selbst hat, liegt in seiner Beherrschung imaginärer Erfahrung. Fast alles, was des Tuens wert ist, bestand zunächst im Auge des Geistes …
> Die Vorstellung (oder die Phantasie) ist der charakteristische Akt nicht nur des Dichters, des Malers oder des Wissenschaftlers, sondern des menschlichen Geistes überhaupt. Vorstellung ist eine spezifisch menschliche Gabe.
>
> Jacob Bronowski, In: Lama Anagarika Govinda: Schöpferische Meditation und multidimensionales Bewusstsein.

Wer der Energie der Seele folgen will, wird vielleicht zuerst einmal fragen: Was ist denn die Energie der Seele? Ist sie etwas anderes als die Energie meines Körpers, die ich jeden Tag spüre, wenn ich morgens aufstehe und meinen Tag gestalte? Die Antwort lautet: Nein, sie ist nichts anderes, doch sie wird in unterschiedlicher Weise erlebt. Wenn wir davon ausgehen, dass Körper und Seele eins sind, weil ein unbeseelter Körper tot ist, wissen wir, dass es dieselbe Energie ist, die sowohl unseren Körper durchströmt, uns auch für schwere körperliche Arbeit zur Verfügung steht als auch für alles, was uns emotional bewegt, was uns ganz zarte Gefühle erleben lässt, verantwortlich ist. Wir spüren sie, wenn unser Körper auf seelische Zustände reagiert, wenn zum Beispiel das Herz klopft, weil wir uns über etwas aufregen; wenn im Bauch »Schmetterlinge flattern«, weil wir verliebt sind; wenn Ärger Kopfschmerzen bereitet; wenn der Nacken schmerzt, weil eine schwierige Aufgabe drückt; wenn uns schlecht wird, weil wir an eine unangenehme Auseinandersetzung denken oder uns gar darin befinden. Die Seele übt also einen starken Einfluss auf den Körper aus und der Körper seinerseits teilt sich der Seele mit. Zum Beispiel lässt er einen großen Teil der Lebensenergie absinken, wenn wir uns in einer depressiven Phase befinden, die meist dann eintritt, wenn wir die Gefühle, die der jeweiligen Situation angemessen wären, zum Beispiel Ärger oder Wut, nicht zulassen, sie unterdrücken.

Wenn die seelische und die körperliche Energie einträchtig »Hand in Hand« gehen, zu einem harmonischen Ganzen zusammen fließen, fühlen wir uns wohl, ausgeglichen, gelassen und frei – wir sind einfach glücklich. Wobei dem Wörtchen »einfach« eine große Bedeutung zukommt: Die seelische und die körperliche Energie sind dann nicht getrennt, sie sind eins = einfach.

Der Glücksforscher Mihaly Csikszentmihalyi hat in vielen Studien herausgefunden, dass Menschen dann glücklich sind, wenn sie sich auf eine Aufgabe konzentrieren, die sie als sinnvoll und befriedigend betrachten. Das heißt im Hinblick auf die Energie, sowohl die des Körpers bei der Arbeit als auch die des Geistes beim Lösen der Aufgabe: wenn die körperliche und die seelische Energie gleichzeitig auf einen Punkt gerichtet ist, dann breitet sich ein Glücksgefühl in der jeweiligen Person aus. Es ist also ein Ausgangspunkt erforderlich, um die Energie, die in jedem Menschen gespeichert ist, in den Fluss zu bringen, der das seelische Gleichgewicht und das körperliche Wohlbefinden ermöglicht.

Der Weg zu inneren Ratgebern und Begleitern

Wohl nicht von ungefähr suchen heute viele Menschen sowohl Entspannung als auch körperliche und geistige Fitness, indem sie joggen, spazieren gehen und wandern. Sie bewegen dabei nicht nur ihre Beine, sondern auch ihre Seele. Denn sie können beim Gehen und Wandern ihren Gedanken folgen und gleichzeitig die Natur, in der sie sich bewegen, als heilsame Kraft erleben. Vor allem der Pilgerpfad im nördlichen Spanien über die Pyrenäen nach Santiago de Compostela, der so genannte »Jakobsweg« lockt Frauen und Männer, die auf einer solchen Wanderung sich selbst finden wollen.

Waren es im Mittelalter noch relativ wenige, die Wallfahrten unternahmen, so werden es heute immer mehr Menschen, die im täglichen Gehen weiter Strecken – oft auch durch ziemlich unwegsames Gelände – ihr seelisches Gleichgewicht suchen. Im Wort »Wanderung« steckt ja auch das »Wandeln« – in zweierlei Bedeutung: durch Hallen oder Kreuzgänge wandeln, aber auch sich selbst, sein Inneres wandeln. Darauf kommt es heute – mehr denn je – an.

Wenn wir also Unglücklichsein, Leiden, Krankheiten überwinden wollen, müssen wir uns auf einen neuen Weg machen, um herauszufinden, wie das »gehen« kann. Es ist der Weg der Autonomie. Über diesen Weg weiß nicht ein großer Einzelner Bescheid, diesen Weg muss jeder für sich selbst beschreiten. Nicht mehr ein äußerer »Guru« oder »Meister« sagt, was für mich gut und richtig ist, nur mein innerer »Guru« oder »Meister«, meine seelische Ratgeberin, kann mir dies vermitteln. Insofern sind wir Menschen auf unserer Wanderschaft an einem Punkt angelangt, an dem wir beginnen können, die Innenwelt als ebenso bedeutsam zu sehen, wie wir bisher die Außenwelt betrachtet haben. Immer mehr Menschen erfassen heute intuitiv, dass es um diesen Bewusstseinswandel geht, dass es zunehmend wichtig wird, die Innenseite ihrer Persönlichkeit genau so wahrzunehmen und zu pflegen wie ihr Äußeres. Ken Wilber, den man den »Einstein der Bewusstseinsforschung« nennt, meint in diesem Zusammenhang, dass wir an einem zentralen Punkt der Menschheitsentwicklung angelangt sind. In seinem Buch Halbzeit der Evolution schreibt er:

> Am gegenwärtigen Punkt der Geschichte würde eine radikale, durchdringende und die Welt erschütternde Transformation schon darin bestehen, wenn jedermann zu einem *wahrhaftig* reifen, rationalen und verantwortungsbewußten *Ego* evolvieren würde, einem Ego, das imstande wäre, frei am offenen Austausch gegenseitiger Achtung teilzunehmen. *Dort* ist heute die ›vorderste Front‹ der Geschichte, *damit* würden wir ein *wirkliches* ›Neues Zeitalter‹ erleben.[1]

Zu einem solchen reifen, verantwortungsvollen Ich gehört allerdings ein umfassendes Bewusstsein seiner selbst, wobei »umfassend« meint, nicht nur das schon Bekannte, sondern auch das noch Unbekannte, nicht nur das Äußere, sondern auch das Innere zu betrachten. Nur so kann es die Kompetenz und Sicherheit erwerben, die es braucht, um von Einfluss nehmenden äußeren Autoritäten unabhängig zu werden. Denn nur aus der inneren Unabhängigkeit heraus ist verantwortungsvolles Handeln möglich.

Wenn wir aber den Blick verstärkt von außen nach innen wenden, dann kann zunächst einmal eine große Unsicherheit entstehen – wie meistens, wenn wir uns in etwas Neues hineinwagen.

An diesem Punkt sind viele Menschen erst einmal rat- und hilflos. Wer bisher gewohnt war, dass eine andere Person gesagt hat, was zu tun und zu lassen ist, steht jetzt vielleicht vor einer Leere. Wenn nicht mehr Mutter und Vater, bzw. entsprechende Autoritäten, sagen, wie das »Kind« sich verhalten soll, dann ist der erwachsen werdende Mensch darauf angewiesen, es selbst zu erkennen. Doch woran und wie? Wodurch erkenne ich meine ganz eigene Einstellung? Woran messe ich, ob das, was ich denke und fühle, wie ich mich verhalte, das Richtige ist? Wenn nicht mehr die äußeren Autoritäten den Weg weisen, dann bedarf es innerer Ratgeberinnen und Ratgeber, die mich leiten. Zu diesen inneren Beraterinnen und Beratern führt schnell und sicher die Aktive Imagination.

Wenn Sie mögen, probieren Sie doch gleich diese erste Übung auf Ihrem Weg nach innen aus. Erleben Sie, wie Sie sich direkt mit dem, was Ihnen in Ihrem Innern nicht bewusst ist, in Beziehung setzen können.

Scheuen Sie sich nicht, sich ganz einfach auf das Folgende einzulassen, auch wenn Sie noch nicht allzu viel darüber wissen. Gerade eine gewisse »Unwissenheit« lässt Sie die beste Erfahrung machen. Sie ist sozusagen »rein« und frei von intellektuellen Festlegungen.

Eine gute Voraussetzung für diese Übung wäre eine Situation, die Sie emotional sehr berührt hat bzw. noch bewegt. Zum Beispiel
- wenn Sie sich gerade unglücklich fühlen, aber nicht so recht wissen, warum eigentlich, oder wie Sie eine Veränderung herbei führen können;
- wenn ein Ärger oder gar eine Wut in Ihnen ist, dem oder der Sie sich hilflos ausgeliefert fühlen;
- wenn Sie eine starke Sehnsucht nach »Geführtwerden« spüren;

- wenn etwas oder jemand in einem nächtlichen Traum erschienen ist, das oder der Sie unruhig oder neugierig macht;
- wenn Sie einen nächtlichen Traum über einige Zeit hinweg nicht verstehen und Sie merken, dass er Sie sehr beschäftigt;
- wenn Sie ganz einfach einmal die Erfahrung einer Aktiven Imagination machen wollen.

Nehmen Sie sich eine halbe Stunde Zeit und sorgen Sie dafür, dass Sie nicht gestört werden. Setzen Sie sich in entspannt aufrechter Haltung auf einen Stuhl, auf ein Meditationskissen oder einfach auf den Boden, lassen Sie Ihre Gedanken an die Außenwelt für diese halbe Stunde weg, stellen Sie sich auf eine innere Erfahrung ein. Konzentrieren Sie sich auf Ihr Gefühl, Ihren Wunsch, Ihre Frage, seien Sie dabei offen für alles, was geschieht. Vergegenwärtigen Sie sich die Situation, die Sie besser verstehen wollen, aktivieren Sie den Gefühlszustand, der Sie veranlasst, diese Übung zu machen, oder vergegenwärtigen Sie sich zum Beispiel noch einmal Ihr Traumbild.

Nun passen Sie gespannt und hellwach auf, was geschieht. Vielleicht taucht eine Gestalt vor Ihren inneren Augen auf, ein Mensch, ein Tier oder eine Pflanze. Schauen Sie sich diese Gestalt und die Umgebung, also das gesamte Bild genau an und treten Sie in Beziehung zu dem, was aufgetaucht ist. Sprechen Sie also die Gestalt, das Tier, die Pflanze an. (In der Aktiven Imagination können Tiere und Pflanzen sprechen, wie im Märchen).

Stellen Sie Ihre Fragen oder teilen Sie Ihrem Gegenüber Ihren Wunsch mit, aber immer erst einen. Lassen Sie Ihrem Gegenüber Zeit, zu antworten. Vielleicht möchte die Gestalt, die Pflanze, das Tier, dass Sie ihr oder ihm folgen. Tun Sie das, aber achten Sie darauf, dass dies nur so geht, wie es auch für Sie im Wachzustand möglich wäre. Das heißt, Sie können nur gehen, nicht fliegen. Wenn Sie schwimmen können, dürfen Sie Ihr Gegenüber auch in einem See oder im Meer schwimmend begleiten, wenn Sie jedoch in der äußeren Realität nicht schwimmen können, können Sie es auch nicht in der Aktiven Imagination.

Gerade hier liegt der Unterschied der Aktiven Imagination zu einer passiven Phantasiereise: In der Aktiven Imagination ist das Ichbewusstsein wach und setzt sich aktiv, nur mit seinen realen Möglichkeiten mit der Gestalt aus dem Unbewussten in Beziehung. In der passiven Phantasiereise können Sie alles phantasierend erleben, was Sie in der Realität nicht können: fliegen, größer oder kleiner werden, sich in ein Tier oder einen Riesen verwandeln, usw. In der Aktiven Imagination bleiben Sie auf die Realität bezogen – sowohl auf Ihre Wachrealität als auch auf die Realität des Unbewussten. Die Aktive Imagination ist kein Märchen, keine Phantasiereise, sie hat und kann nichts Magisches. Sie ist klar, einfach, direkt und wirkt immer ausgleichend.

Nach einer halben Stunde verabschieden Sie sich von Ihrem Gegenüber und wenn Sie meinen, der Prozess ist noch nicht zu Ende, Ihr Gegenüber habe Ihnen noch etwas zu sagen, oder Sie wollen noch einiges fragen, dann versprechen Sie, bald – am nächsten, übernächsten Tag, am nächsten Wochenende – wieder zu kommen. Halten Sie dieses Versprechen auch ein und beginnen Sie dann dort, wo Sie das Mal davor aufgehört haben.

Eine Aktive Imagination kann über viele Tage, Wochen, Monate gehen – so lange, bis Sie eines Tages genau wissen: jetzt ist dieses Geschehen abgeschlossen.

Nach einiger Zeit können Sie dann, wenn Sie wollen, mit einem anderen Thema erneut in eine Aktive Imagination »einsteigen«.

Bitte bedenken Sie: Die Aktive Imagination ist ein ernsthafter Vorgang, einer Psychotherapie sehr ähnlich. Was nicht heißt, dass es nicht auch fröhlich oder manchmal recht lustig darin zugehen mag. Lachen ist immer gut und gesund. Manchmal ergibt es sich auch, dass Sie ein Streitgespräch mit Ihrem imaginären Gegenüber führen – das ist mitunter sogar sehr wichtig. Doch Sie sollten den Prozess der Beziehung mit dem Unbewussten als etwas betrachten, dem man respektvoll begegnet – nicht »heilig« oder sentimental, sondern einfach, klar, direkt und mit Respekt; so wie Sie auch einen Gast in Ihrem Hause begrüßen würden, der von weit her kommt und Ihnen ein schönes Gastgeschenk mitbringt.

Probieren Sie so eine Aktive Imagination einfach einmal aus, scheuen Sie nicht davor zurück, ängstigen Sie sich auch nicht, dass Sie etwas falsch machen könnten. (In Kapitel 12 erhalten Sie noch viele weitere Hinweise und noch einen Katalog mit Fragen und Antworten.) Das Einzige, was Sie noch beachten sollten, ist, dass Sie keine Personen in die Aktive Imagination nehmen, die Sie aus dem Wachbewusstsein kennen und die noch leben. Mit diesen Personen können Sie sich direkt auseinandersetzen, wenn Sie mit ihnen etwas zu klären haben. Diese Menschen würden Ihnen auch keine Weisheiten aus dem Unbewussten bringen.

Die Seele übernimmt die Führung

Die älteste uns bekannte Aktive Imagination wurde im alten Ägypten in der Zeit der Pharaonen aufgezeichnet. Man fand entsprechende Papyrusblätter – allerdings nicht mehr vollständig –, die ca. 4000 Jahre alt sind. Dort heißt es, dass sich ein Mann das Leben nehmen will, denn er findet es nur grau, eintönig und trostlos, er kann ihm nichts Schönes und Angenehmes mehr abgewinnen – im Gegenteil, es wird ihm zunehmend unerträglich und quälend. Er beschließt zu sterben, sich selbst umzubringen. So weit ist die Geschichte recht gewöhnlich, man hört es immer wieder, dass ein Mensch in einer seelischen Krise an Selbstmord denkt und ihn oft auch ausführt.

Doch dann beginnt etwas Ungewöhnliches: Während der Mann noch damit beschäftigt ist, sich zu überlegen, wann, wo und auf welche Weise er seine Tat vollbringen könnte, hört er plötzlich eine klare Stimme neben sich, die ihn fragt: »Sag einmal, lebst du überhaupt? Was ist denn dein Ziel?«

Er schaut sich um, aber da ist niemand. Oder doch? Auf einmal weiß er: Es ist seine eigene Seele, die zu ihm spricht.

Das irritiert ihn und mürrisch antwortet er ihr, sie solle ihn in Ruhe lassen und sich nicht einmischen. Er will sterben, ganz gleich, was sie dazu meint.

Aber dieser sprechende Teil seiner Seele bleibt beharrlich, lässt nicht von ihm ab und fordert ihn mit den Worten heraus: »Bist du denn wirklich ein Mann? Bist du überhaupt lebendig?«

Nun ist er getroffen und kann nicht anders, als sich mit seiner aufdringlichen Seele auseinanderzusetzen. Da beginnt ein Dialog des Lebensmüden mit seinem »Ba«, so heißt der Kern der Seele, ihr

»göttlicher Funke«, im alten Ägypten. Das Gespräch wird offenbar sehr lang, es gliedert sich in verschiedene Abschnitte und zieht sich über viele Tage, vielleicht auch Monate oder gar Jahre hin. Manchmal kann die Läuterung der Seele eben ziemlich lange dauern.

Wie geht diese Geschichte aus? Seine Seele siegt, und er bleibt am Leben. Leider wissen wir nicht, was dieses Erlebnis in dem Mann bewirkte, inwiefern es ihn verändert hat. Doch seither haben sich Menschen, die den Geheimnissen der Seele auf der Spur sind, immer wieder mit diesem Phänomen beschäftigt.

Was geht da vor, wenn ein Teil der eigenen Seele plötzlich zu sprechen beginnt? Ein Psychiater würde vielleicht sagen: »Wenn ein Mensch Stimmen hört, ist er verrückt.«

Man kann es durchaus so sehen. Denn es wird ja tatsächlich etwas verrückt in einem solchen Dialog. Die Seele rückt auseinander und zurecht, was vorher in Unordnung geraten, unsinnig ineinander verwoben und deshalb einseitig geworden war. Sie löst falsche Verknüpfungen, die der Mensch vorgenommen hatte, indem er die Realität ausblendete, verdrängte und verdrehte. Der alte Ägypter konnte sein Leben nur noch freudlos und anstrengend sehen, alles andere interessierte ihn nicht. So gab es eine Art »Kurzschluss« in seinem Gehirn, und sein Selbstmord wäre als Reaktion darauf eine so genannte Kurzschlusshandlung gewesen. Es ist tröstlich zu wissen, dass es offenbar in der Seele des Menschen – bzw. in seinem Gehirn, denn die Seele kann sich nur über das Gehirn mitteilen – so etwas wie ein Cockpit gibt, in dem Kurzschlüsse des Denkens registriert und »Experten« mobilisiert werden, den Defekt zu beheben.

Von diesen Experten ist hier die Rede, denn sie betätigen sich nicht nur als Lebensretter, wie die Geschichte aus Ägypten zeigt, sie sind auch willens, uns in anderen schwierigen Lebenssituationen zu helfen, uns mit Rat und Tat zur Seite zu stehen – wenn wir unsererseits bereit sind, ihre Hilfe anzunehmen. Was nicht bei allen Menschen der Fall ist, denn manche haben große Angst vor den Geheimnissen der Seele. Was sehr bedauerlich ist, denn sie verzichten damit auf Möglichkeiten und Qualitäten, die das Leben leichter, freier, angenehmer machen und ihm darüber hinaus auch noch eine Tiefendimension geben. Wenn wir genügend Mut aufbringen, können wir Energien in unserer Seele mobilisieren, die uns helfen, die Einmaligkeit und Einzigartigkeit unserer Existenz zur Vollständigkeit, zu ihrer wahren Größe zu entfalten.

Eine bessere Führung als die, welche sich aus dem Zusammenspiel des Ich – das ist die Instanz, die uns durch das schon Bekannte, durch das tägliche Leben führt – mit dem Unbewussten – das ist die Dimension des noch nicht Bekannten – ergibt, können wir gar nicht finden. Da sie ganz persönlich auf den jeweils betreffenden Menschen »zugeschnitten« ist, bringt sie ihn auf den ganz persönlichen Weg. Doch lassen wir C. G. Jung selbst zu Wort kommen:

> Bei der Aktiven Imagination kommt es darauf an, daß Sie mit irgendeinem Bild beginnen... Betrachten Sie das Bild und beobachten Sie genau, wie es sich zu entfalten oder zu verändern beginnt. Vermeiden Sie jeden Versuch, es in eine bestimmte Form zu bringen, tun Sie einfach nichts anderes als beobachten, welche Wandlungen spontan eintreten. Jedes seelische Bild, das Sie auf diese Weise beobachten, wird sich früher oder später umgestalten und zwar auf Grund einer spontanen Assoziation, die zu einer leichten Veränderung des Bildes führt. Ungeduldiges Springen von einem Thema zum anderen ist sorgfältig zu vermeiden. Halten Sie an dem einen von Ihnen gewählten Bild fest und warten Sie, bis es sich von selbst wandelt. Alle diese Wandlungen müssen Sie sorgsam beobachten und müssen schließlich selbst in das Bild hinein gehen: kommt eine Figur vor, die spricht, dann sagen auch Sie, was Sie zu sagen haben, und hören auf das, was sie zu sagen hat. Auf diese Weise können Sie nicht nur Ihr Unbewußtes analysieren, sondern Sie geben dem Unbewußten eine Chance, Sie zu analysieren. Und so erschaffen Sie nach und nach die Einheit von Bewußtsein und Unbewußtem, ohne die es überhaupt keine Individuation gibt.[2]

Neben dieser, direkt von Jung gegebenen Anleitung zur Aktiven Imagination, ist uns hier sein Satz »... die Einheit von Bewußtsein und Unbewußtem, ohne die es überhaupt keine Individuation gibt« wichtig. Es geht in der Psychoanalyse bzw. der Psychotherapie letztlich immer um diese Einheit von Bewusstem mit dem Unbewussten. Das heißt, heil und damit frei wird ein Mensch erst dann, wenn die Spaltungen, die bisher – unbewusst! – vorgenommen wurden, überwunden werden, um in die Einheit des Seins zurück zu kehren. Wobei wir dem Wort »zurück« eine besondere Beachtung schenken müssen. Es meint nicht ein Zurück in die Regression, in die selige Symbiose des Kindes mit der Mutter oder in die Unbewusstheit einer Verschmelzung mit der Natur, sondern eine bewusste Zusammenführung dessen, was zusammengehört: Natur und Geist, weiblich und männlich, unten und oben, dunkel und hell usw. Unter der Trennung dessen, was im Grunde des Seins zusammengehört, leidet die Seele, weil sie so nicht ganz und damit auch nicht heil sein kann. Diese Trennung müssen wir aufheben. Denn eigentlich besteht immer alles zusammen, das Eine geht in das Andere über und es gibt jede Menge Zwischentöne – oder wann ist es nur Nacht und wann nur Tag, ohne Dämmerung? Siddhartha Gautama, der indische Königssohn, der sich zum Buddha gewandelt hat, erkannte dies schmerzlich an sich selbst. Nachdem er durch strenge Askese, wie es damals unter den Yogis, den Suchern nach Erleuchtung, üblich war, die Befreiung nicht gefunden hatte, sah er, dass die Ruhe des Geistes nur in der Ausgeglichenheit zu finden ist. Er nannte dieses Gleichgewicht den »mittleren Pfad« und lehrte ihn als Weg zur Befreiung aus dem Leid. Es geht also letztlich um die Erkenntnis, dass es nur eine Energie gibt, die zwar in unterschiedlichen Zuständen erlebt werden kann, die jedoch immer ein und dieselbe Energie ist. Dies erkennen wir, wenn wir die Spaltungen aufheben und somit zur »Einheit von Bewußtsein und Unbewußtem« gelangen, wie C. G. Jung sagt. Wenn uns dies gelingt, erlangen wir eine neue Art von Selbstsicherheit, wie wir sie vielleicht vorher nie gekannt haben. Es ist die unerschütterliche Sicherheit, dass wir mit Allem, mit dem ganzen Universum verbunden sind. Aus dieser Verbindung können wir nie herausfallen, doch vermögen wir sie oftmals nicht wahrzunehmen. Wenn wir sie aber spüren, erfüllt sie uns mit so viel Energie, dass wir nicht nur spielerisch unser eigenes Leben meistern, sondern uns auch aufschließen für das der Anderen und fähig zu echtem Mitgefühl werden, das alle Kreatur und die Natur miteinschließt.

2.
Unterwegs sein

Die Frau, die in die psychotherapeutische Behandlung kommt, sieht unglücklich aus. »Ich weiß nicht mehr weiter«, sagt sie, und dann zählt sie mehrere körperliche Beschwerden auf, die sie ärztlich behandeln lässt, ohne dass diese sich wesentlich verändern und vor allem ohne dass sie sich entscheidend besser fühlt. Ihre Hausärztin hat sie an den Kardiologen überwiesen, aber es ist alles in Ordnung, die häufig auftretenden Herzrhythmusstörungen seien harmlos. Die Gynäkologin verschreibt ihr Hormone, der Orthopäde ließ eine Computertomografie ihrer Halswirbelsäule anfertigen und schickt sie zur Heilgymnastin. Der Zahnarzt entfernt ihr gerade die noch verbliebenen Amalgamplomben. Aber besser fühlt sie sich trotz allem nicht.

Auf die Frage, wie denn ihr Leben so aussieht, sagt sie: »Ach, im Grunde ganz gut, eigentlich dürfte ich gar nicht klagen. Das ist es ja, es müsste mir gut gehen – ich verstehe es nicht. Ich fühle mich undankbar, habe ein schlechtes Gewissen, dass ich nicht zufrieden bin.«

Dann berichtet sie, dass sie in letzter Zeit sehr lustlos sei, nichts mache ihr Freude, sie schaffe den Haushalt nicht mehr, alles sei ihr zu viel. Nach gezieltem Nachfragen erzählt sie, ihr Mann sei sehr verständnisvoll, er nehme es hin, dass die Wohnung nicht mehr so aufgeräumt und sauber sei wie früher, die Mahlzeiten, die sie kocht, immer karger und einfallsloser werden, sie nicht mehr mit ihm schlafen wolle, ihm auch nicht mehr so viel im Büro helfe. Er ist selbstständiger Unternehmer, die Woche über viel unterwegs, am Wochenende ausgelastet mit Schreibarbeiten. Mit den Kindern gebe es keine Sorgen, die Tochter macht gerade Abitur, sei mit Lernen beschäftigt, der Sohn gehe viel mit Freunden weg, zum Sport und zu seiner Musik-Band. Es läuft alles bestens. Und dennoch!

Womit verbringt sie ihre Zeit, wenn sie nicht mehr so viel im Haushalt und auch nicht im Büro tut? Sie zuckt die Achseln: »Mit nichts.«

»Mit nichts?« Nein, sie sitze oft nur da und starre Löcher in die Luft, fühle sich aber auch nicht der Lage, aufzustehen und irgend etwas zu tun.

»Was hat Ihnen denn früher Freude gemacht?«

»Ich habe viel gelesen, gerne Klavier gespielt, mir hübsche Pullover gestrickt, bin auch ab und zu mal ins Theater oder in ein Konzert gegangen, habe mich mit Freundinnen getroffen. Doch jetzt ödet mich das alles an, ich gehe fast nie mehr weg, irgendwie versinke ich.«

Wohin sie versinkt? »Ich weiß es nicht – in ein dunkles Loch.«

Eine Geschichte von vielen

Diese Art von Gespräch führen wir, in verschiedenen Variationen, immer wieder in unseren psychotherapeutischen Praxen. Die Geschichten hören sich unterschiedlich an, die Details wechseln, doch letztendlich ähneln sich die Bilder, die eine Depression ausmachen. In der Regel suchen mehr Frauen als Männer eine Psychotherapie auf, doch sind meist beide Geschlechter von einer Krise in der Lebensmitte betroffen. Männer übergehen sie allerdings eher, decken sie mit Arbeit oder auch einer außerehelichen Beziehung zu. Frauen gelingt das meistens nicht so gut, sie lassen sowieso Gefühlssituationen näher an sich heran. Wenn die Kinder flügge werden, die Berufskarriere aufgebaut ist, schleicht sich bei vielen Menschen die Frage ein: »Ja und was nun? Was fange ich jetzt mit meinem Leben an? Was macht noch Sinn für mich?«

Nennen wir die Frau, die wir oben im Dialog geschildert haben, Andrea.

Sie war sehr motiviert für die Psychotherapie, kam regelmäßig zu den vereinbarten Stunden und fand auch bald heraus, worum es eigentlich für sie ging.

Sie hatte schon früh in ihrem Leben Verantwortung übernehmen müssen, sich um die häufig kranke Mutter kümmern, den Vater und die jüngeren Geschwister versorgen müssen, wenn Mutter im Krankenhaus oder zur Kur war. Nach ihrer Heirat hatte sie ihrem Mann geholfen, eine kleine Firma aufzubauen, dann zog sie mit viel Sorgfalt die beiden Kinder groß. Sie war also bis heute immer für andere Menschen da gewesen, was sie gerne tat, was sie auch ausfüllte. Doch jetzt war der Zeitpunkt gekommen, da sie nicht mehr direkt gebraucht wurde: Die Eltern sind inzwischen verstorben, die Firma läuft, die Kinder gehen ihre eigenen Wege. Sie fühlt sich auf seltsame Weise zurück gelassen, allein, ohne sinnvolle Aufgabe. Das ist sie nicht gewohnt. Das gab es bisher nicht in ihrem Leben, gleichsam überflüssig zu sein, wenngleich Ehemann und die Kinder ihr versichern, dass sie gerne mit ihr, der Frau, der Mutter zusammen sind. Aber der Sinn ist plötzlich aus ihrem Leben gewichen.

Auf die Frage, was sie davon halten würde, jetzt endlich einmal nur ganz für sich zu leben, sich nur um sich zu kümmern, schaut sie mit großen, fragenden Augen, als verstünde sie diese Frage nicht. »Ich für mich?« wiederholt sie ungläubig – und fügt hinzu: »Mein Leben hat doch nur dann einen Wert, wenn ich für andere da bin.«

Diesen Satz hören wie oft in unseren Behandlungen. Meistens stellt es sich als ziemlich schwierig dar, die Betreffenden davon zu überzeugen, dass jeder Mensch in erster Linie für sich selbst in dieses Leben gekommen und dass es natürlich ist, sich außer um andere auch um sich selbst zu kümmern, vor allem in der zweiten Lebenshälfte, wenn man sozusagen den Dienst an der Fortpflanzung und der Gesellschaft geleistet hat. Dann bricht die Forderung der Seele nach der eigenen Verwirklichung hervor. Schließlich möchte sie sich vervollständigen, möchte nicht nur einseitig gelebt werden, drängt hin zu ihrer Ganzheit. Wenn die erste Lebenshälfte überwiegend mit dem Dienst an Familie und Gesellschaft ausgefüllt war, möchte die zweite nun die Selbstentfaltung fördern. Das ist der ganz natürliche Weg, denn jedes System – und der Mensch stellt ein System von Körper, Seele, Geist dar – strebt zur Vervollständigung, es möchte ausgeglichen sein. Das ist der Sinn einer Lebenskrise, vor allem der so genannten Midlife-Crisis, der Krise in der Lebensmitte, die häufig sehr heftig verläuft und in der es nicht selten vorkommt, dass ein Mensch seinem Leben vorschnell ein Ende setzt, weil er meint, es sei ja sinnlos geworden. Oder eine lebensbedrohliche Erkrankung tritt ein, die ebenfalls so ein scheinbar sinnlos gewordenes Leben viel zu früh zu beenden droht.

Doch so weit ist es bei Andrea zum Glück nicht. Sie kommt sehr motiviert zu den psychotherapeutischen Sitzungen, schreibt die Träume, an die sie sich am Morgen erinnert, sorgfältig auf und bringt diese mit in die Therapiestunden. So lernt sie rasch die inneren Vorgänge ihrer Seele kennen und gewinnt ein neues Verständnis für sich selbst.

Eines Tages berichtet sie einen Traum, der sie ziemlich durcheinander gebracht hat, der ihr »nachgeht«, der irgend etwas Unbekanntes, sie Ängstigendes in ihr aufwühlt. Es geht darum, dass in einem Omnibus, in dem sie mitfährt, jemand ermordet wird. Es kann allerdings nicht ermittelt werden, wer das Opfer ist, und auch der Täter bleibt unbekannt. Sie versteht diesen Traum nicht. Hier ist nun eine gute Gelegenheit für eine Aktive Imagination. Sie geht auch auf diese Anregung ein und wir besprechen, wie sie zu Hause im Wachzustand mit ihrem unverstandenen Traum noch einmal in Beziehung treten kann. In die nächste Stunde bringt sie das Protokoll mit, das sie nach der ersten Aktiven Imagination angefertigt hat.

Der Landstreicher

Nachdem ich mir noch einmal das Traumbild vergegenwärtigt habe, setze ich mich nun in der Fantasie auf den Boden vor eine schmale, hohe Mauer, die ich da stehen sehe. Der Boden ist staubig, ausgetrocknet von der Sonne. Ich fühle mich verwirrt, traurig und wie gelähmt. Es ist drückend heiß. Es geschieht nichts. Ich bin ganz alleine. Von ferne dringen Geräusche zu mir, aber sie gehen mich nichts an, sie sind wie aus einer anderen Welt. Die Mauer ist sehr hoch, ich bin davor ganz klein. Sie stellt eine Grenze zur Welt nach draußen dar. Hinter der Mauer scheint Leben zu sein. Hier ist es still. Ich sitze in einer Art Wüste.

Der Omnibus mit den Leuten ist abgefahren. Der Mordfall ist nicht geklärt, er kann auch nicht mehr rekonstruiert werden, irgend etwas, irgend jemand fehlt. Wer ist das Opfer? Ich schaue in die Richtung, in die der Omnibus verschwunden ist. Da kommt jemand, noch kann ich nicht erkennen, wer es ist.

Jetzt sehe ich einen Mann, einen Landstreicher. Er ist unrasiert, trägt schäbig abgerissene Kleider, aber einen wunderschönen weißen Seidenschal um den Hals, der eigentlich nicht zu seiner schmuddeligen Aufmachung passt. Er lacht.

»Wieso lachen Sie?« frage ich, doch er antwortet nicht, sondern lacht weiter.

Ich bin irritiert und will wissen: »Woher haben Sie den Schal?«

Er schaut mich ein wenig belustigt an, was mich ärgert.

»Wem haben Sie ihn weggenommen? Sind Sie ein Dieb? Oder etwa der Mörder?«

Mir wird bei diesem Satz, den ich sage, Angst und Bange.

Nun wirft er den Kopf nach hinten und lacht schallend. Ich weiß nicht, was ich von alldem halten soll, und mir kommen die Tränen.

Nun lacht er nicht mehr, schaut mich an und sagt ganz ernst: »Aus welchem Grund stellst du dich so dumm?«

Meine Tränen versiegen, ich bin von seiner Reaktion überrascht. Bevor ich noch antworten kann, setzt er sich vor die Mauer, lehnt sich mit dem Rücken dagegen und schließt die Augen. Komisch, aber ich weiß, dass er jetzt vorläufig nichts mehr sagen wird.

An dieser Stelle hört Andrea fürs Erste mit dem Dialog auf. Sie ist sehr nachdenklich geworden, denn auf Grund der Einführung und Anleitung für eine Aktive Imagination weiß sie, dass der Landstreicher, der vor ihren inneren Augen aufgetaucht ist, einen Teil ihrer selbst personifiziert. »Das also bin ich auch?« fragt sie sich und fühlt sich ein bisschen fremd. Doch natürlich ist sie neugierig auf den weiteren Verlauf und am nächsten Tag geht sie in ihrem Inneren wieder an die Mauer, gesellt sich zu dem Landstreicher und bittet ihn, ihr mehr über sich zu erzählen. Er berichtet, dass er schon eine sehr lange Wanderung hinter sich hat, dass er die ganze Zeit über an ihrer Seite ist und auch schon sehr lange darauf wartet, dass sie ihn endlich erkennt, sich ihm zuwendet.

In der nächsten Therapiestunde liest Andrea das Protokoll vor, doch es wird nicht interpretiert. Das Geschehen spricht für sich selbst und der betreffende Mensch erfasst stets intuitiv, was die Bilder und Dialoge, die da auftauchen, bedeuten, genauso wie Kinder Märchen auf einer nicht intellektuellen Ebene verstehen; man braucht auch Kindern Märchen nicht zu erklären.

Andrea trifft sich von nun an täglich mit Thomas – so heißt der Landstreicher. Das heißt, sie nimmt sich jeden Tag eine halbe Stunde Zeit, um die Aktive Imagination fortzusetzen. Dabei fängt sie jeweils mit dem Bild wieder an, mit dem sie am Tag vorher aufgehört hatte. Sie setzt sich einfach an ihren Platz, den sie sich für diese Übung geschaffen hat, lässt alle Gedanken, die ihren Alltag betreffen, beiseite und konzentriert sich auf das Bild von der vorhergehenden Imagination. Dabei erlebt sie, dass sich die Geschichte, die mit dem Traum begann, in dem jemand in einem Omnibus ermordet wurde, in einer Weise fortsetzt, die sie sich niemals so hätte ausdenken können.

Sie wandert mit Thomas zusammen durch die Wüste, sie erzählt ihm von ihren Problemen, und er hilft ihr durch seine Art, diese Schwierigkeiten zu verstehen und zu lösen, obwohl er gar nicht viel spricht. Ihr wird in seiner Gegenwart selbst schneller klar, worum es eigentlich geht. Er ist viel unbekümmerter als sie, nimmt die meisten Dinge nicht so wichtig und macht sich auch über Vieles ein wenig lustig. Dadurch gleicht er ihre oft übertriebenen emotionalen Stimmungsschwankungen aus. Wenn sie sich theatralisch gebärdet, reagiert er kühl und vollkommen rational, wenn sie in Selbstmitleid schwelgt, kommentiert er dies ironisch, so dass sie schnell damit aufhört. Sie verbringen einige Wochen miteinander und Andrea wird zunehmend ihrer selbst sicher, sie wirkt viel ausgeglichener als früher und kann sich mehr und mehr an den kleinen Dingen des Alltags freuen.

Nun noch eine weitere Sequenz aus Andreas Aktiver Imagination. Wir stellen sie hier dar, weil sie sehr schön die Dynamik beschreibt, die da in Gang gekommen ist.

»Thomas, ich möchte dich etwas fragen. Etwas an dir verstehe ich noch nicht. Ich spüre, dass du sehr viel weißt, aber du sagst so wenig.«

Er schaut mich nachdenklich an. »Genau das ist es. Ich frage dich etwas und du antwortest nicht, sondern schaust nachdenklich.«

»Ja, ich denke nach.«

»Und ich glaube, wenn ich nicht gleich noch einmal frage, sagst du nichts, und wenn ich frage, warum du nichts sagst, wirst du ärgerlich.«
»Wie kommst du darauf, dass ich ärgerlich bin, wenn ich nachdenke?«
»Weil ich eigentlich immer glaube, dass alles, was ich sage und frage, dumm ist. Dann möchte ich sofort an deiner Reaktion merken, ob es wirklich dumm ist. Ich halte die Ungewissheit so schlecht aus.«
Er zieht seinen Hut tief ins Gesicht und sitzt schweigend da. Schläft er? Soll ich wagen, ihn trotzdem weiter zu fragen? Ja, ich will es wagen.
»Thomas, schläfst du?«
»Nein.«
»Warum sagst du nichts mehr?«
»Was soll ich denn sagen? Deine Selbstherabsetzungen langweilen mich entsetzlich.«
»Jetzt bin ich enttäuscht.«
»Ja, ich weiß, denn du möchtest gerne hören, dass ich dich keineswegs für dumm halte, nicht wahr?«
»Ja.«
»Endlich bist du mal ehrlich. Ich will dir was sagen: Hör auf, immer wieder nach Bestätigung zu fischen, hör endgültig und für immer damit auf. Du fischst im Trüben. Und gehst den anderen damit fürchterlich auf die Nerven.«
Ich fühle mich verletzt, bin auch wütend. So ein unverschämter Kerl! Sieht er nicht, wie schwer es für mich ist, mit mir und meinen Selbstzweifeln zurecht zu kommen?
Dieser blöde Kerl, was bildet er sich eigentlich ein! Wer ist er denn schon! Ein Landstreicher! Ha! Und der will mich begleiten und mir etwas Gutes vermitteln! Ich wüte stumm mit ihm und sehe ihn dabei an. Er blickt gelangweilt in eine weite Ferne. Das verunsichert mich. Ganz allmählich werde ich immer kleinlauter. Ich fühle mich schlecht, richtig mickrig. Ich schäme mich auch. Und ich merke, wie wichtig er mir ist, wie sehr ich mich danach sehne, dass er mein Freund ist.
Nach einiger Zeit nehme ich meinen ganzen Mut zusammen und spreche ihn an: »Ich möchte mit dir reden, Thomas. Ich habe Angst, dass du mich nicht ernst nehmen könntest oder dass du mein Leiden als Zimperlichkeit hinstellst.«
»Ob dein Leiden Zimperlichkeit ist oder nicht, sehe ich, wenn ich dich anschaue.«

»Woran siehst du es?«

»An deinem Gesicht. Jetzt ist dein Gesicht klar, ruhig und hell, also ist dein Leiden echt. Wenn es dagegen müde, faltig und verkrampft aussieht, ist dein Leiden bloß Schwäche.«

»Das verstehe ich nicht.«

»Nun, dein Leiden gehört auch zu dir und wenn du es annimmst und nicht in Selbstmitleid verwandelst, siehst du gelöst aus, dann bist du ganz bei dir.«

»Du nimmst mich also ernst?«

»Ja, denn jetzt bist du wie ich. Ich verstehe dich. Jetzt liebe ich dich.«

Wir schauen uns an. Seine Augen sind tief und klar wie ein Bergsee.

Dieser Prozess der Aktiven Imagination geht noch eine Zeitlang weiter. Er konfrontiert Andrea mit einer Seite ihres Wesens, die sie bis dahin total übergangen, ja, abgelehnt hatte. Deshalb sind die Begegnungen mit Thomas, dem Landstreicher, zunächst so schwierig für sie. Sie fühlt sich von ihm erst einmal gar nicht ernst genommen. Weil sie sich selbst nicht ernst nimmt. Das hat sie früher in ihrem Elternhaus so erlebt. Da nimmt auch niemand den anderen wirklich ernst. Tatsächlich lacht Thomas sie einige Male aus, wenn sie sich dumm stellt, wenn sie mit ihrer angeblichen Dummheit kokettiert. Manchmal reagiert er darauf richtig böse. Weil er weiß, dass sie keineswegs dumm ist, dass sie sich damit nur selbst schadet. Manchmal reagiert er auf ihr Selbstmitleid und ihre Wehleidigkeit auch spöttisch. Dann blitzen seine Augen nur so vor Vergnügen und ihr Selbstmitleid verwandelt sich prompt in Wut. Mit dieser Wut geht er aber so ungerührt und gelangweilt um, dass sie schnell merkt, wie lächerlich sie sich mit diesen ihren »Lieblingsgefühlen« macht, die ja keine echten Gefühlsqualitäten sind. Schließlich bleibt ihr dann nichts mehr übrig, als in ein befreiendes, echtes Lachen auszubrechen.

Erwachsen werden

Man kann sagen, dass Andrea über den Kontakt mit Thomas »erwachsen« wird. Zwar gilt sie ihrem Lebensalter nach als erwachsen, doch in ihrem Innern ist sie bisher ein Kind geblieben. Genauer gesagt: ihr inneres Kind hatte sich bislang noch nicht von den elterlichen Vorschriften und Anweisungen befreit. Die Ge- und Verbote, die dem kleinen Mädchen Andrea damals von den Erwachsenen um sie herum erteilt worden waren, hatte die Frau Andrea noch nicht abgeschüttelt. Sie waren immer noch in ihrem Kopf wirksam und sorgten dafür, dass Andrea sich in den meisten Situationen ihres Alltags klein, dumm und hilflos fühlte. In der Aktiven Imagination mit dem Landstreicher Thomas, der die freie, unabhängige Seite ihrer Persönlichkeit repräsentiert, konnte sie sich so nach und nach von den Sichtweisen, die sie über sich selbst hatte, die aber mehr denen ihrer Eltern entsprachen als ihren wirklich eigenen, distanzieren. Dies bedeutet – psychodynamisch gesehen – »erwachsen« werden. Sie erkannte in den Gesprächen mit Thomas ihre unreifen, kindlich angepassten Ansichten, die ihr bisher nur ein »vorgegebenes« Leben erlaubten. Die Krise, die sie in der Zeit der Lebensmitte erlebte, machte ihr klar, dass es noch ein Leben jenseits der Rollen gibt, die sie gelernt hat. Diese Rollen kann sie gleichsam nach einem von den Eltern übernommenen Programm abspulen. Doch für das, was ihr darüber hinaus noch an Lebensmöglichkeiten zur Verfügung steht, braucht sie ein Bewusstsein von sich selbst, von dem, was noch verborgen in ihr schlummert. Wenn sie nicht um ihre Begabungen und Fähigkeiten weiß, kann sie auch nicht aktiv ihr ganz eigenes Leben gestalten. Sie braucht also Selbst-Bewusstsein, Selbst-Vertrauen und Selbst-Sicherheit. Dazu hat Thomas ganz wesentlich mit beigetragen. Das heißt, er tut es noch immer. Denn er ist sozusagen ihr ständiger innerer Begleiter geworden, den sie jederzeit um Rat bitten kann, mit dem sie immer wieder über das spricht, was sie beschäftigt. Und er wird nicht müde, sie zu spiegeln, ihr also durch seine Reaktionen verständlich zu machen, was sie so vordergründig bei sich selbst nicht zu sehen vermag. Er ist ein wahrer innerer Schatz, den sie nie mehr missen möchte.

Es ist ihr inzwischen auch nicht mehr wichtig zu wissen, wer in dem Omnibus ihres Traumes ermordet wurde und wer der Mörder ist. Denn sie erkennt, dass diese »Story« nur dazu diente, ihre Aufmerksamkeit zu locken. Ihre starke emotionale Reaktion im Traum – sie war sehr beunruhigt – sollte lediglich ihr Interesse wach rufen für die »Fahrt« nach innen, zu der die »innere Weisheit«, also das tiefere Wissen in ihrer Seele, sie über den Traum »eingeladen« hat. Andrea sollte zur inneren Mauer kommen, um ihr »Gelähmtsein«, ihre »Wüste« zu erkennen und damit eine Möglichkeit finden, aus diesen Gefühlszuständen »auszusteigen«. Sonst wäre eine Seite in ihr, die freie, wohl doch noch »ermordet« worden, bzw. sie selbst, ihre an die elterlichen Vorgaben gebundene Seite, hätte ihre Lebendigkeit umgebracht. Aussteigen musste sie aus dem Omnibus, aus den Ansichten und Einstellungen, die ihr von der Gesellschaft, dem kollektiven Bewusstsein vermittelt wurden. Denn wir können den Omnibus als Fahrzeug sehen, in dem viele Menschen, die einander gar nicht persönlich zu kennen brauchen, unterwegs sind.

Außer den Träumen, die uns in Geschichten hinein weben, um damit unser Bewusstsein zu weiten und zu verändern, finden wir diesen »Trick« der Seele auch in den Märchen, die wir sowohl unseren Kindern vorlesen, mit denen wir uns aber auch immer wieder selbst beschäftigen, um Lebenshilfe aus ihnen zu holen. Gerade dort können wir wunderbare Aktive Imaginationen finden.

Eine besonders schöne Aktive Imagination erzählt uns das Märchen:

Die Nixe im Teich

Die Frau des Jägers ist ganz verzweifelt, weil die Nixe ihren Mann in den Teich hinab gezogen hat und nicht mehr hergeben will. Sie weiß sich nicht zu helfen, sinkt schließlich völlig erschöpft am Ufer des Teichs nieder und schläft ein. Nun kommt ihr ein Traum zu Hilfe. Sie sieht darin einen Weg, der sie zu einer einsamen Hütte führt, in der sie freundlich von einer alten Frau begrüßt wird. Diese gibt ihr verschiedene Anweisungen, damit sie ihren Mann retten kann. Drei Mal – in den Märchen geht es sehr oft um die Zahl Drei, denn sie ist eine »heilige« Zahl: Die göttliche Dreieinigkeit, die »Heilige Familie« – geht sie zu der Alten, die ihr zuerst einen Kamm, dann eine Flöte und schließlich ein goldenes Spinnrad überreicht. Zwar kann die treue Frau mit diesen drei Zaubermitteln ihren Mann aus den Fängen der Nixe befreien, doch werden die beiden zunächst noch einmal getrennt. Erst nach einigen einsamen, traurigen

Jahren, in denen beide Schafe hüten müssen, werden sie durch einen glücklichen Zufall, wohl durch die Schicksalsfrau selbst – denn um keine andere handelt es sich bei der Alten in der einsamen Hütte – zueinander geführt, sie dürfen sich erkennen und sich glücklich in den Armen liegen.

In diesem Märchen ist sehr deutlich der Weg gezeichnet, den eine Frau offenbar gehen muss, um all das zu integrieren, was zu ihrem Selbstverständnis gehört. Hier geht es um das Weibliche, denn der Kamm, mit dem die junge Frau ihre schönen schwarzen Haare »strählt«, ist ein Ausdruck ihres ihr noch unbekannten Frauseins – schwarz als Farbe des »Schattens«, der unbewussten Seite ihres Seins. In den süßen, sehnsuchtsvollen Tönen des Flötenspiels kann sie sich ihre Gefühlswelt bewusst machen und das Spinnrad ist seit jeher ein Symbol für das Mütterlich-Weibliche, denn als Mutter ist eine Frau auch eine Schicksalsgeberin, die das »Gewebe« des Schicksals spinnt.

Krisen entstehen immer dann, wenn im Leben Einseitigkeiten auftreten, wenn es gewissermaßen »schief läuft«, weil wichtige Seiten der Persönlichkeit ausgespart bleiben. Dann braucht diese Frau Hilfe. Und diese stellt sich immer ein, wenn sie nur offen und bereit dafür ist.

Im Beispiel des »Lebensmüden mit seinem Ba« mischte sich der Teil seiner Seele ungefragt ein, der wie ein »Schutzengel« immer dann vor Ort ist, wenn das Leben des Menschen in Gefahr gerät. Andrea, die in gewisser Weise auch um ihr Dasein kämpfte, um ein Leben ohne Depression, erhielt die Hilfe über einen Traum, der sie schockierte und dadurch veranlasste, sich aktiv mit ihrer Seele, mit der unbekannten Seite ihrer Psyche, auseinander zu setzen.

Aus unserem Alltagsbewusstsein heraus, das wir in der Regel mehr nach außen als nach innen richten, können wir viele Lebenssituationen nicht in ihrem Gesamtzusammenhang erkennen. Wir sehen dann meistens nur den Aspekt, der uns am wenigsten behagt, den wir nicht mögen. Die folgenden beiden Beispiele mögen dies verdeutlichen.

In Auseinandersetzung und Beziehung sein

Eine junge Frau muss wieder einmal erleben, dass die Beziehung zu einem Mann gescheitert ist. Sie scheint kein Glück mit Partnerschaften zu haben. Eines Abends sitzt sie, wie so oft in letzter Zeit, unglücklich in ihrem Zimmer und hadert mit sich und der Welt, am meisten mit sich selbst, sie klagt sich an, wieder einmal alles falsch gemacht zu haben.

Plötzlich stockt sie: Da ist doch was! Sie dreht sich ein wenig um und »ich sehe, wie mein Schicksal hinter der Ecke vorlugt und mir zublinzelt.« Ihr Schicksal? »Ja, ich weiß, da ist mein Schicksal hinter mir, zwinkert freundlich und macht eine lustige Geste, so dass ich lachen muss.« Sie kann nicht mehr weitermachen mit ihren Anklagen, fühlt sich auf einmal frei und mag sich wieder.

Von da an begleitet sie ihr Schicksal, das ihr wie ein kleiner Kobold vorkommt. Die Figur des Tomte Tummetott, den die Kinderbuchschriftstellerin Astrid Lindgren so meisterhaft schildert, fällt der jungen Frau dazu ein.

Aber sie ist nicht immer nur getröstet von ihrem Schicksalskobold, sie fühlt sich nicht immer nur von ihm verstanden, reagiert nicht immer nur amüsiert auf ihn. Manchmal ist sie auch richtig böse und klagt ihr Schicksal an, wie im folgenden »Brief«, den sie schreibt:

»Ich bin mit meinem Leben *nicht* einverstanden! Warum auch? Ich habe lauter blödsinnige Dinge, die mir eigentlich nichts bedeuten. Aber das, was mir wirklich etwas bedeuten würde, habe ich nicht. Einen Mann! Langsam kommt es mir so vor, als ob ich es wohl nicht verdient habe, jemanden zu finden, der mich liebt, der mir das gibt, wonach die ganze Menschheit strebt. Liebe, Beziehung, Aufmerksamkeit, Beachtung. Natürlich habe ich liebe Menschen um mich herum, die mir schon einiges geben, aber eine Paarbeziehung ist noch etwas anderes. Und damit soll ich einverstanden sein? Nein, das bin ich nicht!«

Das Schicksal mischt sich ein: »Du musst dich erst selbst lieben ...«

»So ein Quatsch! Es kann mir keiner erzählen, dass alle Frauen, die eine Beziehung haben, sich selbst so sehr lieben, bestens mit sich klar kommen, nur ich scheine zu blöd dazu zu sein. Ich liebe mich nicht mehr und nicht weniger als etliche andere auch. Ich will nichts Besonderes, ich will keine Ausnahme sein, ich will so sein, wie alle anderen auch.

Okay, viele Frauen sind auch in einer Beziehung nicht glücklich, aber die haben wenigstens die Chance, etwas zu verbessern. Nicht mal dazu kriege ich die Möglichkeit! Den Satz ›lieber keine Beziehung als eine schlechte‹ kann ich so also nicht stehen lassen. Dann kommen Worte wie: ›solange es dir so wichtig ist, wird es nicht funktionieren – mache dich frei von dem Gedanken …‹ Bla, bla, bla! Das kann mir auch keiner weis machen. Oder haben alle, die in einer Beziehung sind, diese für unwichtig empfunden? Wollten die etwa alle gar keine Beziehung? Haben sie alle jemanden gefunden, weil es für sie unwichtig war?«

Der Brief geht noch eine Seite so weiter und endet dann:

»Ich warne dich! Wenn da nicht baldmöglichst die super große und alles wieder gutmachende Belohnung für diese Durststrecke kommt, bin ich vom Leben dermaßen enttäuscht, dass ich nur davon abraten kann, hierher zu kommen. Reine Zeitverschwendung! Und wenn es für mich bestimmt ist, dass ich diese Liebe, die andere zu zweit erleben, alleine finden muss, bin ich restlos überfordert. Ich werde diese Aufgabe <u>nicht</u> erfüllen und wenn ich hundert Mal hierher kommen muss. Ich weigere mich. Das ist ein Fass ohne Boden. Das schafft keiner! Liebes Schicksal, du kannst mich mal …«

Nachdem sie diesen Brief geschrieben hat, fühlt sie sich besser.

Doch am nächsten Tag erkrankt ihre Katze, und ihr wird klar, dass sie nicht nur blödsinnige Dinge um sich hat. Sie liebt ihre Katze sehr und hat ein schlechtes Gewissen. Sie ist auch verärgert, dass ihr Schicksal, ihrer Meinung nach, so hart zurückgeschlagen hatte. Es war eine Warnung für sie und sie sagt: »Wenn mein Schicksal es gewollt hätte, wäre meine Katze gestorben. Also bin ich zufrieden und nehme an, was kommt. Das Schicksal weiß schon, was es tut.« (Der Katze ging es schnell wieder besser).

Sie war versöhnt und hatte zu der ihr eigenen Fröhlichkeit zurück gefunden.

Dieses Beispiel zeigt, wie wichtig es ist, auf die inneren Geschehnisse mit seinem Alltags-Ich zu reagieren, also auch die entsprechenden Emotionen und Affekte zuzulassen. Denn das Bewusstsein kann sich nur mit Hilfe von starken Emotionen differenzieren – wir gehen darauf später noch ein.

Das nächste Beispiel erzählt die eher ungewöhnliche Aktive Imagination einer anderen Frau, die ebenfalls dringend Hilfe in dem Lebensabschnitt braucht, in dem sie sich gerade befindet, und diese Hilfe auch bekommt.

Ramana Maharshi

Gerda ist 41 Jahre alt, zum zweiten Mal verheiratet. Von ihrem ersten Mann hatte sie sich aus Existenzangst, weil ihr Mann arbeitslos geworden war und es auch lange blieb, getrennt. Ihre 2-jährige Tochter Nelly nahm sie mit. Jens, ihren zweiten Mann, lernte sie zwei Jahre später kennen. Sie wurde bald ungewollt schwanger, gerade als Nelly so groß war, dass Gerda eigentlich zum ersten Mal in ihrem Leben das Gefühl hatte, »frei« zu sein. Das war und ist ihr größter Wunsch, denn als Kind hat sie sich immer sehr unfrei gefühlt. Diese Schwangerschaft »sperrt mich jetzt wieder ein, mindestens weitere fünfzehn Jahre muss ich nun warten, bis ich mir meinen Lebenstraum erfüllen kann.«

Sie lehnt die zweite Tochter ab, ficht heftige Machtkämpfe mit ihr aus, kann es nicht ertragen, wenn diese ihr zu nahe kommt. Auch die Beziehung zu ihrem jetzigen Mann wird schwierig, sie will keinen Sex mit ihm und sie mag ihren eigenen Körper nicht mehr. Sie weiß, dass sie die Freiheit im Außen sucht, die sie eigentlich nur in sich selbst finden kann, doch sie fühlt sich hilflos und ihrem Schicksal ausgeliefert. Immer wieder stellt sie sich die Frage: »Bin ich eigentlich normal?« Sie vertraut sich selbst nicht mehr, ist sich ihrer Gefühle nicht sicher, wird immer unzufriedener.

Vor kurzem nun entdeckte sie in einem Laden ein Bild, das eine unerklärliche Anziehung auf sie ausübte. Sie kaufte es sich und stellte es in ihrem Zimmer auf den Fußboden. Nun steht es da und sie muss immer wieder hinschauen, zuerst ein wenig verstohlen, denn irgendwie ist es ihr auch unheimlich. Es stellt das Gesicht eines alten Mannes mit sehr warmen Augen dar. Er schaut sie immer gütig und freundlich an, so dass sie allmählich Zutrauen zu ihm fasst. Nach einiger Zeit beginnt sie mit ihm zu schäkern: »Ich weiß eigentlich gar nicht, wie du heißt«, sagt sie immer wieder zu ihm. Zwar hat sie sich nach seinem Namen erkundigt, er wurde ihr auch mitgeteilt, doch sie kann sich diesen Namen nicht merken. Wohl weil sie dem alten Mann noch nicht wirklich vertrauen kann.

Aber schließlich prägt sich sein Name fest in ihrem Kopf ein: Ramana Maharshi. (Shri Ramana Maharshi lebte von 1880 bis 1950, er war einer der größten indischen Weisheitslehrer. »Sei, was du bist!« sagte er und unterrichtete die Menschen, die zu ihm kamen, über das Wesen der Wirklichkeit und den Pfad der Selbstergründung.)

Manchmal, wenn Gerda ein schlechtes Gewissen hat, weil sie dieses oder jenes nicht tat, schämt sie sich und versteckt sich vor ihm. Doch sie muss feststellen, dass das unmöglich ist. Er sieht sie trotzdem. Und ermahnt sie gütig, tadelt sie aber nicht.

»Er nimmt mich an, wie ich bin. Es ist in Ordnung. Er lässt mich nicht fallen.«

Das erleichtert sie ungemein und gibt ihr neuen Daseinsmut. Von da an befindet sie sich im ständigen Dialog mit ihm. Sie setzt sich vor sein Bild und macht Yoga. Sie spürt dabei ein »totales Angenommensein, eine große Liebe und sehr viel Verständnis«.

Sie mag sich selbst und ihren Körper wieder, sogar die Sexualität lebt erneut auf. Es ist ihr, als wäre eine Blockade gebrochen. In einer Mischung aus Demut und Glück kann sie das annehmen, was das Leben ihr gerade beschert, auch ihre kleine Tochter und die Familiensituation. Sie findet die Freiheit, die sie Zeit ihres Lebens so verzweifelt gesucht hat, zunehmend in sich selbst.

Die Seele der Frau hat ihr klar gemacht, dass auch sie Anteil hat an der großen, die ganze Welt durchdringenden Weisheit und Wahrheit und da ist es einerlei, ob sie in Indien oder in Deutschland lebt. Die persönliche Seele ist das Medium für die Universalität des Absoluten. Dies zu wissen mag für Viele eine wertvolle Hilfe und auch ein großer Trost sein. Wie sich dieses Wissen der Einzelnen und dem Einzelnen mitteilt, ist ohne Belang. Die Hauptsache ist, dass es sich kund tut.

Und auch zu wissen, dass Hilfe immer da ist, wenn man ihrer bedarf, kann äußerst tröstlich sein. Es kommt nur darauf an, dass wir uns ein offenes Herz bewahren, um die aus den Tiefen des Unbewussten angebotene Hilfe auch erkennen zu können. Das folgende Beispiel, das wohl alle kennen, erzählt von so einem offenen Herzen.

Der Kleine Prinz

Der Schriftsteller und Flieger Antoine de Saint-Exupéry beschreibt in seinem Buch *Der Kleine Prinz* eine Aktive Imagination, die sich spontan offenbarte, nachdem der Ich-Erzähler auf einem seiner Flüge in der Wüste Afrikas eine Panne hatte und in der misslichen Lage war, möglicherweise sein Flugzeug nicht wieder flott zu bekommen und im schlimmsten Fall auch nicht gefunden zu werden. In dieser höchst prekären Situation, völlig allein in der mörderischen Hitze einer unbewohnten, weiten, öden Landschaft, hört er plötzlich eine seltsame kleine Stimme, die sagt: »Bitte... zeichne mir ein Schaf.«

Man stelle sich das einmal in seiner ganzen, unglaublichen Dynamik vor: Ein Mann sitzt mutterseelenallein in der Sonnenglut der Sahara ohne Verbindung zu anderen Menschen, die ihm vielleicht helfen könnten, sein Flugzeug instand zu setzen, es ist vollkommen ungewiss, ob er jemals wieder nach Hause gelangen kann, sein Leben ist auf das Höchste gefährdet und da erscheint ein kleines Männchen und sagt, als ob es das Selbstverständlichste der Welt wäre: »Bitte, zeichne mir ein Schaf.«

Eine solche Geschichte, die sich spontan einstellt, die nicht beabsichtigt ist, entspringt den Tiefen der Psyche, sie trägt den Geist des Unbewussten aus dem Bereich des nicht mehr Persönlichen, sondern des Überpersönlichen. Der Geist, der aus dem Sammelbecken des kollektiven Unbewussten in das persönliche Bewusstsein hinein weht, trägt als Kennzeichen das Unerwartete mit sich. In dem alten chinesischen Weisheits- und Orakelbuch »I Ging« wird das Zeichen »Das Unerwartete« auch gleichgesetzt mit »Unschuld«, was ein Merkmal der Aktiven Imagination ist. Denn wenn die Bilder und Geschichten, die sich aus ihr entfalten, nicht voller Unschuld wären, könnten sie nicht in der Weise wirken, wie sie es tun – das Bewusstsein wandeln. Von der Unschuld wird das Herz berührt. Und wenn das Herz geöffnet ist, sehen die Augen mehr als nur die äußere Welt. Die Aktive Imagination führt uns dorthin, sie trägt sowohl eine das Bewusstsein reinigende, als auch wandelnde Energie in sich. Deswegen ist sie so hilfreich in schwierigen oder gar ausweglos erscheinenden Lebenssituationen, so wie Saint-Exupéry die Flugzeugpanne in der Wüste schildert.

Es beginnt ein tiefsinniger Dialog zwischen dem Erwachsenen und dem jungen, ursprünglichen Seelenteil seiner selbst, der ihm hilft, den Schrecken und die Einsamkeit der Wüste zu überwinden und sein Flugzeug zu reparieren.

In dieser Aktiven Imagination wird recht eindrucksvoll deutlich, woran man erkennen kann, dass es sich bei dem Geschehen wirklich um eine Aktive Imagination und nicht um eine einfache Fantasie handelt. Die Gestalten der Aktiven Imagination entsteigen dem Bereich der subjektiven Seele, der eine Verbindung zur objektiven Psyche halten kann. Es ist der Teil in uns, der dem inneren, ursprünglichen Kind entspricht, das in der Transaktionsanalyse das »freie Kind« genannt wird, das man aber auch, wie es in der Psychologie C. G. Jungs der Fall ist, als »göttliches Kind« bezeichnen kann.

Merkmal dieses freien, ursprünglichen Kindes ist, dass es sowohl wie ein Kind als auch wie ein alter, weiser Mensch spricht. Es formuliert ganz einfache, klare Sätze, ohne Fremdworte, mit wenig Substantiven, dagegen mit vielen Verben. Es ist emotional ausgeglichen, eher kühl, freundlich, verstehend und verständnisvoll, interessiert, aber nie involviert. Es vermag stets Distanz zu halten zu dem jeweiligen Geschehen, es scheint immer das Ganze zu überblicken, verliert sich nicht in Details. Es glättet also die starken Emotionen, in die Menschen sich in einer Not- oder Verzweiflungssituation hinein wirbeln, und schafft so ein Klima, in welchem vernünftige Überlegungen wieder möglich sind.

Den zentralen, wesentlichen Satz im »Kleinen Prinzen« kennen die meisten Menschen: »Man sieht nur mit dem Herzen gut. Das Wesentliche ist für die Augen unsichtbar.« Genau diese Sichtweise bringt das innere, ursprüngliche Kind in die Welt der Erwachsenen, die aufgehört haben, ihr Handeln mit dem Herzen abzusprechen. Dadurch geraten die Menschen in Not und Verzweiflung. Wer nicht sein Herz zu Rate zieht, läuft wie kopf- und herzlos durch die Welt und kann die gesunden, einfachen Möglichkeiten nicht mehr sehen, die den eigenen Weg leicht und sicher machen. Da bedarf es dann der Korrektur aus dem Inneren durch ein Kind.

Der weiße Vogel

Aber es muss nicht unbedingt ein Kind aus dem Zentrum der Seele auftauchen, um einer oder einem Ratsuchenden zu einem neuen Gleichgewicht zu helfen.

Eine junge Ärztin zum Beispiel berichtet, dass plötzlich ein weißer Vogel neben ihr auftauchte, als sie während eines Aufenthalts in den USA in Los Angeles am Meer saß und von all den Eindrücken, die sie dort verarbeiten musste, geradezu verwirrt war. In Kalifornien wollte sie abklären, ob sie dort für eine Zeitlang an einer Klinik arbeiten könnte. Dazuhin verliebte sie sich auch gerade noch »unsterblich« in einen Mann, den sie gleich am zweiten Tag ihres Aufenthalts dort getroffen hatte. Nun schwirrte ihr der Kopf und sie konnte keinen klaren Gedanken mehr fassen. Da sah sie vor ihren inneren Augen einen wunderschönen, weißen Vogel, der sich neben sie setzte. Ihr war sofort klar, dass es kein »gewöhnlicher« Vogel war, sondern dass sie mit ihm sprechen konnte. Er schaute sie ruhig an und allein schon durch diesen Blick wurde sie innerlich ruhig. Sie erzählte ihm dann alles, was sie gerade bedrängte, und bat ihn um Rat, den er ihr auch ganz freundlich gab. Seither begleitet er sie, er ist einfach jederzeit zur Stelle, wenn sie nicht mehr weiter weiß.

Die Frau ist sehr beeindruckt von der Art, wie er mit ihr spricht. Sie sagt: »Er ist immer ganz ruhig. Er gibt mir knappe, aber ganz klare Hinweise zu dem, worum ich ihn bitte. Er ist vollkommen rational, nie emotional, doch stets freundlich, mir zugewandt und er sagt nie mehr, als ich es gerade brauche.«

Sie selbst ist recht temperamentvoll und neigt dazu, sich in starke Gefühle hinein zu begeben. Der Vogel repräsentiert nun genau die

Seite ihres Wesens, die sie häufig ausspart. Er ist der kühle Kopf, der ihr mitunter abhanden kommt. Von daher kompensiert er ihre manchmal einseitige Haltung und trägt dazu bei, dass sie mit seiner Hilfe zu ihrer Ganzheit findet. Die Art dieses Vogels entspricht vollkommen der Art, die bei allen Gestalten zu finden ist, die von der Seele aus dem Bereich des »absoluten Wissens« in das jeweilige Bewusstsein »geschickt« werden, um es zu weiten und zu wandeln.

Wir schließen dieses Kapitel mit der zusammenfassenden Bemerkung, dass die Erfahrungen mit der Aktiven Imagination, die wir im Laufe der Jahre sowohl mit uns selbst als auch mit vielen Menschen und Beispielen aus der Literatur machen durften, uns eine tröstliche Gewissheit vermittelt haben: Wir sind nicht allein in einer Not, die uns treffen mag. Unser Ich-Bewusstsein muss nicht nur auf sich gestellt eine missliche Lebenslage bewältigen. Es kann damit rechnen, dass aus dem Unbewussten Hilfe auftaucht. Und zwar genau die Hilfe, die wir in der jeweiligen Situation brauchen. Sie kommt aus dem großen Reservoir des kollektiven Unbewussten, doch sie ist immer den persönlichen, individuellen Bedürfnissen angepasst. In der Tiefe der Psyche, dem Bereich des »absoluten Wissens«, wie C. G. Jung es genannt hat, ist für jeden Menschen immer genau das Richtige dabei. Wir können unbedingt darauf vertrauen. Das Einzige, was wir dafür zur Verfügung stellen müssen, ist unsere Offenheit und die Bereitschaft, diese Hilfe zu sehen und anzunehmen.

Dieses Wissen kann uns zu einem neuen, größeren Selbstvertrauen führen, das uns dadurch bereits ein Stückchen mehr Autonomie vermittelt. Wir sind also nicht allein unterwegs, es gibt immer Begleiter, die uns nicht verlassen, die wir stets nach dem richtigen Weg fragen können, wenn wir uns einmal verirrt haben sollten. Wenn man diese Gewissheit fest in seinem Kopf gespeichert hat, wird die Wanderung, die wir durch dieses Leben angetreten haben, auf einmal leicht und fröhlich.

3.
In Beziehung zu mir selbst

Jede Form von Imagination setzt voraus, dass ich mir etwas vorstellen, innere Bilder auftauchen lassen kann. Das heißt jedoch nichts anderes, als über einen Zugang zur inneren Welt zu verfügen. Mit dieser Fähigkeit wird jedes Kind geboren, sie bildet auch die Grundlage des Bewusstseins. Denn Bewusstsein setzt ein Gegenüber, eine Zweiheit voraus. Ich kann mir meiner selbst oder über etwas bewusst sein – in beiden Fällen ist zwischen mir und dem, was ich mir bewusst mache, ein Unterschied, bzw. eine gewisse Distanz. Bei kleinen Kindern, vor allem wenn sie zu den »Verträumten« gehören, lässt sich sehr schön beobachten, wie sie manchmal so ganz versunken in sich dasitzen, ihr Blick scheint dann in eine ferne Weite zu schweifen. Wenn sie gefragt werden, wo sie gerade seien, können sie fantastische Geschichten über das erzählen, was sich vor ihren »inneren Augen« abspielt.

In Kindern ist also der Zugang zur Welt der Fantasie, der Imagination, von Anfang an vorhanden. Sie bringen überhaupt alles mit, was sie für die Entwicklung zu einem erwachsenen und später auch »reifen« Menschen brauchen. Jedes Neugeborene trägt nicht nur die Erbanlagen seiner Eltern und Ahnen, sondern auch unzähliger Generationen vor ihm in sich. Auf Grund der Stammesentwicklung, die das menschliche Gehirn von den Amphibien über die Wirbeltiere und Hominiden bis zu seiner heutigen Gestalt hat reifen lassen, sind wir alle angeschlossen an die Prozesse der anorganischen und die Erfahrungen der menschlichen Natur – von ihrem Anbeginn an, auch wenn uns das Meiste darüber nicht bewusst ist. In der Psychologie C. G. Jungs wird dieser Bereich der Psyche das »kollektive Unbewusste« genannt. Es ist also alles da in uns: für ein langes Leben und für ein weit reichendes Bewusstsein.

Wenn das Kind heranwächst, dann hört es oft von seinen Eltern und später auch von anderen Personen, die es erziehen und bilden: »Pass auf!« – »Hör zu!« – »Schau hin!« Und das heißt nichts anderes als: »Mach dir bewusst!« Es vermittelt dem Kind, dass es einen Unterschied machen soll zwischen sich und dem, was es hört, sieht und tut. Es soll seine Person seinen Sinnen und seinem Handeln gegenüber stellen. Es soll erkennen, dass es außer dem »ich bin« ein »ich höre, sehe, fühle, handle« und damit eine vielfältige Welt außer ihm gibt. Damit ist dann der erste Bewusstseinsschritt getan und ein lebenslanger Prozess beginnt. Alles, was es aus diesem Erleben abrufbereit in seinem Kopf gespeichert hat, gehört dann zu seiner Bewusstheit als diese individuelle Persönlichkeit. »Ich bin so und so ... ich reagiere in vielen Situationen auf diese und jene Weise ... ich liebe bestimmte Dinge und Menschen, andere verabscheue ich ... ich habe Zugang zu meinen Gefühlen ... ich spüre meine Lebensenergie ...« usw. sind Inhalte des persönlichen Bewusstseins.

Dieses Bewusstsein über mich selbst ist allerdings zunächst einmal geprägt von dem, was mir in meinem Elternhaus und dem Kreis, in dem ich aufgewachsen bin, vermittelt wurde. Um dies anschaulicher zu machen, geben wir im Folgenden einen kleinen Einblick in die Ichpsychologie der Transaktionsanalyse – sie kann hier natürlich nur unvollständig dargestellt werden.

Die Ich-Psychologie der Transaktionsanalyse

Im Verständnis der Transaktionsanalyse wird jeder Mensch mit der Veranlagung und Fähigkeit, ein gesundes und glückliches Leben zu führen, geboren – also eine »Prinzessin« oder ein »Prinz« zu sein, wie es hier heißt. Aus der Vielfalt der Anlagen des kindlichen Gesamtorganismus – der kurz »Kind-Ich« genannt wird – entwickeln sich so nach und nach zwei weitere Ich-Bereiche: das »Eltern-Ich« und das »Erwachsenen-Ich«. Die einzelnen Ich-Zustände werden als voneinander abgegrenzte, gleichzeitig jedoch durch die in ihnen fließende psychische Energie miteinander verbundene »Aggregate« gedacht. Keine seelische Beeinträchtigung entsteht, wenn die Ich-Zustands-Grenzen klar und durchlässig sind und jeder Ich-Zustand der Situation angemessen mit psychischer Energie besetzt ist. Zum Beispiel wird beim Arbeiten vorwiegend das Erwachsenen-Ich, beim Betreuen von anderen das Eltern-Ich und bei Freizeitaktivitäten das Kind-Ich mit Energie besetzt. Für seelische Störungen dagegen ist kennzeichnend, dass die freie psychische Energie im Augenblick einer auszuführenden Handlung von dem Ich-Zustand, der für diese Handlung »zuständig« ist, durch einen anderen Ich-Zustand abgezogen wird. Somit wird die Handlung ver- oder zumindest behindert und die Menschen erleben sich ich-dyston, im Konflikt, oder wie sie klagen: »Energie-los, wie gelähmt, innerlich zerrissen«. Will zum Beispiel das Kind-Ich etwas tun, das ihm Freude macht, das Eltern-Ich zieht jedoch die Energie an sich und behauptet »das ist unvernünftig!« »das ist nicht üblich!« »das steht dir nicht zu!« läuft es in der Regel darauf hinaus, dass diese Person nicht tut, was sie wollte, sich dabei jedoch lustlos, gereizt, traurig oder hilflos fühlt. Oder sagt das Erwachsenen-Ich, dass jetzt eine bestimmte Tätigkeit notwendig ist, z. B. »steh auf, damit du deinen Zug nicht verpasst«, das Kind-Ich jedoch die zur Ausführung gebrauchte Energie mit einem leichtfertigen »ich hab jetzt keine Lust, das wird schon noch reichen« festhält, findet sich diese Person – wenn das häufig geschieht – in Situationen wieder, die sie nicht versteht, die sie fragen lässt: »Warum muss das immer wieder mir passieren?« So kann im Laufe der Zeit aus der ursprünglichen »Prinzessin« und dem möglichen »Prinzen« ein »quakender Frosch« werden.

Für die Möglichkeit wieder in den »Prinzessinnen«- und »Prinzen«-Status zu gelangen, gibt es nur einen Weg: den der Bewusstwerdung. Ich muss mir bewusst machen, was in meinem Kopf vor sich geht, in welchem Dialog ich mit mir selbst gefangen bin.

Die Ich-Psychologie der Transaktionsanalyse ist sehr hilfreich zum Verständnis der inneren Dialoge, die ständig in unseren Köpfen hin und her laufen. Den meisten Menschen sind diese inneren Gespräche nicht bewusst, doch wenn sie beginnen, darauf zu achten, erschrecken sie oft. Weil es keine Dialoge im Sinne von kultivierten und intelligenten Gesprächen sind, sondern unzählige Wiederholungen von Ermahnungen, Zurechtweisungen, Zuschreibungen, Warnungen bis hin zu negativen Aussagen oder gar Beschimpfungen von den Eltern an das kleine und heranwachsende Kind. Diese elterlichen Botschaften, die auch noch von Lehrerinnen, Lehrern und anderen erziehenden Personen dem Kind – sicher in bester Absicht – mit auf den Lebensweg gegeben wurden, haben sich fest im Kopf der erwachsenen Frau, des erwachsenen Mannes etabliert und laufen wie eine Schallplatte, die endlos immer wieder die gleiche Melodie spielt. Die erwachsene Person hört sich diese Leier nicht mehr bewusst an, sie kennt ja all die Sprüche zur Genüge, doch das innere Kind reagiert dennoch darauf. Es ist bekannt, dass subliminal gegebene Botschaften stärker wirken als die in normaler Lautstärke angebotenen. In der Werbung wird dieses Phänomen kräftig ausgenutzt. Die nicht mehr bewusst wahrgenommenen Eltern-Stimmen können großen Schaden in der jeweiligen Persönlichkeit anrichten. Denn irgendwann untergraben sie die ganze Lebensfreude und damit auch die Lebensenergie und die Betroffenen fühlen sich energielos, schwach, müde, krank oder sie erleben sich voller irrationaler Ängste. Was kein Wunder ist, denn wer ängstigt sich nicht, wenn ein Bombardement in Form von Psychoterror auf ihn herunter prasselt?

Nicht nur zur Vorbereitung für die Arbeit mit der Aktiven Imagination ist es hilfreich, sich des eigenen inneren Dialogs bewusst zu werden. Es ist auch sinnvoll, um dem niederschmetternden »Lärm« im Kopf ein Ende zu bereiten, damit sich eines Tages stille Freude in der Seele ausbreiten kann.

Im Folgenden stellen wir einige Beispiele der Themen dar, die dazu angetan sind, Unruhe in unseren Köpfen und Seelen zu stiften.

Die Notwendigkeit der inneren Vergegenwärtigung

Dies ist ein ganz entscheidender Punkt: Um einen und in der Regel immer notwendigen Schritt weiterzukommen, muss ich mir diesen Prozess erst einmal bewusst machen, muss mir vergegenwärtigen, was da ständig in meinem Kopf abläuft, es vielleicht auch probeweise aufschreiben. Es hilft sehr, wenn die Wörter buchstäblich vor mir stehen. Ich kann sie nachlesen, sie »drehen sich« nicht immer nur in meinem Kopf, wie man das von oft nächtlichen Belastungen her kennt, sondern sie werden sichtbar. Das ist ein ganz wichtiger

Schritt und die Voraussetzung für die Aktive Imagination: Das innere Geschehen sichtbar zu machen und die Dramaturgie zu erleben. Die Bewusstwerdung wird dadurch wesentlich erleichtert.

Meistens ist das mit großem Erstaunen verbunden, wenn ich mir wirklich klar mache, welche Sätze in den inneren Zwiegesprächen immer wieder in mir ablaufen. In der Regel stelle ich fest, dass sie sich ziemlich ähnlich sind, dass sie einen gemeinsamen Nenner haben, dem man dann im einzelnen nachgehen kann.

Beginnen wir mit einem Thema, das Hunderttausende Menschen zur Zeit beschäftigt: die Arbeitslosigkeit. Es ist inzwischen bekannt, dass arbeitslos zu sein nicht nur eine Tatsache des äußeren Lebens und des fehlenden Einkommens ist, sondern auch innerlich verarbeitet werden muss. Es geht eben nicht nur darum, dass weniger finanzielle Möglichkeiten etc. zur Verfügung stehen. In diesem Zusammenhang ist es sehr wichtig, sich klar zu machen, wie das Selbstwertgefühl dieser Menschen mehr und mehr unter der Arbeitslosigkeit leidet. Die inneren Fragen können dann etwa folgendermaßen ablaufen: »Was bin ich noch wert ohne Arbeit?« – »Wer bin ich, dass ich keine Arbeit bekomme?« – »Sind die anderen besser als ich?« etc. Und das diese »bohrenden« Fragen begleitende Gefühl ist wahrscheinlich Angst, Wut, Hilflosigkeit, Verzweiflung – bis hin zum depressiven Syndrom, das körperliche Beschwerden mit einschließt. Damit ist ein innerer Teufelskreis in Gang gesetzt, der früher oder später zu einer wesentlichen Beeinträchtigung des Selbstwertgefühls und der damit verbundenen Symptomatik führt.

Auch hier kann die Lösung, die im Außen gerade nicht zu finden ist, nur in der Kultivierung des inneren Dialogs liegen. Das heißt, wenn ich schon unter einem Problem zu leiden habe, das mir von Außen über die Arbeitslosigkeit aufgezwungen ist, brauche ich mich selbst, nein, darf ich mich selbst nicht auch noch zusätzlich verwunden, indem ich mich und meinen Wert herabsetze. Das »Düngen« des Unwertgefühls bringt mir keine Erleichterung und schafft auch keine guten Beziehungen zu meiner Mitwelt. Jetzt brauche ich vor allem den »Dünger« der Selbstanerkennung, der Wertschätzung meiner selbst, ja, der Selbstliebe. Dass eine derartige »Seelen-Kultivierung« für viele Menschen unseres Kulturkreises sehr schwer, in vielen Fällen fast unmöglich scheint, ist uns bekannt. Doch gerade da, wo es schwer ist, wo ein Manko besteht, wo ein Irrweg ausgemacht werden kann, ist es besonders wichtig, diese Problematik anzugehen, sich nicht zu scheuen, hier eine radikale Wendung vorzunehmen, das Unkraut energisch auszurupfen und die Blumen oder das Gemüse der Seele mit liebevoller Hand, mit liebendem Herzen zu pflegen.

Die Bedeutung des Selbstwerts

Denn eine ganz wichtige grundsätzliche Dimension des inneren Gesprächs ist die Frage meines Selbstwerts. Wir wissen nämlich inzwischen, dass das Selbstwertsystem in der Psyche des Menschen so grundlegend ist wie etwa der Blutkreislauf für den Körper. Wir sind – meistens merken wir es nicht – immer mit den Fragen beschäftigt: »Was bin ich wert?« – »Bin ich liebenswert?« – »Liebst du mich?« – »Bin ich noch attraktiv für dich?«

Kommt später das Alter hinzu – mein Aussehen verändert sich, meine Kräfte lassen nach, ich sehe nicht mehr so gut –, unterstützt das diesen Prozess. Hier müssen wir leider davon ausgehen, dass durch unsere Erziehung das Selbstwertsystem in uns oft schon von Anfang an belastet und brüchig ist. Wir neigen sehr schnell dazu, uns abzuwerten, nicht viel von uns zu halten. Und dies ist nun immer verbunden mit entsprechenden inneren Selbstgesprächen oder treffender gesagt, mit inneren Nörgeleien. Ich formuliere Ansichten über mich selbst, die nicht von Achtung geprägt sind, frage mich, was das für meine Umgebung bedeutet, reagiere darauf wieder und fühle mich nicht mehr wohl, werde unglücklich, reizbar, depressiv, oder gar krank.

Für die Kultur des inneren Dialogs heißt das: Wir führen ihn oft auf eine Weise, die uns selbst verkleinert, negativ verändert, mutlos und unsicher macht, statt uns zu beruhigen, zu trösten und zu ermutigen.

Wir sagen uns keine freundlichen, liebevollen Worte, die uns besser und leichter mit dem Leben zurechtkommen lassen.

Da kann es sehr sinnvoll sein – auch als Erwachsener –, sich einmal wieder mit entsprechenden Texten aus der das innere Kind unterstützenden Literatur zu beschäftigen, z. B. mit Astrid Lindgrens schon erwähntem, hilfreichen kleinen Troll Tomte Tummetott. Dieser spricht nur freundliche Worte zu den Menschen und Tieren, die er treu und zuverlässig über viele Jahrhunderte bewacht:

»Wichtelworte raunt er ihnen zu: ›Viele Winter und viele Sommer sah ich kommen und gehen. Geduld nur, Geduld! Der Frühling ist nah.‹«

Das innere Kind kann also Hoffnung schöpfen, doch noch in seiner ihm eigenen Art gesehen und angenommen zu werden.

Moralische Maßstäbe und Wertvorstellungen

Ein wesentlicher Punkt für die Beschreibung und das Verständnis des inneren Dialogs sind die moralischen Maßstäbe, mit denen wir aufgewachsen sind und die in unserer Umgebung, in unserer Familie oder in unserer Kultur maßgebend sind, z. B. »Was darf ich?« Es kann ein endloses inneres Hin und Her geben, bis ich mich entschieden habe, ob ich mir dieses oder jenes erlauben will oder nicht. Das kann bei der Frage beginnen und enden, ob ich überhaupt Geld für mich ausgeben, ob ich mir ein Kleidungsstück kaufen darf, das über einen bestimmten Betrag hinausgeht, ob ich dazu »das Recht« habe.

»Darf ich mir überhaupt etwas wünschen? Darf ich Ansprüche an das Leben stellen?« usw. ist ein weit reichendes Thema, auf das wir in diesem Zusammenhang nur hinweisen wollen. Die Beispiele sollen dazu dienen, die Vielfalt des inneren Dialogs, des Zwiegesprächs mit mir selbst bewusst zu machen, denn dies ist eine äußerst wichtige Voraussetzung für die Aktive Imagination.

In einer Partnerschaft kann es z. B. um eine gemeinsame Reise gehen. Wenn ich feststelle, dass ich dazu jetzt keine Lust habe, beginnt sofort die innere Frage: »Wie erkläre ich es meinem Partner, welche Argumente bringe ich, darf ich es überhaupt ablehnen, da er oder sie doch immer so großzügig und liebevoll zu mir ist?«

Oft steht im Hintergrund der Satz: »Wenn ich meine Wünsche erfülle, dann bin ich egoistisch und das will oder darf ich nicht sein«. Auch dies ist ein wesentlicher Aspekt des inneren Dialoges. Ich muss mich mit solchen moralischen Vorstellungen immer wieder auseinandersetzen. Häufig, und das ist eben der missglückte, wenn auch gewohnte innere Dialog, fällt es dann zugunsten der moralischen Vorstellungen aus. Ich unterwerfe mich, beginne zu resignieren und finde das Leben insgesamt überhaupt nicht mehr fröhlich und vielleicht sogar nicht mehr lebenswert.

Das Thema Sexualität

Heute ist der Umgang mit der Sexualität ein schier endloses Thema in den inneren Auseinandersetzungen und den Selbstgesprächen. Gesetzt den Fall, Mann oder Frau verlieben sich in einer Ehe, meistens unerwartet, in einen anderen Partner, eine neue Partnerin. Dann beginnt in der Regel ein belastender innerer Konflikt. Auf der einen Seite umgarnen mich meine Fantasien, meine Wünsche, die auch durch viele Lieder und Schlager unterstützt werden – die ich mir dann besonders gerne anhöre –, und auf der anderen Seite steht die Gewissheit, dass ich meine Partnerin, meinen Partner damit sehr verletze. Das will ich eigentlich nicht, will auch meinen Kindern nicht schaden. Die meisten Paare finden keine gute Möglichkeit, dieses Problem miteinander an- und auszusprechen, es kommt oft sofort zu verzweifelten Gefühlsausbrüchen, Vorwürfen und Rechtfertigungen. Hier steht der Satz: »So etwas geht einfach nicht, das macht man nicht!« fest verankert in meinem Bewusstsein und gleichzeitig entwickelt sich eine intensive Dynamik mit entsprechenden Gegenargumenten: »Schließlich geht es um meine Selbstverwirklichung, ich muss doch auch endlich einmal machen, was ich will, und mich nicht immer nur von anderen bestimmen lassen«. Auch hier finden wir ein weites Feld von Selbstgesprächen, Argumentationen in der einen und anderen Richtung bis zur totalen Ermüdung oder Verzweiflung. Denn entsprechend negative, mich selbst kritisierende Selbstgespräche sind enorm anstrengend, kosten viel Energie und blockieren wichtige andere Gedankengänge und Entscheidungen, vor allem die Kreativität, die für die Freude am Leben entscheidend ist. In den allermeisten Fällen führen sie nicht zu einer Lösung, sondern eher zur Resignation, die sich über Jahre hinziehen kann und im Rückblick Trauer auslöst mit dem Gedanken, eine wichtige Chance meines Lebens verpasst zu haben.

Die Menschen meiner Vergangenheit – die Tradition

Es gibt auch immer einen kommunikativen Aspekt des inneren Dialogs. Er wird in seinen Inhalten von unseren Beziehungen zu wichtigen Bezugspersonen bestimmt.

Einige Menschen kennen den äußerst destruktiven Satz: »Du bist ein Nagel an meinem Sarg«. Oder: »Du bringst mich noch ins Grab«. Kinder, die solche Aussprüche oft viele Male hören, werden auf eine fatale Weise in der Entwicklung ihres Selbstwertgefühls beeinträchtigt. Sie prägen den Grundton der inneren Dialoge im späteren Leben. Angesichts eines vielleicht plötzlichen Todesfalls können sie von diesen alten bösen Botschaften eingeholt werden: »Bin ich vielleicht doch schuld am Tod der doch auch geliebten Person?«

Wir haben oft gehört, dass in der Fantasie innerlich nachgefragt wird, was »meine Oma, mein Vater, dazu sagen würde«, wenn eine Entscheidung ansteht. Es gibt Familientraditionen, die fest in mir verankert sind und deswegen das innere Gespräch und den Entscheidungsprozess maßgeblich beeinflussen. Hier kommt es im Wesentlichen darauf an, ob die fantasierte Bezugsperson, die in diesen Fällen auch schon tot sein kann, eine freundliche oder eine strenge und bedrohlich erlebte Person gewesen ist. Danach wird die innere Antwort ausfallen und die eigene Auseinandersetzung entsprechend beeinflussen oder beeinträchtigen. Schließlich will ich ja meiner Familientradition nicht untreu werden.

Darüber hinaus gibt es auch die politischen und die religiösen Traditionen meiner Familie, die in der Regel auch in der näheren oder weiteren Umgebung bekannt sind und es mir als Sohn oder Tochter einer solchen Familie sehr erschweren bzw. sogar unmöglich machen können, einen eigenen Weg zu finden, geschweige denn zu gehen. Diese Suche nach dem eigenen inneren Weg ist oft mit endlosen inneren Gesprächen mit mir selbst, mit Argumenten und Gegenargumenten verbunden und führt, wie schon erwähnt, nicht selten zu einer Situation, die sich gefühlsmäßig als Resignation oder auch als Verzweiflung darstellt.

Wir kommen nun zu der in diesem Zusammenhang sehr wichtigen Frage, woher denn die Maßstäbe und die Regeln für die inneren Gespräche kommen. Sie sind meistens fast ausschließlich verbunden mit der Tradition, in der ich aufgewachsen bin. War mein Vater zum Beispiel ein begeisterter und engagierter Gewerkschafter, wird es mir sehr schwer fallen, eine andere Position einzunehmen, ohne ihm gegenüber ein schlechtes Gewissen zu entwickeln. Die Ge- und Verbote meiner Eltern oder meiner Großeltern sind maßgeblich. Sie steuern den inneren Dialog. Und nur wenn es mir gelingt, mich von diesen in mir auch seit Jahrzehnten verankerten Positionen freizumachen und die damit fast immer verbundenen Ängste zu überwinden, wird es mir möglich sein, das Zwiegespräch so zu führen, dass eine Lösung gefunden wird, die im Sinne meiner Lebensentwicklung liegt. Die Aktive Imagination stellt hierbei eine wichtige, nicht zu unterschätzende Hilfe dar.

Die inneren Botschaften

Die in mir verankerten Stimmen meiner noch lebenden oder schon verstorbenen Angehörigen bekommen dadurch noch besonderes Gewicht, dass sie mit ganz bestimmten »Botschaften« verbunden sind. Diese Dynamik ist ebenso, wie der ganze Bereich der inneren Dialoge, insbesondere von der Transaktionsanalyse erkannt und bearbeitet worden. Da gibt es z. B. den »Antreiber«: »Beeil dich«! und es kann im Leben eines Menschen sehr lange dauern, bis ihm bewusst wird, dass er es eigentlich gar nicht so eilig hat, wie er immer meint. Dass er kein schlechtes Gewissen zu haben braucht, wenn er oder sie sich langsam und bedächtig bewegt. Dieses »ich bin zu langsam« wird an einem bestimmten inneren Maßstab gemessen und dieser Maßstab hat meistens mit einer solchen Botschaft aus der eigenen familiären Vergangenheit zu tun. Im inneren

Gespräch frage ich mich dann: »War ich wieder zu langsam, habe ich gebummelt, hätte ich mich mehr beeilen müssen, hätte ich mich schneller entscheiden müssen usw.?« und ich mache mir entsprechende Vorwürfe.

Hier wird wieder deutlich, wie diese Antreiber, Botschaften, Zuschreibungen und Einschärfungen auch im Sinne von Normen und Werten in uns verankert sind und das Verhalten steuern. Es ist wirklich nicht einfach, sich vom Einfluss dieser Faktoren zu befreien. Das ist aber die Voraussetzung, wenn wir zu einer echten Kultur des inneren Dialogs kommen wollen, statt nur Sklaven oder Vollzugsgehilfen dieses fast immer automatisch ablaufenden Prozesses zu sein.

Eine sehr destruktive Botschaft – die in der Transaktionsanalyse »Einschärfung« genannt wird – ist die, welche viele Menschen in sich tragen, ohne sich dessen bewusst zu sein, nämlich »Sei nicht!« Oft ist sie mit Erinnerungen verbunden, dass meine Zeugung eigentlich »ein Unfall« war, dass meine Eltern nach drei Kindern nicht noch ein viertes haben wollten, dass ich – dies etwas milder – »nicht mehr geplant war«. Wie die einzelnen Formulierungen auch lauten mögen, eins ist ihnen allen gemeinsam: Meine Existenz war nicht (mehr) erwünscht. In schlimmen Fällen kommen dann Vorwürfe wie: »Wärst du doch nie geboren worden!«

Oder: »Weil es dich gibt, ist es mir nicht gelungen, mich noch einmal zu verheiraten!«. Das ist meistens mit intensiven Schuldgefühlen der betroffenen Person verbunden und beeinflusst den inneren Dialog ausschließlich in destruktiver Weise. Der innere Satz heißt dann: »Es wäre wirklich besser, wenn es mich nicht gäbe!« Oder: »Weshalb bin ich überhaupt auf der Welt?«

Die Bedeutung des Gefühls

Es ist sicher schon deutlich geworden, dass diese Dialoge mit großer innerer Bewegung und mit Beteiligung des Gefühls oder auch mit starken Affekten stattfinden. Das heißt, sie geschehen gewissermaßen im Mittelpunkt der Person, und da unsere Gefühle wichtige Gradmesser für die Bedeutung von Erlebnissen und Beobachtungen sind, kommt diesem inneren Dialog eine hervorragende Stellung in der gesamten Dynamik der Persönlichkeit zu.

So ist es wichtig, auf die mit dem inneren Dialog verbundenen, ihn ständig begleitenden Gefühle oder auch Affekte zu achten: »Wie fühle ich mich dabei, was löst es noch in mir aus, wenn ich diese Art von Selbstgesprächen führe?« Auch hierbei geht es wieder darum, dass ich diesen meist halbbewusst und automatisch ablaufenden Prozess mit den damit verbundenen Gefühlen erst einmal wahrnehme, ihn in seinen verschiedenen Einzelheiten kennen lerne und mir bewusst mache. Dies ist ein gehöriges Stück Arbeit, aber ohne diese Arbeit an mir selbst komme ich nicht weiter und kann nicht zu einer wirklichen Kultur des inneren Dialogs finden – geschweige denn zum Frieden mit mir selbst.

Zweifellos ist es so, dass jeder von uns eine tiefe Sehnsucht in sich trägt, diesen zum Teil fatalen Kreislauf mit seinen in der Regel üblen Folgen endlich zu durchbrechen. Das ist aber nicht möglich ohne eine konsequente eigene innere Leistung, eine Bewusstwerdung. Doch auch diese findet wiederum in einem inneren Dialog statt. Ich muss es mir von Fall zu Fall klar machen, dass ich »so keinesfalls weitermachen will«, ich muss es zu mir selbst in aller Entschiedenheit sagen, »dass ich doch einst anders entschieden hatte«, »etwas anderes wollte«.

Der Spiegel der Selbstreflexion

Es ist, als schauten wir in einen Spiegel, in dem wir uns selbst wieder erkennen, wenn wir so mit uns selbst sprechen. Jeder kennt die berühmte Frage aus dem Märchen Schneewittchen »Spieglein, Spieglein an der Wand, wer ist die Schönste im ganzen Land?« Sie enthält natürlich wieder eine bestimmte Form der Selbstbespiegelung, die hier eher im Sinne von Hochmut und Überlegenheit gesehen wird, denn die Königin will die Einzige sein, die Schönste, die alle anderen übertrifft. Aber darum geht es jetzt nicht, es geht um das Phänomen des Spiegels.

Der Spiegel ist ein Bild der Selbstreflexion, denn im Wort »Selbstreflexion« drückt sich dieses Phänomen aus: Ich reflektiere mich selbst, sehe mein Bild noch einmal, so wie in einem Spiegel. Aber, so sagt es auch der Volksmund, wer schaut denn gerne in den Spiegel des Unverfälschten, der Wahrheit? Wer sieht gerne den Balken im eigenen Auge, es ist doch viel leichter, sich über den Splitter im Auge des anderen zu mokieren.

Welche sprachlichen Formulierungen wir auch anschauen, immer wird die zentrale Bedeutung, aber eben auch die grundlegende Problematik der Selbstreflexion und – wertfrei gemeint – der Selbstbespiegelung erkennbar. Eins ist jedoch ebenfalls deutlich: In einen Spiegel zu schauen ist ein hervorragender, eigentlich der einzige Weg, aus dem hier in vielen Beispielen dargestellten, Automatismus mit seinen fatalen Folgen herauszufinden. Ich muss erst einmal hinschauen, muss mir selbst ins Angesicht sehen und dann noch den Mut aufbringen, wirklich das wahrzunehmen und auch im umfassenden Sinne zu erkennen, was ich sehe. Und dabei geht es, dies ist sicher inzwischen deutlich geworden, nicht nur um das äußere Spiegelbild, sondern vor allem, wie beschrieben, um meine gesamte Persönlichkeit, meine Gefühle, meine Ressentiments, meine Hoffnungen, meine Sehnsüchte. Natürlich spielt auch das äußere Erscheinungsbild eine wichtige Rolle.

Man hat in verschiedenen Studien herausgefunden, dass viele Menschen, wenn sie auf einer Straße in einem Schaufenster einen Spiegel sehen, noch einmal ein oder zwei Schritte zurückgehen, sich darin anschauen, die Haare oder die Jacke richten, und dann erst weitergehen. Darin »spiegelt« sich natürlich die Sorge, dass ich vielleicht doch nicht gut genug aussehe, dass ich mir überlege, ob der Schlips richtig sitzt usw. Die Reflexion unseres Erscheinungsbildes ist häufig mit Ängsten und Sorgen verbunden. Sofort beginnen die entsprechenden inneren Dialoge: »Hoffentlich sehe ich gut aus, hätte ich vielleicht doch einen anderen Pullover anziehen sollen, was sagen meine Kollegen, wenn ich so auffallend farbig daher komme?« usw. Das zentrale Thema ist hier wieder die Abhängigkeit von ganz bestimmten, zum Teil fantasierten, zum Teil realen Maßstäben, die in der Umgebung, in der ich lebe, gelten und denen ich täglich in dieser Form ausgesetzt bin. Wobei die inneren Stimmen hier meist den größeren Ausschlag geben. Von außen hört man dann oft: »Na, so schlimm ist es ja nicht.«

Ich mit mir selbst in Verbindung zum Selbst

Bei den vorangegangenen Überlegungen sind schon viele Hinweise, aber auch Schwierigkeiten deutlich geworden. Zunächst kommt es vor allem darauf an, dass ich beginne, mich in einem unverfälschten Spiegel zu sehen. Sachlich und klar. Nicht im Spiegel der vertrauten Vorurteile, Be- und Entwertungen, die ich ja nur zu gut kenne. Einfach hinschauen, mich anschauen und erkennen, was ist – darauf kommt es an. »Wer schaut mich da an, wie will ich in Zukunft mit ihm oder ihr reden?« Die bisherige Form des Selbstgesprächs kann man als Wildwuchs bezeichnen. Viele Pflanzen wachsen durcheinander und nehmen sich gegenseitig Licht und Nahrung.

In der Aktiven Imagination können wir einen, oder sogar den Weg der Kultivierung unseres inneren Gartens finden.

Warum das so ist, ja sein muss? Um diese Frage zu beantworten, bedarf es noch eines weiteren Konzeptes: das des Selbst.

Wir gehen von einer Dreiheit aus: dem Ich, dem persönlichen Selbst, wie wir es bisher beschrieben haben und dem »großen« Selbst, das über das Persönliche hinaus geht. Es stellt einerseits die größere innere Persönlichkeit dar, das innere Wissen oder die innere Weisheit, andererseits jedoch auch den Bereich jenseits des Persönlichen, des Überpersönlichen, des Göttlichen. Es wird uns während des ganzen Buches begleiten, doch wir werden es noch genauer erläutern.

In der Aktiven Imagination steht dieses überpersönliche Selbst – um jeweils deutlich zu machen, welches Selbst wir meinen, schreiben wir das überpersönliche Selbst in Großbuchstaben – in Form einer Gestalt, eines Tieres, einer Pflanze dem Ich innerlich gegenüber. Es umfasst alles, was einen Menschen ausmachen kann und was ihm noch möglich ist, und – das ist der entscheidende Punkt – in der Aktiven Imagination kann ich in eine persönliche Beziehung zu IHM, dem Großen, dem Göttlichen treten. Das mag zunächst für einen modernen Menschen ein ungewohnter Gedanke sein, noch ungewohnter scheint ihm eine gelebte Beziehung zu diesem überpersönlichen Bereich, aber sie ist der Menschheit seit Jahrtausenden bekannt, wie das schon beschriebene Gespräch eines Lebensmüden mit seinem »Ba« zeigt.

Über die Bilder, Dialoge, Fragen und Antworten der Aktiven Imagination finde ich meinen persönlichen Zugang zu dieser inneren Wirklichkeit und ihrer Kraft. Das Ich, mit dem ich in den beschriebenen inneren Dialogen kommuniziere, ist die Grundlage der Selbstreflexion, die zu einer Beziehung zum SELBST hin erweitert werden muss, wie die kommenden Kapitel im einzelnen noch genau zeigen und beschreiben werden. Um hierzu ein Beispiel zu geben, stellen wir die Aktive Imagination eines 39-jährigen, künstlerisch sehr begabten Mannes dar, der sich in einer psychotherapeutischen Behandlung befindet.

Das Symbol des Spiegels

Er hatte einen Traum, dem er den Titel »Der Spiegel« gab. Der Traum spielte sich folgendermaßen ab:

»Ich befinde mich im Elternhaus in dem Teil, wo früher die Kinderzimmer, die Schlafzimmer, das Bad und das Gästezimmer lagen. Jetzt im Traum ist dort ein einziger großer Raum, in dem sich ein Geschäft befindet, dort will ich einen Spiegel kaufen. Ein Paar, eine junge Frau und ein junger Mann, denen das Geschäft gehört, reichen mir einen Spiegel. Er sieht nicht so aus wie der, den ich eigentlich suchte und mir vorgestellt hatte. Er hat die Form einer Raute mit abgerundeten Ecken und er erinnert mich an ein Auge. Ich halte ihn quer, er ist etwa 30 bis 40 cm breit. Den Rand bildet ein orangefarbener Streifen aus einem schimmernden Material, wie Perlmutt. Es könnte sich um einen Jugendstilspiegel handeln. Die Spiegelfläche ist verstaubt, das Glas sieht alt aus. Als ich mit dem Ärmel drüberwische und ihn poliere, kann ich mich, aber nur mein Gesicht, denn größer ist er nicht, sehen. Je länger ich den Spiegel betrachte, desto besser gefällt er mir. Ich will ihn kaufen, bedanke mich bei dem Paar und gehe zur Kasse. Ich bin sehr froh, dass ich ihn habe. Doch nun stelle ich fest, dass ich nicht genug Geld bei mir habe. Andere Leute warten hinter mir an der Kasse. Ich bitte die Kassiererin, mir den Spiegel zurückzulegen, ich müsse noch Geld besorgen. Ich telefoniere mit meiner Mutter, weiß aber nicht, ob sie mich angerufen hat oder ich sie. Sie will mir das Geld gleich vorbeibringen. Ich bin froh, aber gleichzeitig ärgere ich mich, weil ich gar nicht will, dass sie mir mit Geld aushilft.«

So weit der Traumtext.
Der Mann berichtet weiter:

»Als ich mit meinem Therapeuten über den Traum sprach, hatte ich den bestimmten Eindruck, dieser Spiegel habe seine eigene Sicht, er wisse etwas über mich, was ich selbst noch nicht erkennen kann. Er schlug vor, den Spiegel zu befragen, was ich auch tat«.

Hier nun folgt ein Auszug dieser »Spiegelbefragung«, die zu einer Aktiven Imagination wurde:

»Ich sehe im Spiegel ein Auge, das mich anblickt. Eine tiefe männliche Stimme spricht zu mir. Ich sage ihr, dass ich die starke Empfindung habe, er wisse etwas über mich und könne mir etwas über mich mitteilen.
›Du bist auf einem großen Weg, der aber viele Schwierigkeiten enthält. Es ist dir Großes möglich.‹
›Was bedeutet das ›ein großer Weg?‹
›Du kannst sehr weit vordringen, weiter, als es den meisten Menschen sonst möglich ist. Sei streng dabei und sanft. Höre auf deine innere Stimme und folge ihr, dann kann es gelingen. Du kannst in die Welt vordringen, die hinter mir liegt, auf meine andere Seite. Sie entspricht dir wie ein Zwilling und ist doch ganz anders.‹ (gemeint ist, wie spiegelverkehrt, wie das Negativ eines Bildes)

Dann sehe ich ein Bild im Spiegel, in dem das Auge der Schnittpunkt sich kreuzender Lichtstrahlen ist, die auf beiden Seiten des Spiegels dieselben Bilder entstehen lassen, aber mit entgegen gesetzten Helligkeiten, wie bei einem Foto und seinem Negativ.
›Ich bin der Ort, wo sich die beiden Welten berühren, auch wenn sie sich kaum begegnen können. Du kannst auf die andere Seite weit vordringen. Such' dir eine Übung, eine Übung der Einkehr, um diesen Weg zu gehen.‹
›Worin liegen die Schwierigkeiten?‹
›Sie liegen in der Trägheit und in der Vielheit der Welt und ihren Verlockungen. Wenn du in den Spiegel schaust, siehst du dich und damit alles, was es zu sehen gibt. Aber alles hat keine Bedeutung.‹
›Was bedeutet für mich die Frage, die mich so sehr beschäftigt, die ich im Moment nicht entscheiden kann?‹

›Auch dies hat keine Bedeutung, wenn du deiner inneren Stimme folgst. Aber du musst es tun, sei streng und sanft.‹
›Wer bist du?‹
›Ich bin der, der sieht, wenn du in ihn hineinsiehst.‹
›Kann ich dir wieder begegnen?‹
›Du wirst es erleben, es wird geschehen.‹«

Damit war das vorläufige Ende dieser Imagination erreicht. Es ist eine bedeutsame Verbindung von Traum und Aktiver Imagination, die sich hier ganz von selbst ergab. Es ist nicht möglich, diesen »großen« Traum mit seinen vielen und symbolischen Facetten hier zu bearbeiten, doch er spricht für sich selbst, wenn man ihn einfach einmal auf sich wirken lässt. So helfen auch die Träume selbst, sie zu verstehen. Es gibt sie ja bei uns Menschen schon viel länger als eine systematische Traumdeutung. Wahrscheinlich begleiten uns Träume und Fantasien seit der Zeit, als unsere Hirnstruktur die dafür nötige Differenzierung erreicht hatte.

Worauf es hier zunächst ankommt: Es ist möglich, mit dem Spiegel in eine Aktive Imagination einzutreten. Und hier geschieht etwas Besonderes, ja Paradoxes: Im Spiegel begegne ich mir selbst, meinem eigenen Angesicht und gleichzeitig einer anderen Stimme, die durch ihn und damit durch mich hindurch spricht. So bin ich also ich selbst und gleichzeitig insofern wieder nicht, als ich auch der Raum oder das Medium der inneren Stimme bin. Genau dies ist das Charakteristische der Aktiven Imagination. Sehr deutlich wird hier auch die ausgleichende Funktion der Stimme des Unbewussten. Gerade wenn ein Mensch dazu neigt, sich eher als klein und unbedeutend zu sehen und nach außen auch so darzustellen, kommt von innen der klare Hinweis auf die eigene Größe und die Aufforderung, sich dieser Größe auch bewusst zu werden und ihr entsprechend zu leben. Dazu jedoch braucht es eine bestimme Haltung, die hier als »streng und sanft« gekennzeichnet ist, verbunden mit dem Hinweis, den Verlockungen der enormen Vielfalt der inneren Gedanken und Gefühle, die uns ständig bewegen, nicht zu folgen, sondern einen Ort der inneren Einkehr zu suchen und auch regelmäßig wieder zu besuchen. Der Satz: »Du kannst in die Welt vordringen, die hinter mir liegt« mag zunächst unklar erscheinen, verweist aber mit aller Deutlichkeit auf die schier unendliche Weite der Psyche und des Geistes, die sich Schritt für Schritt im inneren Dialog der Aktiven Imagination öffnet. Das braucht Zeit und Übung. Die ganze Fülle könnten wir vielleicht auf ein Mal nicht ertragen. In der Aktiven Imagination begegnet uns immer das, was gerade beachtet werden möchte, in stets ganz überraschenden Szenen und Sätzen, auf die man nun wirklich nicht vorbereitet ist und die man sich so auch nicht ausdenken würde.

Noch ein Wort zur Größe: Hier wird auf die mit dem SELBST gemeinte Vollständigkeit der Person angespielt. Wir alle haben eine Ahnung von unserer eigentlichen Größe, aber dabei bleibt es meistens. Sie macht uns eher Angst, als dass sie uns anregt, uns auf den Weg zu uns selbst und zu dem SELBST zu machen. Vor diesem Hintergrund ist der traurige Satz vieler Menschen zu verstehen, wenn sie in einem bestimmten Lebensabschnitt rückblickend sagen und sich fragen »War das alles?« und oft den Eindruck haben, es sei nun zu spät. Und dabei hatten wir doch alle »große Pläne«, Wünsche und Fantasien. Was ist aus ihnen geworden? Sind wir bei dem größeren Auto oder Haus stehen oder hängen geblieben? Es mag vielleicht zunächst komisch klingen, wenn wir sagen, dass sich auch darin die Ahnung unserer wirklichen menschlichen Größe zeigt, wenn vielleicht am nicht ganz geeigneten Objekt. Doch wir sind frei, unsere Energien, die wir bisher in eine bestimmte Richtung gelenkt haben, einzufangen und sie dorthin strömen zu lassen, wo sie uns helfen, wirklich »groß«, nämlich ganz individuell und innerlich unabhängig zu werden.

4.
»Wie eine Kerze im Sturm ...«

Bleiben wir zunächst noch ein wenig beim Thema »Bewusstsein«, denn es ist das zentrale Anliegen dieses Buches. Wir stellen ja hier deshalb die Aktive Imagination vor, weil sie ein direkter Weg zur Bewusstwerdung ist. Aber an dieser Stelle taucht die Frage auf: »Wozu sollen wir eigentlich immer bewusster werden? Genügt es nicht, einfach nur zu leben mit dem, was das Leben so mit sich bringt? Welchen Vorteil sollte eine größere Bewusstheit für mich haben?« Diese Fragen sind berechtigt und wir wollen sie auch beantworten.

Ja natürlich, wir könnten auch in einer relativen Unbewusstheit ganz gut leben. Das Meiste in unserem Leben geschieht sowieso ohne Bewusstsein und vieles tun wir auch unbewusst. Unser innerer Organismus – Blutkreislauf, Verdauung, Körpertemperatur, Zellerneuerung usw. – funktioniert ohne unsere bewusste Steuerung, was sinnvoll ist, denn dann können lebenswichtige Vorgänge nicht vergessen werden. Auch wenn wir uns bewegen, haben wir in der Regel kein Bewusstsein darüber. Würden wir ganz bewusst darauf achten, wie wir einen Fuß vor den anderen setzen, dann kämen wir wohl rasch ins Stolpern. Wie anstrengend es ist, neue Bewegungsabläufe einzutrainieren, kennen wir aus der Tanzstunde, der Fahrschule oder dem Schwimmunterricht. Doch wenn das mühsam Einstudierte endlich sitzt, praktizieren wir es automatisch, ohne Bewusstsein – und es klappt hervorragend.

Wir brauchen das Bewusstsein also immer nur für kurze Zeit, um etwas zu lernen. Wenn der Tagesablauf Routine geworden ist, können wir es beruhigt ausschalten, alles läuft glatt und ohne Probleme. Damit könnten wir zufrieden sein, und viele Menschen sind es auch. Bis plötzlich etwas eintritt, was sie aus der Alltagsroutine reißt. Eine Mutter beispielsweise ohrfeigt eines Tages ihre kleine Tochter und ist hinterher sehr erschrocken über ihre Reaktion. »Wie konnte mir das nur passieren?« fragt sie sich. Oder jemand gerät immer wieder in Streit mit seinen Nachbarn und Kollegen und beginnt darüber nachzudenken, was wohl der Grund dafür sein könnte. Wenn der Arzt eine schwere Erkrankung diagnostiziert, kann sich die entsprechende Person fragen, ob sie vielleicht ihr Leben verändern will und soll. Aber es gibt auch in vielen Menschen den natürlichen Wunsch, bewusster zu leben. Sie sagen: »Dann habe ich mehr von meinem Leben. Dann ist es intensiver, ich erlebe mehr«. Manche Menschen spüren auch intuitiv, dass größere Bewusstheit – und das heißt gleichzeitig größere Achtsamkeit – mehr Sicherheit in ihr Leben bringt. Weil Bewusstheit auch Kontrolle ist. Das unbewusste Leben mag im ersten Augenblick einfacher scheinen, als sich über Vieles Gedanken zu machen, doch es ist auf Dauer auch unruhiger, weil man von unerwarteten Geschehnissen, unbedachten Ereignissen überfallen werden kann. Menschen, die felsenfest der Überzeugung sind, dass sie nie etwas Schlimmes tun könnten, und dann aber doch erleben, dass sie bei einer, vielleicht völlig bedeutungslosen Situation furchtbar »ausgerastet« sind, jemanden zum Beispiel angeschrien oder gar beschimpft haben, sagen dann von sich: »So kenne ich mich gar nicht. Das passt doch nicht zu mir.« Es fällt ihnen dann schwer, sich mit ihren Mängeln zu akzeptieren. Wenn ihr Idealbild, das sie sich unbewusst in ihrem Inneren aufgebaut haben, zusammenfällt, können sie schwere Selbstwertstörungen, Depressionen und Ängste entwickeln, oder alte, entsprechende Probleme werden wieder aktuell. Um diese dann zu verstehen und zu einer guten Lösung zu bringen, ist Bewusstseinsarbeit erforderlich. Ich muss mir zuerst genau anschauen, was ich verändern möchte, muss mich damit auseinandersetzen. Insofern ist Bewusstsein kein »Ich-Energie-Strom«, der einfach nur durch mich hindurch fließt und mein Tun bestimmt, sondern ein »Du-Energie-Strom«, der mich veranlasst, ein Gegenüber wahrzunehmen. Dieses Gegenüber kann außerhalb von mir, es kann aber auch in mir selbst erlebt werden. Ich bin nicht das Problem, ich habe ein Problem. Wenn ich ein Problem wäre, dann für einen anderen Menschen, dann würde ich davon nichts spüren. Plagt mich jedoch ein Problem, dann ist es meines und ich muss *mich* darum kümmern, wenn ich es auflösen möchte. Wenn ich einen Konflikt in mir spüre, bin ich nicht ich-synton, sondern ich-dyston, das heißt nicht einig, sondern uneinig mit mir selbst. Der Energiestrom, der mich durchfließt, muss sich teilen; etwas anderes, das sich mir bewusst machen will, teilt sich mir mit. Dann kann ich Anteil nehmen an etwas, das nicht einfach nur »ich« ist. Damit dieses »Ich« jedoch wieder eins wird mit »mir selbst«, müssen die beiden Ströme, die unterschiedlich sind, wieder zusammenfließen. Dann fühle ich mich ausgeglichen und »eins mit mir« und kann loslassen, in einen Zustand der Unbewusstheit zurückkehren, um bald darauf wieder in einen Bewusstseinsakt einzutreten. Die Hirnforscher sprechen vom »Drei-Sekunden-Bewusstseinsfenster«, d. h. das momentane Bewusstsein wird nicht länger als jeweils drei Sekunden offen gehalten. Alles, was ich während dieser Zeit aufgenommen und angesammelt habe, gehört dann zu meiner individuellen Bewusstheit. Sie ist – um es in einem Bild auszudrücken – das Haus des Geistes, das ich für mich persönlich gebaut habe. Die Bausteine habe ich aus dem unermesslich weiten, in seiner Gesamtheit nicht fassbaren Bewusstsein genommen und sie zu dem Gebäude aufgerichtet, das zu meinem Lebenszuschnitt passt. Da es genug Bewusstseins-Bausteine gibt, kann ich mein Bewusstheitshaus jederzeit erweitern, immer wieder einen neuen Teil ein- und anbauen. Zum Beispiel, indem ich, wenn ich mir etwas Neues bewusst machen will, in den Prozess einer Aktiven Imagination gehe.

Was ist Bewusstsein?

Es ist nun einmal so, dass sich die Fähigkeit, bewusst zu sein, im menschlichen Gehirn entwickelt hat. Deshalb ist es müßig, darüber nachzusinnen, ob wir ohne Bewusstsein, wie die meisten Tiere, lediglich auf Grund des Instinkts, nicht leichter und besser leben könnten. Warum der Mensch mit Bewusstsein ausgestattet wurde, wissen wir nicht. Doch wenn wir verstehen, was Bewusstsein für uns bedeutet, können wir eher die Notwendigkeit des Bewusstwerdens annehmen.

Die Weisheitslehren verschiedener Kulturen, vor allem der alten indischen, sagen seit jeher, dass es nichts gibt, was kein Bewusstsein hätte. Viele moderne Physiker schließen sich heute dieser Sicht an. Jeder Atomkern, jedes Elektron und all die anderen winzigen Teilchen würden eine Bewusstseinsenergie in sich tragen.

Sie lehren uns, dass es eigentlich nur Energie gibt, die im Bereich der Metaphysik auch Geist genannt wird. Diese Bezeichnung verbindet Physik, Religion, Philosophie und Psychologie, denn Geist heißt: das Bewegte. Bewegt sein können wir im psychologischen Sinne durch Emotionen und Gefühle, die uns in bestimmten Situationen besetzen, und im physikalischen Sinne bewegen wir uns körperlich von einer Stelle zur anderen.

Doch eigentlich weiß niemand genau, was Energie ist und doch brauchen wir diesen Begriff in unserem Alltag und in der Wissenschaft ständig, um die Entstehung des Universums, die kleinen und großen Bewegungen des Lebens in Zeit und Raum und ihre unterschiedliche Intensität, aber auch um unser Erleben, unsere Gefühle und unsere Kraft oder Erschöpfung oder den Fluß der Gedanken zu beschreiben. Die physikalische Welt, die im Atomkern gebundene, kaum vorstellbare Kraft, Blitz und Donner oder das enorme Drängen des Lebens und seiner Entwicklung auf der Erde, wie die schier unendliche Evolution des Geistes, wird mit Energie in Verbindung gebracht und so erklärt. Physiker denken sogar über einen unerschöpflichen Energieozean im Hintergrund des Kosmos nach. Er soll die Quelle aller Energieströme sein, wo immer wir diese Quelle beobachten und im persönlichen Erleben spüren. Für sie ist alles im Fluss und *ist* Fluss, auch der Fluss einer intelligenten Energie, die neue Erkenntnisse hervorbringt. Dafür kann man keine Ursache im uns geläufigen Sinn angeben.

Wie nun lässt sich Bewusstsein verstehen?

Letztendlich kann Bewusstsein nur aus einer Teilung, aus zwei entstehen. Um sich etwas bewusst machen zu können, muss man das bewusst zu Machende zur Kenntnis nehmen, es erkennen. Das setzt einen Erkennenden und das zu Erkennende voraus, also einen Beobachter und ein Objekt. Auch in der Aktiven Imagination stehe ich einem anderen, einem Objekt gegenüber. Es müssen also mindestens zwei da sein. So heißt es auch in allen Weltentstehungsmythen, dass am Anfang Himmel und Erde voneinander getrennt wurden. Wenn Physiker über die Weltentstehung sprechen, meinen sie zumeist den »Urknall«, der aus einem unendlich dichten Energiepunkt in einer gewaltigen Explosion in verschiedene Teile zersprungen ist, zunächst in ein unvorstellbares Chaos zerstob, um sich allmählich zu geordneten Gebilden zu formieren und so die Galaxien, die Sonnen mit ihren Planeten entstehen und auf einem, der jetzt »Erde« heißt, Leben sich entwickeln zu lassen.

Diese Theorie ist heute allerdings auch schon wieder umstritten, und so weiß eigentlich niemand etwas Genaues über unseren Ursprung und die alten Mythen gewinnen in ihrer symbolhaften Darstellung, indem sie Zusammenhänge in Bildern zum Ausdruck bringen, neu an Bedeutung. Hier ist also unsere Aufgabe, das auseinander Gerissene im Erkenntnisprozess wieder zusammen zu setzen. Was in der Aktiven Imagination geschieht, wenn wir die Gestalten, Tiere, Pflanzen in ihrer symbolischen Sprache verstehen und sie dadurch wieder zur reinen Energie werden lassen, die wir in den Lebensstrom, der uns trägt, einspeisen. Dasselbe geschieht mit der Nahrung, die wir zu uns nehmen. Wenn wir beispielsweise ein Stück Fleisch essen, tragen wie dieses nicht ständig in unseren Mägen, sondern verdauen es und verwenden die Energie, die dadurch frei wird, für körperliche oder geistige Arbeit. Viele Märchen beschreiben auf der bildhaften Ebene diesen Vorgang: Wenn die Heldin, der Held die Aufgaben, die es zu erfüllen gilt, gelöst hat oder wenn ein bestimmtes Zauberwort gefunden wird, dann kann die verwünschte Prinzessin, der verzauberte Prinz wieder in ihre und seine eigentliche Gestalt zurück verwandelt werden. Das heißt in der Sprache der Energie: Wird ein Symbol, das ein starker Energieträger ist, erkannt, verstanden, kann sich die Gestalt auflösen und wieder zu reiner Energie transformieren. An der im zweiten Kapitel geschilderten Aktiven Imagination, in der es um einen Landstreicher geht, können wir die Transformation eines symbolhaften Bildes in die Energie, die der Individuation dieser Frau dient, so verstehen: Wenn Andrea die Lebensform, die ihr innerer Landstreicher symbolisiert, in ihr Leben einbaut, wird sie innerlich frei und unabhängig. Ein Landstreicher schert sich ja nicht darum, was andere Menschen über ihn denken, er macht sich nicht abhängig von der Meinung und der Lebensart anderer. Er ist frei. Um hier kein Missverständnis aufkommen zu lassen: Wir meinen nicht, dass es eine totale Unabhängigkeit für uns Menschen gibt. Wir alle sind abhängig voneinander, denn wir leben in einer Gemeinschaft, die sich vielleicht eines Tages von der engeren Umgebung des Familien-, Freundes-, Kollegen- und Nachbarschaftskreises zur Gemeinschaft der Völker unserer Welt ausdehnt, für die wir uns in unserem Handeln mitverantwortlich fühlen. Doch das kann nur geschehen, wenn wir innerlich frei und unabhängig werden. Der Landstreicher in der Aktiven Imagination von Andrea trägt zum Zeichen für diese innere Unabhängikeit einen weißen Seidenschal. Dieser symbolisiert die reine, feine, weiße Energie, die wir als zu erlangende Autonomie, also als Freiheit von Einmischungen anderer (Farben) verstehen können.

Die Kraft der Symbole

Alle Phänomene, die wir außen und innen wahrnehmen, können wir als Symbole der einen einzigen, zusammenhängenden Wirklichkeit, der Einheit oder des Göttlichen – in der Jungschen Sprache auch SELBST genannt – betrachten. Das ist die des Geistes, der Energie, die als Bewusstseinsträger dient. Demnach stellt jedes »Ding« ein Symbol für eine ganz bestimmte Bewusstseinsschwingung dar.

Die Welt ist leer, sagen die Physiker, es gibt nichts Beständiges, alles befindet sich in immerwährender Schwingung, wobei selbst die allerkleinsten Teilchen, bzw. Quanten voneinander »wissen«, obwohl sie sich dessen nicht so bewusst sind, wie wir das Bewusstsein kennen. Doch der »Stoff«, aus dem das Bewusstsein besteht, ist in Allem und Jedem vorhanden. Bisher gab es nur Bilder oder poetische Beschreibungen, die uns diese Tatsache vermitteln, z. B.:

> Ich bin das Ewige, das Unsterbliche, das Allesdurchdringende.
> Das bin ich und das bist du.

Wir wissen heute, dass auch die dichteste Materie nichts absolut Festes ist, denn alles, was auf uns dicht und fest wirkt, wie das Holz der Möbel, die Kleidung, die wir tragen, der Stein, der vielleicht als Schmuckstück auf dem Schreibtisch liegt, besteht aus Atomen und kleinsten subatomaren Teilchen, die ständig in Bewegung sind. Nichts steht wirklich still, jeder Körper, der ganze Kosmos befindet sich in immerwährenden Schwingungen, in minimalen, für unsere Sinne nicht oder kaum wahrnehmbaren Bewegungen.

Da diese kleinsten, in sich schwingenden, vibrierenden Teilchen voneinander »wissen«, weil sie ja zu einem großen Ganzen gehören, tragen sie dieses Wissen als eine Art Bewusstsein – vielleicht exakter: Vorbewusstsein – in sich. Wenn sie sich also zu einer Galaxie, einem Stern, einem Berg, einem Baum, einer Blume, einer menschlichen Gestalt zusammensetzen, entsteht aus dieser bestimmten Form des Zusammengefügten gleichzeitig ein bestimmtes Schwingungsmuster, also eine Bewusstseinsmatrix.

Wir Menschen können nun mit der uns zur Verfügung stehenden aufmerksamen Wahrnehmung, die zum erkennenden Bewusstsein führt, in diese Schwingungsmatrix eindringen – entweder im Innen durch Aktive Imagination oder im Außen durch mathematische Berechnungen, bzw. durch die Gesetze der Geometrie – und so die »Botschaft«, die diese Formen als (Vor-)Bewusstsein in sich tragen, erkennen und entschlüsseln. Wir sehen auf diese Weise in den Dingen, wie in allen Bildern, die sich auf Grund von Erzählungen und Gestaltungen im menschlichen Gehirn entfalten, ihren »Sinn«, ihre »Botschaft«, oder eben die »kosmische Absicht«, wie Physiker die Welt der Ideen mit den sie darstellenden Symbolisierungen, heute auch nennen.

Letztlich gibt es nichts anderes als die Leere, die auf Grund ihres schöpferischen Potentials ständig Kreationen hervorbringt, die wir in ihrer verdichteten Form als gestaltete Materie sehen. Doch diese gestaltete Materie – der ganze Kosmos mit seinen Galaxien, Sternen und Planeten, die Natur, in der wir leben – bedeuten allein für sich gesehen nichts. Sie gewinnen ihre Bedeutung für uns nur dadurch, dass sie als Symbole dienen für die ungeheure, vielfältige und vielgestaltige Schöpfungskraft des SELBST.

Diese Schöpfungskraft können wir nicht direkt sehen – das SELBST ist unanschaulich. Sie wird uns vermittelt durch die Welt der Ideen, die auch Gedanken oder Träume Gottes genannt werden und die als innere Bilder, als Vorstellungen und Geschichten in unseren Köpfen auftauchen.

Ihre Aufgabe ist es, Bewusstsein zu schaffen. Sie erregen unser Interesse, weil sie als symbolische Darstellungen Energieträger sind. Jeder Mensch kennt es und an Kindern ist es immer wieder neu zu beobachten: Bestimmte Bilder – eine Menschen- oder Tiermutter mit dem Baby im Arm; ein Kind, das an Vaters Hand einen unbekannten Weg entlang geht; ein Ungeheuer, das sich auf ein hilfloses Wesen stürzt; ein Engel, der schützend seine Hand über ein Kind hält, um nur einige wenige zu nennen – erzeugen bestimmte Emotionen in der Betrachterin, im Betrachter, und diese Energieströme mobilisieren unsere Aufmerksamkeit. Und um diese geht es, wenn unser Ziel Ausgeglichenheit, Autonomie und Frieden ist.

Wir meinen, dass es in der Tiefenpsychologie und speziell in der Aktiven Imagination darum geht, den Fokus auf das Erkennen des Zusammengehörenden zu richten. Letztlich können wir alles, was in der äußeren und inneren Erscheinungswelt auftritt und auftaucht, miteinander in Verbindung bringen, das Eine als Äquivalent des Anderen betrachten und so neu verstehen. Außen und innen werden zu zwei Aspekten des einen, unteilbaren Ganzen.

Im Ablauf der Lebensgestaltung eines Menschen zum Beispiel, den wir mit den Mustern der großen Geschichten der Weltliteratur vergleichen, die diesem Ablauf ähnlich sind, sehen wir die inneren Mechanismen, die geheimen Wünsche und Bedürfnisse dieses Menschen in einem weiteren Rahmen und sein geheimes Ziel in einem helleren Licht.

Das Ganze mußte also erst auseinander fallen, damit die Energie, die im Ganzen gehalten war, frei werden konnte. Insofern erzählt uns die Geschichte von der Vertreibung aus dem Paradies und die Theorie vom Urknall ein und die selbe Tatsache. Wir erleben die Energie auf der menschlichen Ebene als Emotion, als Schrecken, Schmerz, Verzweiflung, Trauer und Aggression, aber auch als Liebe, Glück, Freude und Mitgefühl. Diese Emotionen heben uns aus einem nur teilhabenden Zustand des Daseins in der Welt heraus in einen sehenden, erkennenden hinein. Sie ermöglichen uns, bewusst zu werden, das Bewusstsein zu entdecken. Im Prozess der Erfüllung dieser Aufgabe geht es jetzt darum, dass Zerstreute einzusammeln und zu seiner Ganzheit zusammenzufügen.

Das notwendige Licht des Bewusstseins

Bei aller Notwendigkeit, bewusst zu werden und zu sein, kann diese Aufgabe aber auch mit Ängsten, Unsicherheiten und Schmerzen verbunden sein. Es ist nicht nur großartig, plötzlich mit den Unvollkommenheiten der Welt und vor allem des eigenen Selbst konfrontiert zu werden. Deshalb scheuen sich viele Menschen davor, eine Psychotherapie zu beginnen, weil sie fürchten, Seiten ihres Wesens zu sehen, die ihnen nicht gefallen, die sie ablehnen.

Doch inzwischen kommen wir nicht mehr umhin, uns auch mit dem Schatten auseinander zu setzen, den das Licht des Bewusstseins wirft, wir können nicht zurück ins »Paradies«, wir müssen vorwärts, ob wir wollen oder nicht. Diesen Tatbestand beschreibt C. G. Jung in außerordentlich beeindruckender Weise in seiner Biographie *Erinnerungen, Träume, Gedanken*:

> In dieser Zeit hatte ich einen unvergesslichen Traum, der mich zugleich erschreckte und ermutigte. Es war Nacht an einem unbekannten Orte, und ich kam nur mühsam voran gegen einen mächtigen Sturmwind. Zudem herrschte dichter Nebel. Ich hielt und schützte mit beiden Händen ein kleines Licht, das jeden Augenblick zu erlöschen drohte. Es hing aber alles davon ab, dass ich dieses Lichtlein am Leben erhielt. Plötzlich hatte ich das Gefühl, dass etwas mir nachfolge. Ich schaute zurück und sah eine riesengroße Gestalt, die hinter mir herkam. Ich war mir aber im selben Moment bewusst – trotz meines Schreckens – dass ich, unbekümmert um alle Gefahren, mein kleines Licht durch Nacht und Sturm hindurch retten musste. Als ich erwachte, war es mir sofort klar: es ist das »Brockengespenst«, mein eigener Schatten auf den wirbelnden Nebelschwaden, verursacht durch das kleine Licht, das ich vor mir trug. Ich wusste auch, dass das Lichtlein mein Bewusstsein war; es ist das einzige Licht, das ich habe. Meine eigene Erkenntnis ist der einzige und größte Schatz, den ich besitze. Er ist zwar unendlich klein und zerbrechlich im Vergleich zu den Mächten der Dunkelheit, aber eben doch ein Licht, mein einziges Licht.[3]

In diesem Traum kommt sehr deutlich zum Ausdruck, dass wir den Dunkelheiten des Unbewussten ausgeliefert sind, wenn das Lichtlein des Bewusstseins sehr klein ist. Hätte C. G. Jung eine Fackel getragen, wäre ihm in dem Traum nicht so unwohl gewesen. Je stärker das Licht des Bewusstseins ist, desto sicherer können wir durchs Leben gehen, desto mehr Autonomie erreichen wir. Dieser Traum zeigt aber auch: Wo Licht ist, gibt es Schatten. Erst wenn wir erleben, was es bedeutet, sich dieses und jenes bewusst zu machen, mehr und mehr bewusst zu sein, merken wir auch, was alles noch unbewusst ist. Es ist, wie es früher in der Schule war: Hatten wir das kleine Einmaleins gelernt, wurde uns das große Einmaleins aufgegeben; kamen wir mit einfachen englischen oder französischen Texten zurecht, mussten wir kompliziertere einüben und haben mitunter darüber auch gestöhnt. Die Schule hat erst richtig Spaß gemacht, nachdem wir erkannt haben, wofür und für wen wir all die schwierigen Lektionen lernen, nämlich einzig und allein für uns selbst, für unsere Sicherheit, die wir auf Grund des Gelernten für das Leben erwerben, für eine leichtere Aufgabenbewältigung, für unser Selbstvertrauen. Mit dem Bewusstwerden ist es ebenso.

Jungs Traum weist jedoch auch noch auf die Gefahr hin, die das Bewusstseinslichtlein zum Erlöschen bringen kann: der mächtige Sturmwind. Dieser Sturmwind symbolisiert die starken Affekte, denen wir uns manchmal ausgeliefert fühlen. Je kräftiger ein Sturm tobt, desto weniger klar können wir sehen, desto eingeschränkter ist das Bewusstsein. Im milderen Wind der Emotionen wird das Bewusstsein dann klarer und wir können die einzelnen Bewusstseinsqualitäten, den unterschiedlichen Gefühlen entsprechend, besser erkennen. Weht der Wind ganz leise und zart, ähnelt er dem feinen Unterscheidungsbewusstsein. Dann spüre ich sehr schnell, was angenehm oder unangenehm, gut oder schlecht für mich ist. Insofern, für meine eigene Sicherheit, die mich des Weiteren zur Autonomie führt, lohnt sich die Bewusstseinsarbeit, die immer auch Arbeit an den Affekten, Emotionen und Gefühlen ist.

C. G. Jung hat vorgeschlagen, mit dem Affekt, der mich bedrängt, in einer Aktiven Imagination in Verbindung zu treten. Zunächst werden natürlich verschiedene Bilder, Erinnerungen, Szenen auftauchen, die mir schon bekannt sind, aber dann – und hier beginnt die eigentliche imaginative Arbeit – kann ich meinen Affekt fragen: »Was willst du von mir?« oder einfacher noch »Wer bist du?« Wenn man einige Übung hat, stellt sich immer wieder die gleiche Erfahrung ein: Der Affekt verbildlicht sich und ist bereit, mit mir in eine lebendige Verbindung zu treten. Generell kann man sagen, dass jeder Affekt die Kraft darstellt und auch die Richtung enthält, die mein Leben in dem Sinne verändern kann und muss, die jetzt gerade notwendig ist.

Nun ist dies für die meisten Menschen ein ungewohntes Vorgehen, mit den allgemeinen Kräften der Seele in einen persönlichen Kontakt zu treten, so als wären sie ein äußeres Gegenüber. Man hat hierfür viele Ausdrücke gefunden. Ich kann mit »der inneren Weisheit« sprechen, oder mit der »stern- oder vogelgestaltigen Seele«, an die sich die Ägypter gewandt haben. Die Römer kannten den Ausdruck des »Genius« eines Menschen. Es gab auch immer Schutzgeister in Tiergestalten und in unserer heutigen Kultur, besonders zur Zeit ist die Gestalt des Schutzengels wieder sehr aktuell. Es ist die Annahme eines umfassenden und wissenden, aber zugleich ganz persönlich auf mein jetziges Leben bezogenen Seelenkerns.

Diese Gestalten, in welcher Form sie mir auch begegnen mögen, kommen häufig als Helfer in der Not oder Ratgeber in schwierigen Situationen zu dem betreffenden Menschen. Doch sie haben »ihren eigenen Kopf«, sie richten sich nicht unbedingt nach den persönlichen Wünschen der Rat Suchenden und des Not Leidenden, wie diese es sich vorstellen, sondern sie bringen eigene und meistens überraschende Lösungen. Das ist die schöpferische Potenz des Unbewussten, und diese verbindet sich immer mit den in der Aktiven Imagination auf mich zukommenden oder mir zur Verfügung stehenden inneren Figuren.

Ein Beispiel:

Ein Mann Mitte 40, vielbeschäftigter Manager eines größeren Konzerns, hatte große Mühe, mit seiner inneren Unruhe fertig zu werden. In seinem Kopf jagten sich Gedanken und Vorstellungen, die ihm oft den Schlaf raubten. Er lag stundenlang wach und suchte nach Lösungen für schwierige persönliche Probleme. Nun war er in anderen Zusammenhängen schon gewohnt, in solchen Situationen mit einer inneren Figur Verbindung aufzunehmen, die ihm bereits bekannt war. Er tat dies mit der dringenden Bitte um Hinweise, wie er aus seiner Unruhe und zum Teil auch ängstlichen Situation herausfinden könne. Nun hat er erwartet, dass er einen direkten Hinweis bekommen würde, den er in seinem praktischen Leben umsetzen könnte. Dies geschah aber ganz anders, als er es sich vorgestellt hatte: Der innere Begleiter sagte ihm, es gehe zunächst um nichts anderes als um Achtsamkeit. Nun ist Achtsamkeit für den Mann nichts Neues, aber er musste in diesem Zusammenhang erkennen, dass er seit einiger Zeit ziemlich unachtsam lebte. Nun kannte er Achtsamkeitsübungen und begann, diesen Übungsweg erneut zu gehen. Der Erfolg war, dass er immer dann am Abend, wenn er sich darauf konzentrierte, relativ bald einschlafen konnte. Vergaß er es aber einmal – und dazu neigt er immer wieder – so merkt er erst an der inneren Unruhe, was er übersehen hatte.

Was ist hier geschehen? Der innere Begleiter weiß, worauf es im Moment ankommt, und gibt ihm einen entsprechenden klaren Rat. Dabei zeigt sich immer wieder, dass der Betreffende diesen Weg erst einmal gehen muss, ehe der nächste Schritt sichtbar wird. Was hier immer wieder überrascht und ermutigt, ist die Tatsache, dass die Empfehlungen, die von den entsprechenden inneren Begleitern oder Begleiterinnen gegeben werden, ganz individuell auf die aktuelle Situation bezogen sind, aber gleichzeitig Lösungsmöglichkeiten enthalten, auf die der Betreffende zur Zeit nicht gekommen ist, die sich jedoch sofort bewähren, wenn man den Empfehlungen folgt. Für diesen Mann ist es erst nach einiger Zeit der konsequenten Achtsamkeitsübungen – und Achtsamkeit ist eine wesentliche Bewusstseinsqualität – möglich, mit dem inneren Begleiter einen weiteren Weg zu gehen, der ihn in Bereiche führt, die ihm noch einiges an Anstrengung und auch Demut abverlangen.

Die Pforte und die Schwelle

Es ist, als überschreiten wir bei der Begegnung mit dem, was aus dem Unbewussten kommt, sei es nun, dass wir eine Psychotherapie beginnen oder in einer Form von Selbsterfahrung uns kennen lernen möchten, eine Schwelle und durchschreiten eine Pforte. Seit Menschengedenken faszinieren uns Bilder und Erzählungen von Pforten oder in den Märchen von verbotenen Türen, die wir nicht öffnen dürfen, oder die wir durchschreiten müssen. Häufig ist das mit besonderen Gefahren und Anstrengungen verbunden, immer jedoch stellt es eine Notwendigkeit auf dem im Märchen beschriebenen Heldenweg dar, den wir psychologisch als Entwicklung zur Selbstwerdung, zur Individuation, verstehen. Die jeweilige Persönlichkeit erstarkt nur in der Auseinandersetzung mit zum Teil belastenden und leidvollen Erlebnissen. Die Pforte nun bezeichnet ein Bild auf dem Weg zu uns selbst, zur Individuation, die, sei es uns nun bewusst oder nicht, vor uns liegt.

Ohne genauer darüber nachzudenken, haben die meisten Menschen erst einmal Angst, sich dem zuzuwenden, was ihnen unbekannt und von daher fremd ist. Sie fürchten sich vor dem, was auf sie zukommen könnte, ahnen vielleicht, dass leidvolle Erlebnisse und die damit verbundenen Gefühle und Enttäuschungen noch einmal zurückkehren könnten. Trotzdem besteht, und sei es bedingt durch eine Not oder Krankheit, ein starkes inneres Bedürfnis, diesen Weg zu gehen. In alten mythologischen Bildern wird oft der Wächter an der Pforte beschrieben, manchmal auch an der zum Totenreich. In der Astrologie gilt der Planet Saturn als Wächter an der Schwelle zur Lebensaufgabe. Er symbolisiert die Forderung nach Ordnung und Disziplin, ohne die eine große Aufgabe – und die Individuation stellt eine solche große Aufgabe dar – nicht zu bewältigen ist. Immer geht es um die Schwellensituation, um den Eintritt in eine ganz andere Dimension.

Vom psychologischen Standpunkt aus handelt es sich hier um die Beziehung zum Unbewussten, also jenen zunächst unbekannten und deshalb oft ängstigenden Bereich. Insofern ist respektvolle Aufmerksamkeit den Gestalten gegenüber, die mir aus dem Unbewussten entgegen kommen, geboten und jede Form von oberflächlichem Kontakt bringt entweder keine Ergebnisse oder führt zu eher verwirrenden Erlebnissen, die ich mir nicht gewünscht oder vorgestellt hatte. Wie im Märchen von Frau Holle, in dem die spätere Goldmarie sehr sorgfältig und achtsam die einzelnen Aufgaben erledigt, – die Äpfel schüttelt, das Brot aus dem Backofen nimmt, der Frau Holle die Betten schüttelt –, während die spätere Pechmarie nur das Gold vor sich sieht und die verlangten Aufgaben ignoriert. Sie springt auch leichtfertig in den Brunnen, lediglich des erwarteten Goldes wegen. Sie überschreitet die Schwelle aus unlauteren Motiven und muss das entsprechende Ergebnis davontragen.

Hier wieder ein Beispiel für den Umgang mit der Schwelle.

Kater Barbarossa

Ein in der Aktiven Imagination schon erfahrener Mann, der seit Jahren in Verbindung mit einer ihn immer wieder führenden, beratenden und auch warnenden oder steuernden »inneren Frau« steht, geht in seinen Aktiven Imaginationen immer einen bestimmten, ihm schon bekannten Weg zu einer Quelle, an der er ein Glas Quellwasser trinkt, das er selbst schöpft oder das die innere Frau ihm reicht. Er hat nun seit einiger Zeit – in der äußeren Realität – eine sehr persönliche und intensive Beziehung zu seiner Katze, dem Kater Barbarossa, der seine Sprache versteht, sich fast wie ein Mensch verhält, der ihn beispielsweise in das Theater begleitet und vor der Tür auf ihn wartet, obwohl er ihm sagt »geh nach Hause«, dann aber als treuer Begleiter nach 2 $^1/_2$ Stunden Vorstellung wieder mit ihm heimgeht. Er hatte nun eines Tages den Wunsch, Barbarossa in der Aktiven Imagination zu seiner inneren Frau mitzunehmen.

Er ging also – in der Imagination – mit Barbarossa und kam auf einmal an eine Stelle auf seinem Weg, die er bisher noch gar nicht beachtet hatte und die er jetzt als eine ›Schwelle‹ bezeichnete. Ihm wurde das dadurch bewusst, dass der Kater an dieser Stelle zögerte und sich sogar weigerte, die Schwelle zu überschreiten. Das erstaunte ihn nun um so mehr, als er ja bisher immer diesen Weg wie selbstverständlich gegangen war. Das Tier war zunächst nicht dazu zu bringen, weiterzugehen, schmiegte sich ängstlich an seine Beine und war nur durch gutes, ermutigendes Zureden zum Weitergehen zu bewegen und mit zu der inneren Frau zu gehen, zu der er allerdings gleich ein starkes Vertrauen entwickelte. Er ließ sich von ihr sofort auf den Arm nehmen, lief herum und spielte wie gewohnt. Interessanterweise ergab sich eine ähnliche Situation fast noch dramatischer auf dem Rückweg. Kurz vor der Schwelle blieb der Kater stehen und weigerte sich weiterzulaufen, machte dann einen Satz und lief mit der für eine Katze größtmöglichen Geschwindigkeit über die Schwelle, blieb danach wieder stehen und wartete auf ihn.

Der Mann war natürlich sehr erstaunt, auch erschrocken, fragte sich, was er wohl bisher übersehen hatte und was ihm über die Katze jetzt bewusst werden sollte. Es war eine größere Ernsthaftigkeit im Sinne von Demut diesem inneren Geschehen gegenüber. Insofern erweiterte das Schwellenerlebnis sein Verständnis für den nun schon sehr vertrauten Prozess der Imagination.

Die schöpferische Potenz des Unbewussten

Wenden wir uns nun noch zum besseren Verständnis der Frage nach der Bedeutung der Bewusstheit, die wir für unser Selbstverständnis brauchen, den Wissenschaftsgebieten zu, die in dieser Richtung forschen. Heute sind es nicht mehr so sehr die Mythologien, die uns den Weg der Evolution, die unser Gehirn für das Bewusstsein mit den dafür erforderlichen Strukturen ausgestattet hat, weisen, sondern die modernen Wissenschaften. In ihrem Buch *Das Ich und sein Gehirn* führen im letzten Teil die beiden Autoren, Sir Karl R. Popper, Philosoph, und Sir John C. Eccles, Neurophysiologe (Nobelpreisträger), Gespräche zu Fragen der Entstehung von Erkenntnis und Bewusstsein.

> Popper: »... das Ich kann sich seiner selbst bewusst sein. Das ist es, was wir mit dem Selbstbewusstsein, dem Geist meinen. Und wenn wir danach fragen, wie das möglich ist, dann ... heißt die Antwort, dass das nur über die Sprache und über die Entfaltung

der Einbildungskraft in dieser Sprache möglich ist. Das heißt, nur wenn wir uns selbst als tätige Körper vorstellen können, und zwar als tätige Körper, die irgendwie durch das Bewusstsein, den Geist inspiriert werden, also durch unser Ich, ... nur durch diese ganze Reflektiertheit – durch das, was man Verbindungs-Reflektiertheit nennen könnte – können wir wirklich von einem Ich sprechen.«

Eccles: »Sicherlich ist eines der schmerzlichsten Probleme, denen jeder Mensch in seinem Leben gegenübersteht, sein Versuch, sich mit seinem unvermeidlichen Ende im Tod abzufinden ... Er stirbt, wie andere Lebewesen sterben, doch die Unvermeidlichkeit des Todes schmerzt allein den Menschen, weil der Mensch in seiner Entwicklung Selbstbewusstsein erlangt hat ...

Ich bin ganz sicher, dass die Vergegenwärtigung des Todes ... eine der großen Entdeckungen war, die zum vollen Selbstbewusstsein führte.«[4]

Wir werden also von diesen beiden Wissenschaftlern dahingehend bestätigt, dass die Vorstellungskraft und die Sprache Träger des Bewusstseins sind. Und wir wollen uns auch anschauen, welche Bedeutung Sir Eccles der Imagination zuschreibt.

Schließlich sind wir erst jetzt dazu gekommen, zu erkennen, dass der selbstbewusste Geist bei der kreativen Imagination aktiv an dem Austausch zwischen Welt 2 (die Welt der subjektiven Erlebnisse) und Welt 3 (die Erzeugnisse des menschlichen Geistes) bei der Herstellung neuer, vollständig neuer Konzepte oder Ideen oder Probleme oder Beweise oder Theorien beteiligt ist. Die kreative Imagination wird durch den selbstbewussten Geist zu Flügen der Imagination getrieben, die natürlich die größten Leistungen der Menschheit verkörpern. Wir können in die Vergangenheit zurückschauen und an die großen Flüge der Imagination in all der Kreativität von Kunst und Wissenschaft und Literatur und Philosophie und Ethik usw. denken, die die Menschheit zu dem gemacht haben, was sie ist, und was sie unserer Zivilisation gegeben haben.[5]

In der Aktiven Imagination werden also »wilde Gefühle«, Affekte und starke Emotionen, die zunächst als Kraftstoff für die Durchführung einer Imagination notwendig sind, in »reine« und feine Gefühle verwandelt, man könnte auch sagen: veredelt. Dann sind wir in der Lage, wieder klar zu sehen, wie es am Beispiel des »weißen Vogels« besonders deutlich geworden ist. Und die weitere Folge, je länger und öfter wir uns mit der Aktiven Imagination beschäftigen, wird sein, dass Mitgefühl in uns stärker aufkeimt, als wir es bisher wahrnehmen. Dieses Mitgefühl versetzt uns schließlich in die Lage, die Anderen zu sehen, wie und was sie sind, nicht mehr das eigene Ungelebte auf sie zu projizieren und sowohl selbst die Verantwortung für das Eigene zu übernehmen als uns auch mitverantwortlich für das allgemeine Wohl zu fühlen. Das macht uns frei und verbunden zugleich. Diese Haltung nennt man eine ethische. Sie kann sich aber nur wirklich bei freien Menschen entfalten.

Auf der individuellen Ebene muss hierzu das kleine Licht der Kerze mit außerordentlicher Hingabe geschützt werden, auf der kollektiven Ebene symbolisiert zum Beispiel die »ewige Flamme« der olympischen Spiele die hohe Bedeutung dieses zu sichernden Gutes, nämlich das der weltweiten und weltoffenen Kommunikation, aus der allein Frieden entstehen kann.

5.
Ins »Herz der Dinge« lauschen

Die Seele drängt nach Vollständigkeit. Das ist auch sehr verständlich, denn jeder Mensch wird ja zunächst als ein ganz eigenes, individuelles Wesen geboren. Wenn man sich mit kleinen Kindern beschäftigt, merkt man, dass sie alle sehr unterschiedlich sind – nicht nur verschieden aussehen. Manche Kinder wirken ruhig und gelassen, andere zeigen mehr Unruhe, das eine Kind begegnet der Welt offen und angstfrei, während ein wieder anderes sich eher zurückhält, in sich gekehrt wirkt und nicht viel Anteil nimmt an dem, was um ihm herum geschieht. Kinder sind also vom ersten Lebenstag an kleine Persönlichkeiten. Das ist kein Wunder, denn schließlich laufen in jedem neuen Menschen viele Stränge seiner Vorfahren zusammen, sowohl der weiblichen als auch der männlichen.

Und von daher verfügt natürlich jeder Mensch in sich über genau diese männlichen und weiblichen Anteile, unabhängig, ob dieser Mensch nun als Frau oder Mann durchs Leben geht.

Um diese Kernpersönlichkeit geht es, wenn später im Leben die Forderung nach Selbstverwirklichung, nach Ganzheit oder Individuation in der Seele laut wird. Das heißt, zuerst wird sie wohl eher leise erklingen, vielleicht nur spürbar in einer zarten, geheimnisvollen Sehnsucht, die den betreffenden Menschen durchzieht. Oder sie macht sich stärker deutlich durch eine nagende Unzufriedenheit mit sich selbst und seinem Leben. Und noch drängender kann sie durch irgendwelche Beschwerden oder gar Erkrankungen werden. Dann weiß dieser Mensch, dass irgend etwas in seinem Leben nicht stimmt, dass irgend etwas leer oder schief läuft. Hier taucht dann häufig die Frage auf: »Wer bin ich eigentlich?«

Diese Frage beschäftigt – bewusst oder unbewusst – auch die meisten Jugendlichen während der zweiten körperlich-seelischen Reife, der Pubertät. In dieser Zeit spielt die Identität eine große

Rolle. Heranwachsende fragen sich, womit, mit wem, mit was sie sich identifizieren können, wollen, aber auch müssen. Oft werden zunächst die Rollen, die Mutter und Vater vorleben, für die eigene Persönlichkeit abgelehnt. Was einerseits natürlich und verständlich ist, denn instinktiv spüren Jugendliche, dass die Rolle, die man in der Gesellschaft auch zu spielen hat, nicht das Eigentliche oder Eigene ist. Andererseits bleibt den meisten gar nichts anderes übrig, als sich eine Zeitlang für eine bestimmte Rolle zu entscheiden, diese dann auch einzunehmen und so gut wie möglich zu »spielen«, zum Beispiel, um im Beruf Karriere zu machen, eine Familie zu gründen, Kinder zu zeugen, zu gebären, aufzuziehen, eine gute Mutter, ein verlässlicher Vater, ein »normales« Mitglied der Gesellschaft zu sein.

Manche junge Menschen weigern sich auch hartnäckig, in die bereit stehenden Rollen zu schlüpfen, sie rebellieren oder treten gar in einen Rollenstreik, indem sie zum Beispiel das Essen verweigern, bis zum Skelett abmagern und ihrem Körper verbieten, eine Frau oder ein Mann zu werden. Allerdings bleibt ihre wahre Persönlichkeit dabei auch auf der Strecke.

Die Entfaltung des »wahren Selbst«, wie es in der Psychoanalyse heißt, ist also gar nicht so einfach. Im Verständnis der Transaktionsanalyse meint das »wahre Selbst« den Ich-Zustand des ursprünglichen, freien Kindes, das dazu ausersehen ist, eine »Prinzessin«, ein »Prinz« zu werden. Auf Grund einer – meist wohl gut gemeinten – Erziehung kann ein Kind so viel Unsicherheit, nicht zu genügen, oder Angst, etwas falsch zu machen, entwickeln, dass ein gesundes Selbstbewusstsein nicht mehr möglich ist. Das Kind fühlt sich in vielen Situationen hilflos, traut sich nicht, spontan einfach das zu tun, was es will, wird schüchtern, zurückhaltend, vorsichtig. Es ist nicht mehr eigentlich es selbst. Wenn es ein robustes, temperamentvolles Kind ist, das durch die Erziehungspersonen allzu viel ermahnt und eingeschränkt wird, dann neigt es eher zur Rebellion, als sich schüchtern zurückzuziehen. Dann tobt und schreit es, randaliert, lehnt sich auf, reagiert trotzig oder frech. Auch das ist aber nicht seine eigentliche Wesensart. In beiden Fällen ist aus dem ursprünglich freien, spontan und intuitiv handelnden Kind ein reaktives Kind geworden, das auf die Forderungen der Erwachsenen entweder überangepasst oder rebellisch reagiert. Auch in der erwachsenen Frau und im erwachsenen Mann wirkt diese »Entfremdung« des freien Kindes weiter, sie und er verhalten sich dann bei vielen Anlässen im Alltag nicht der jeweiligen Situation angemessen, nicht »echt« – ohne dass ihnen die Unangemessenheit ihres Verhaltens bewusst ist.

»Das ist auch in mir?«

Monika, Ende 30, kam zur Therapie, weil sie mit ihrem Alltag nicht so zurechtkam, wie sie das gern wollte und auch sollte. Es wuchs ihr alles über den Kopf, sie wurde mit den beiden lebhaften Kindern nicht mehr fertig, litt an starken Rückenschmerzen und wurde nachts oft von Alpträumen geplagt. Schon bald stellte sich heraus, dass sie »panische Angst vor Autoritäten« hat.
»Wie wirkt sich das aus?«
»Ich kann nicht zu einem Arzt oder einer Ärztin gehen, auch nicht zu den Lehrern meiner Kinder, ich gehe auf keine Behörde – das muss alles mein Mann machen.«
Es stellte sich heraus, dass sie einen überaus autoritären, jähzornigen Vater hatte, der sie und ihre Geschwister oft schlug und auch von ihrer Mutter, die sechs Kinder aufzog, gab es wenig Verständnis, geschweige denn Trost oder Zärtlichkeiten. So wuchs das kleine Mädchen in fast ständiger Angst auf und fürchtete sich später vor allen Personen, die sie an die Eltern erinnerten. Nach einigen Monaten gemeinsamer Arbeit stand dann der Urlaub an. Drei Wochen lang sollte keine Therapie stattfinden. Monika geriet in Panik. »Was soll ich dann nur tun?« fragte sie. »Wie soll ich diese drei langen Wochen herumbringen?«
»Wie wäre es denn, wenn Sie sich in dieser Zeit vermehrt mit sich selbst beschäftigen, vielleicht das, was Ihnen gerade wichtig ist, in Farben auf einem Blatt Papier gestalten?« »Ich kann nicht malen«, sagte sie prompt, »das konnte ich schon in der Schule nie.«
Nachdem wir besprochen hatten, dass es hierbei nicht um Malen wie in der Schule geht, sondern lediglich darum, das zum Ausdruck zu bringen, was sie innerlich bewegt, vor allem ihre Gefühle, die sie so nach außen bringen könne, zeigte sie sich eher widerwillig, dann

aber doch kooperativ. In die erste Therapiestunde nach dem Urlaub brachte sie einige Bilder mit. Es war überraschend zu sehen, was sie da zu Papier gebracht hatte. Ihre Bilder wirkten künstlerisch wertvoll, sie waren abstrakt, jedoch von sehr guter, ausgewogener Komposition, in ihrer Asymmetrie bestach die darin enthaltene Harmonie. Allerdings fiel auf, dass sie nur zwei oder drei verschiedene Farbtöne, die sich sehr ähnlich waren, verwendet hatte. Es waren ein mattes Grün mit etwas Grau und Beige. Trotzdem wirkten die Bilder nicht eintönig, eher melancholisch.

»So sieht es also zur Zeit in Ihrem Inneren aus.« »Ja«, bestätigte sie, »so wie die Bilder aussehen, fühle ich mich.«

Nun arbeiteten wir fast nur noch über ihre Bilder. Sie hatte »Feuer gefangen«, malte wie besessen, vor allem wenn es ihr schlecht ging, wenn sie deprimiert und unzufrieden mit sich war, schlecht geschlafen oder Ärger mit den Kindern hatte. Dann griff sie einfach zu Farben und Pinsel und »erzählte« gewissermaßen dem Papier ihren Gemütszustand. Und ganz allmählich befreite sie sich mit dem Malen aus ihrer ängstlichen Enge. Bald wurden die Farben »mutiger«, heller, leuchtender, klarer.

Einmal kam sie ganz aufgeregt mit einem Bild, das ihr unangenehm war, es bereitete ihr sichtlich Unbehagen. »Ich bin erschrocken, als ich das Bild, nachdem es fertig war, gesehen habe«, sagte sie.

Wir schauten es an, es wies einige harte schwarze Linien auf. »Wieso haben Sie denn die schwarze Farbe gewählt, wenn Sie Ihnen doch so unangenehm ist?« Sie schaute verwundert, als hätte man sie etwas Unmögliches gefragt, und antwortete: »Ich suche mir doch die Farben nicht aus.« »Wer sonst?« »Die Farben wählen mich«, sagte sie, als wäre es das Selbstverständlichste von der Welt.

»Es ist, als zöge mich eine bestimmte Farbe wie magisch an, als »sprängen« sie mir in die Hand«, fügte sie hinzu.

Damit hat sie den entscheidenden Satz gesagt für das, was für sie das Malen bedeutete: Sie hat sich in einen Prozess mit dem Unbewussten eingelassen, ohne dies bewusst beabsichtigt zu haben. Ihre Seele wusste also, was sie brauchte und hat ihr dies zur Verfügung gestellt. Sie wollte ja nicht, dass der Prozess, den sie in der Therapie begonnen hatte, durch den Urlaub unterbrochen wurde. So hat sie nach einer Möglichkeit Ausschau gehalten, ihn irgendwie weiter zu führen, was ihr in höchstem Maße gelungen ist.

Nun schauten wir uns die schwarzen Linien an und Monika fragte ungläubig: »Das soll auch in mir sein?« »Ja, wenn Sie das Bild gemalt haben, dann gehört das auch zu Ihnen.«

Nur widerstrebend war sie bereit über ihre dunklen Seiten zu sprechen, über das Schwarze in ihr, das sie bis dahin allein bei den »Autoritätspersonen« zu sehen meinte. Im Gestalten der Bilder mit kräftigeren Farben verwandelte sich ihre Ängstlichkeit zuerst in starke Wut, sogar abgrundtiefen Hass ihrem prügelnden Vater gegenüber, doch nach dieser Phase fühlte sie sich stärker, den Anforderungen ihres Alltags besser gewachsen, nahm an den Elternabenden teil und absolvierte die längst fällige Vorsorgeuntersuchung bei einer Gynäkologin.

Zu dieser Zeit tauchte dann ein klares, kräftiges Rot in ihren Bildern auf, das ihnen sehr viel Lebendigkeit verlieh.

Bei dieser Arbeit, dem »Malen aus dem Unbewussten«, handelt es sich nicht um eine Aktive Imagination. Wir schildern sie dennoch an dieser Stelle, um zu zeigen, wie ein Selbstwerdungsprozess zustande kommen kann, wenn sich jemand dem eigenen Inneren zuwendet. Das Malen aus dem Unbewussten kann gegebenenfalls eine gute Hinführung zu einer Aktiven Imagination sein, weil sich in einer solchen Arbeit der oder die Betreffende schon einmal mit dem Bereich des Unbewussten vertraut macht. Mit der Aktiven Imagination wird der Prozess der Innerlichkeit allerdings noch intensiver.

Monika konnte im Laufe der Therapie, vor allem mit Hilfe des Malens, das sie als großes Talent in sich entdeckt hatte, ihr »falsches Selbst« abstreifen und so nach und nach ihr natürliches, frei, spontan und intuitiv reagierendes Kind lebendig werden lassen. Ein schönes Märchenbild für dieses »Abstreifen« der fremden Haut ist das russische Märchen »Die Froschprinzessin«, in dem es darum geht, dass die schöne Wassilissa, die Allweise, klüger und mächtiger wurde als ihr Vater und deshalb von ihm in einen Frosch verwandelt wurde. Iwan, der Zarewitsch, kann sie nach einem langen, leidvollen Weg von ihrer Froschhaut befreien.

Die Aktive Imagination als Laser

Jede Art von Bildern aus dem eigenen Inneren, seien es selbst gemalte, geträumte oder auch in Bewegung, zum Beispiel im Tanz, gestaltete, erzeugen sehr viel emotionale Energie. Und diese ist für den seelischen Prozess höchst bedeutsam. Je mehr emotionale Energie mobilisiert und in die entsprechend förderlichen Bahnen gelenkt wird, desto eher und grundlegender gelingt nicht nur die psychotherapeutische Arbeit, sondern vor allem die Selbstverwirklichung, die Individuation. Denn die Aktive Imagination bewirkt in hohem Maße die Steigerung der psychischen Energie, die in der psychoanalytischen Terminologie »Libido« genannt wird. In der Aktiven Imagination wird Energie nicht nur durch die aufsteigenden Bilder mobilisiert, sie wird darüber hinaus noch verstärkt. Denn viel Energie, die sich wahllos irgendwo verteilt, bewirkt nicht so viel wie Energie, die gehalten und in eine bestimmte Bahn gelenkt wird. Es ist wie mit der Heizung in einem Raum: Stehen alle Fenster und Türen offen, muss man die Heizkörper sehr stark aufdrehen und es wird nicht die wohlige Wärme erzeugt, wie sie zustande kommt, wenn man die Türen und Fenster geschlossen hält. Auch Wasser in einem Topf kocht schneller, wenn man einen Deckel auf den Topf legt, damit die Hitze nicht entweichen kann.

Auf einer höheren Ebene kann man diesen Vorgang mit der Erzeugung eines Laserstrahls vergleichen: Da werden die auf unterschiedlichen Ebenen schwingenden Lichtpartikel (Photonen) auf eine gemeinsame Schwingungsebene gebracht, was bereits eine höhere Lichtenergie bewirkt; diese wird nun so lange in einem geschlossenen System gehalten und verstärkt, bis die Stärke erreicht ist, die man haben möchte – um z. B. feinste chirurgische Eingriffe vornehmen zu können.

Da sich in der Psyche vergleichbare Prozesse vollziehen wie es in der Physik geschieht – die psychischen auf der immateriellen, die physischen auf der materiellen Ebene – können wir die Aktive Imagination ruhig mit dem gleichen feinen Instrument vergleichen, wie es ein Lasergerät darstellt.

Wir brauchen also, um einen »Imaginationslaser« zu gewinnen, möglichst viel Energie, eine hohe Energiespannung. Was aber veranlasst – psychisch gesehen – diese Energie, die meist auf verschiedenen Ebenen vibriert, dazu, auf einer gemeinsamen Ebene zu schwingen? Es gibt ein Mittel, das unübertroffen ist, das in optimaler Weise diese Gleichschwingung herbei führt: die Liebe. Im Zustand des Verliebtseins wird sehr viel Energie mobilisiert und in der Bezogenheit auf das geliebte Objekt schwingt sich diese mobilisierte Energie auf eine gemeinsame Ebene ein.

Der Weg ins Paradies

Wenn ein Mann und eine Frau sich ineinander verlieben, kann man das als einen sehr angenehmen Weg zur Ganzheit sehen. Manchmal ist dieser Weg allerdings mit Hindernissen verbunden, denn das stärkste Verliebtsein hält meist nicht allzu lang, zumindest nicht so lange, wie ein Mensch braucht, um zu seiner inneren Vollständigkeit gelangt zu sein. Und selbst wenn eine Liebe zwischen zwei Menschen stark genug ist, ein Leben lang zu währen, kommen auch diese Menschen nicht darum herum, in sich die Vereinigung der Gegensätze zu schaffen – wenn sie ihre Individuation erreichen wollen.

Es geht also, sagt die Jungsche Psychologie, vornehmlich um die Entwicklung des inneren Männlichen, des inneren Weiblichen. Die inneren Geliebten, im Märchen dargestellt als Prinz und Prinzessin, müssen erobert werden, sie sind der Schatz, den es zu erlangen gilt. Doch nicht nur im Märchen, auch in Mythen und anderen großen literarischen Erzählungen geht es um dieses Thema, das den Entwicklungsprozess der Individuation beschreibt.

Dante Alighieri hat zum Beispiel in seiner *Göttlichen Komödie* die Gestalt der Beatrice geschaffen, die ihn auf seinem Weg ins Paradies begleitet. Dieser Weg beginnt in der Hölle und so heißt es im ersten Gesang:

> In einer Mischung von müder Trauerstimmung und allegorischem Tiefsinn schildert Dante den Beginn seiner Jenseitswanderung. Angstvoll hat er sich in einem dichten Wald verirrt, und als er dem in der Morgensonne des Karfreitags 1300 leuchtenden Berge der Tugend zustrebt, wird er von drei gefährlichen Tieren,

dem Panther, Sinnbild der Fleischeslust, dem Löwen, Sinnbild des Hochmuts, und der Wölfin, Sinnbild der Habgier, abgedrängt in ein finsteres Tal. Dort tritt ihm eine helfende Gestalt entgegen, die sich als Virgil zu erkennen gibt, ihm einen Retter Italiens verkündet und sich ihm als Führer durch die Reiche des Jenseits anbietet, Hölle und Läuterungsberg, während er den Himmel nicht betreten darf und dafür Beatrices Geleit verspricht.[6]

Das Folgende ist im Grunde eine Aktive Imagination par excellence. Der Weg ist anstrengend und entbehrungsreich, viele Hindernisse müssen überwunden, Gefahren bestanden werden – wie im richtigen Leben. Deswegen ist das Paradies so verlockend, weil es schwer zu erreichen ist. Und deshalb sind auch Frauen für Männer begehrenswert, weil der Weg ins Paradies eben nur über die Liebe zu einer Frau führt. Dies kommt recht anschaulich zum Ausdruck in der Beschreibung des 31. Gesangs im Purgatorium (Fegefeuer):

Beatrice fährt in ihrer Strafpredigt fort und wirft Dante sein Weltleben und seine Untreue vor. Stockend nur kommt Dantes Geständnis heraus, und beim Aufschauen erkennt er Beatrice und sinkt vor Scham und Reue in Ohnmacht. Inzwischen ergreift ihn Matelda, taucht ihn im Lethe unter und führt ihn zu Beatrice, in deren Augen sich ihm das Bild des Greifen spiegelt, und auf ihre Bitten lüftet sie den Schleier über ihrem Angesicht, so dass Dante sie offen im himmlischen Lichte schauen darf zugleich als die irdische Jugendgeliebte und das Sinnbild der Gottesgelehrtheit, die von jetzt ab seine Führerin sein wird.

Von der Kraft des Eros

Doch schon vor Dante gab es die Erfahrung, dass die Gegensatzvereinigung, welche die Ganzheit erst ermöglicht, sich am besten in der Liebe vollziehen kann. Für diese Liebe fanden die Griechen die Gestalt des Eros, die ihnen mehr bedeutete, als heute mit diesem Wort meist verbunden wird. Eros war nicht nur ein göttlicher Knabe, »bewaffnet« mit einem Bogen und einem Köcher voller

Pfeile, er zündete nicht nur Herzen an, brachte sie zum Glühen und Lodern, er verkörperte darüber hinaus eine göttliche Kraft, die Macht der Beziehung.

Platon lässt in seinem Werk *Das Gastmahl*, welches im Grunde auch eine Aktive Imagination darstellt, die weibliche Gestalt »Diotima« auftreten, die Sokrates über das Wesen des Eros unterrichtet. Sie weist nach echt weiblicher Art das sentimentale Schwärmen der Männer, Eros sei der große, schöne Gott, der alles veredelt, verschönert, harmonisiert, vereinigt und beglückt, zurück und legt dar, dass diese Begriffe nicht ausreichen, Eros als den Daimon, den Mittler zwischen Gott und Mensch, dem Göttlichen im Menschen zu beschreiben. Diotima packt ihre Aufgabe realistisch an und vergleicht das seelische Eros-Geschehen mit einer leiblichen Geburt. So wie durch den Samen des Mannes und das Ei der Frau ein Kind entsteht, so bewirkt Eros das Mysterium der geistigen Schwangerschaft.

Es ist typisch für Gestalten, die in einer Aktiven Imagination aus dem Unbewussten auftauchen, dass sie der Realität näher stehen als die Betroffenen in ihrem Ich-Bewusstsein, das oft von Vorurteilen und falschen Verknüpfungen getrübt ist.

Lauschen wir ein wenig dieser klassischen Aktiven Imagination:

»Denn die Liebe, Sokrates, gilt nicht dem Schönen, wie du glaubst.«
»Aber wem denn?«
»Der Zeugung und dem Gebären im Schönen.«
»So mag es sein«, sagte ich. – Und sie:
»Sicherlich.«
»Warum aber nun der Zeugung?«
»Weil das Ewige und Unsterbliche im Sterblichen die Zeugung ist. Mit dem Guten aber Unsterblichkeit zu begehren ist notwendig, wenn wir doch fanden, dass Liebe nach dem ewigen Besitz des Guten trachtet. Notwendig ist nach dieser Lehre, dass die Liebe auch nach der Unsterblichkeit trachtet.«

Dies alles lehrte sie mich in ihren Gesprächen über das Wesen der Liebe, und einmal fragte sie:

»Was glaubst du, Sokrates, sei die Ursache dieser Liebe und der Begierde? Oder merkst du nicht, wie gewaltig alle Tiere ergriffen werden, wenn sie begierig sind zu zeugen, die da kriechen und fliegen? Krank erscheinen sie alle und verliebt, zuerst wenn sie sich miteinander verbinden, dann beim Aufziehn der Brut. Und für diese sind die Schwächsten gegen die Stärksten zu kämpfen bereit und für sie zu sterben, und sie lassen sich vom Hunger quälen, um jene zu ernähren, und tun auch sonst alles. Bei den Menschen könnte man glauben, sie täten es aus Überlegung. Aber die Tiere, welche Ursache macht, dass sie sich so verliebt gebärden? Kannst du sie nennen?«

Und wieder sagte ich, dass ich es nicht wüsste. – Sie aber sprach:

»Meinst du denn, du wirst jemals stark sein in Dingen der Liebe, wenn dir dies nicht bewusst ist?«

»Aber deswegen, Diotima – eben sagte ich's schon –, bin ich ja zu dir gekommen, weil ich es weiß, dass ich der Lehrer bedarf.«[7]

Sokrates hat Recht, er bedarf der Lehrer, jedoch nicht nur er. Wir alle bedürfen der Lehrer, denn die allerwenigsten Menschen haben schon ihre Ganzheit – so weit dies überhaupt möglich ist – erreicht. Und es gibt wirklich keine besseren Lehrer, als die aus der eigenen Seele, weil die persönliche Psyche mit dem alles umfassenden SELBST verbunden ist. Dieses, so scheint es, will sein Wissen dem einzelnen Menschen vermitteln. Wozu sonst sollte es die entsprechenden Boten als Träger dieses Wissens zum Ich-Bewusstsein des Betreffenden senden? Es wird nicht müde, sich zu offenbaren, erfindet immer wieder neue Gestalten mit ungewöhnlichen, kreativen Einfällen, die das Ich-Bewusstsein locken sollen auf den Weg zur Individuation. Sie geben nicht auf, die Abgeordneten des SELBST. Sie wenden sich auch schwer belehrbaren Menschen zu, die mehr nach Ruhm, Geld und großen Werken trachten, durch die sie unsterblich werden wollen. Viele Männer sind solchermaßen gefährdet, und gerade sie – wie zum Beispiel Sokrates – bedürfen der Führung durch eine weise Frau – wie zum Beispiel Diotima. Die allerdings auch ein bisschen skeptisch ist, ob der – heute ja als weise geltende – Sokrates ihre Botschaft wirklich versteht und annehmen kann. Sie meint:

So weit kannst vielleicht auch du, Sokrates, in den Geheimdienst des Eros geweiht werden – ob du aber reif bist für die letzte Schau und oberste Weihe, um deretwillen ja dieses alles nur die rechte Vorbereitung ist, weiß ich nicht.

Mit dem Phänomen der Kräfte, die durch Liebe und Glück erzeugt werden, weil sie am schnellsten zur Individuation führen, haben sich vor allem die östlichen Kulturen schon seit langem ausführlich beschäftigt und auch auf der Erfahrungsebene viel darüber herausgefunden. Mit der Bedeutung der seelischen und feinen körperlichen Energien, wie sie z. B. im Yoga gelehrt werden, finden sie heute bei uns im Westen ebenfalls viel Aufmerksamkeit. Auch die Praktiken des Tantra, in denen es um die Vereinigung der Gegensätze geht – »Tantra« heißt »Gewebe« –, finden regen Zuspruch. Es scheint also die Zeit gekommen zu sein, in der immer mehr Menschen erkennen, dass es um die Vereinigung der Gegensätze geht, dass eine neue Zusammenschau der Wirklichkeit und auch ein Zusammenschluß der Welt, wie es in der »global world« geschieht, dem Bewusstseinsstand der Menschen zum gegenwärtigen Zeitpunkt entspricht.

Es gibt heute wohl stärker als je die Sehnsucht nach Ganzheit, Einheit und Vollendung. Sie veranlasst, dass Menschen sich auf den Individuationsweg begeben, dass sie nach Selbstoptimierung verlangen.

Sie treibt auch Frau und Mann einander in die Arme und dabei entsteht dann auf der biologischen Ebene oftmals das Dritte, das Kind.

Zur Vereinigung der Gegensätze, sowohl auf der psychischen wie auf der körperlichen Ebene, sollen nach der alten indischen Lehre die »Chakren«, die Zentren »feinstofflicher« Energien dienen, die entlang der Wirbelsäule bis in den Kopf hinein gehend angeordnet seien. Sie umfassen ein »Balance-System«, das Seele und Körper vereint. Dazu gehört als Energiezentrum auch das »dritte Auge«, das im Bereich der unteren Stirn zwischen den beiden physischen Augen lokalisiert ist.

Die heutige Hirnforschung bestätigt die Annahme einer solchen Balancierfähigkeit des Gehirns in dem Teil, der die beiden Hirnhälften miteinander verbindet. Er liegt tatsächlich zwischen den beiden Augen und wird »Gyrus cinguli« genannt.

Der Mediziner und Neurophysiologe Detlef Linke beschäftigt sich in seinem Buch *Das Gehirn* vor allem mit dem Empfinden von Glück beim Menschen und er kommt zu dem Schluß, dass das menschliche Gehirn ein System ist, das sich bemüht, Glückszustände herzustellen. Es möchte also im Zustand der »Erleuchtung« sein. Linke betont – und das ist sehr interessant für unser Thema – dass die Glückszustände sich immer nur dann einstellen, wenn keine der Funktionen, zu der ein Mensch fähig ist, unterdrückt wird, dass alles zusammenspielen muss, um diesen ersehnten Zustand zu erreichen.

Er entspricht dem ausgeglichenen, in sich ruhenden Menschen, einem, der mit sich und der Welt im Reinen ist. Diesen Ergebnissen aus der Hirnforschung ist allergrößte Bedeutung zuzumessen. In Kapitel 6 berichten wir noch ausführlich über Ergebnisse der Hirnforschung.

Der kleine Junge und der Drache

In einer psychotherapeutischen Sitzung zum Beispiel spielte sich das so ab:

Ein Klient bringt ein mythologisch anmutendes Bild mit. Er hat sich selbst gemalt als kleines, unscheinbares Wesen, das in einer tiefen Schlucht sitzt, über der etwas Netzartiges gespannt ist – er bezeichnet dies als Spinnennetz oder Hängematte. Seitlich darüber steht ein feuerspeiender Drache mit zwei Köpfen.

Im Laufe der Arbeit an diesem Bild bezeichnet er die einzelnen Köpfe als »Vater« und »Großmutter«, er vereinigt also Männlich und Weiblich in diesem Tier-Wesen. Abgesehen von seinen persönlichen Erfahrungen mit seinem Vater und seiner Großmutter stellt er damit auch eine Verbindung zwischen dem »alten« Bereich der Großen Mutter und dem »neuen« des Patriarchen her. Auf die Frage, wo denn seine Mutter sei – denn normalerweise stellt man sich Vater und Mutter als zusammengehörig vor –, deutet er auf das netzartige Gebilde in der Mitte. Und wieder hat er hiermit eine

Vereinigung vorgenommen, denn in seinen Assoziationen bezeichnet er das Spinnennetz als böse, hinterlistig, ihn fangen und festhalten wollend, während die Hängematte gut, gemütlich und Sicherheit spendend sei. Die gute und die böse Mutter: auf dem Blatt sichtbar über ihm, psychisch spürbar in ihm. Er braucht sich nur auszusuchen, welche er für sich in Anspruch nehmen möchte. Er – sein Ich-Bewusstsein – entscheidet, ob aus dem gefährlichen Spinnennetz eine gemütliche Hängematte wird oder das Gegenteil. Beide Möglichkeiten sind in ihm, werden ihm über das Bild bewusst.

Und der Drache? Der Mann ist ratlos, weiß nicht, was dieser von ihm will.

»Dann fragen wir ihn doch einmal.«

Nun beginnt er einen Dialog mit dem Torhüter des Unbewussten, den der Drache darstellt. Er sieht dabei aus und hört sich auch so an wie ein kleiner Junge. Viele Einzelheiten seiner Lebensgeschichte werden auf einmal deutlich, Zusammenhänge fügen sich nahtlos ineinander. Und dann plötzlich sagt der Drache etwas Überraschendes :

»Ich brauche dich als Kind!«

Der Mann, der sich ja jetzt im Zustand des kleinen Jungen befindet, wundert sich offenbar nicht, sondern fragt schlicht:

»Wozu?«

»Ich brauche deine Lebendigkeit«, sagt der Drache, »deine Spontanität, deine Lebensfreude, dein Ausgelassen- und Fröhlichsein.«

Und drohend fügt er dann noch hinzu: »Wenn du erwachsen wirst, fresse ich dich!«

In der Vorstellung des Drachen – das ergibt der weitere Dialog – sind Erwachsene unangenehme und gefährliche Zeitgenossen, ohne Wärme und Humor, ohne Freude und Liebe. Er fühlt sich bedroht von so einem, fürchtet, dieser könne ihn vernichten. Da greift er lieber zuerst an und frisst den Jungen, bevor dieser erwachsen ist. So kann er seinen Untergang verhindern.

Beide haben also voreinander Angst, keiner will getötet werden. Das ist eine Patt-Situation, die sich auf das Alltags-Ich des Klienten lähmend und deprimierend auswirkt, er hat keine rechte Energie zum Leben, nichts gelingt ihm, er fühlt sich müde und lustlos, was kein Wunder ist bei diesem ›Totstellreflex‹, den beide – der kleine Junge und der Drache in ihm – praktizieren.

Es dauert eine Weile, bis der kleine Junge in der ermutigenden Atmosphäre der therapeutischen Sitzung genügend Energie spürt – der Laser ›gesammelt‹ ist – um dem Drachen sagen zu können:

»Ich werde immer auch ein Kind bleiben, selbst wenn ich achtzig Jahre alt bin; und ich werde dich nicht töten, ich brauche dich auch.«

Der Drache ist sichtlich erleichtert und erzählt ihm, wie viele Geheimnisse und Tricks er kennt, die sehr nützlich sein können in der Welt der – doch recht komischen – Erwachsenen.

Zur Bekräftigung ihres Bundes schütteln sich beide Hand und Schuppenklaue, und der Drache meint, er werde mal sehen, ob er sich nicht irgendwo ein Stück Fell wachsen lassen könne, damit der kleine Junge ihn streicheln kann, ohne sich an den Schuppen zu verletzen.

Psychologisch betrachtet – auf die Persönlichkeit des Klienten bezogen – hat sich das Ich in seinem kindhaften Aspekt mit den Inhalten des Unbewussten, die über die Symbolsprache des Bildes ins Bewusstsein gehoben wurden, auseinandergesetzt und das Problem kindlich-kreativ gelöst. Der Konflikt lag für das Ich darin, dass es Kräften des Unbewussten (Drache) mit persönlichen (Vater, Großmutter) und überpersönlichen Inhalten (Männlichem, Weiblichem) gegenüberstand, vor denen es sich ängstigte.

Der Mann hätte nun kurzerhand entscheiden können, den Drachen zu töten, denn so ist es in vielen Märchen und Mythen zu lesen: Drachen, als Sinnbild chaotischer, regressiver Kräfte aus dem Unbewussten, die oft mit dem Mütterlichen in Zusammenhang gebracht werden, müssen getötet werden, weil nur so das Ich zum Helden, also bewusst wird. Doch diese rein männliche Sicht teilt zum Glück der kleine Junge in ihm, der kindhafte Aspekt seines Ich nicht. Es ist klüger. Kinder wissen nämlich wirklich oft besser, was gut und richtig ist. Sie haben noch den natürlichen, unverbildeten Zugang zu den Urwesen. Auch Gott Eros wird ja als Kind beschrieben – um zu zeigen, dass es etwas ganz Natürliches ist, sich zu verlieben und eine Beziehung zu beginnen. Kinder sind neugierig und deshalb ist es für den kleinen Jungen erst einmal wichtig zu erfahren, was der Drache von ihm will.

Dies ist die Haltung eines Dialogs. Heute kann es nicht mehr darum gehen, einfach unbesehen loszuschlagen, blind das zu töten, was man als bedrohlich erlebt. Heute ist – glücklicherweise! – immer stärker die Bereitschaft vorhanden, mit dem vermeintlichen Gegner in einen Dialog zu treten, mit ihm zu reden, um eine Einigung zu erzielen. Die gegebenenfalls eben auch zu einer Vereinigung führen kann. Wenn eine solche Einstellung im einzelnen Menschen gegenüber den Kräften seines Unbewussten waltet, wird sie sich auch nach und nach im gesellschaftlichen und politischen Leben durchsetzen und festigen können.

Übrigens halten die Chinesen den Drachen für ein glückverheißendes Wesen. Auch im Hinduismus und im Taoismus gilt er als machtvoll und weise, ja, er kann dort sogar den Trank der Unsterblichkeit hervorbringen. Also können wir ihn getrost in die Verwandtschaft zu Eros erheben.

Die Bärenmutter

In der folgenden Aktiven Imagination geht es um ein Stück Schattenarbeit, die für die Individuation unerlässlich ist. Die junge Frau kommt mit einer Angstsymptomatik zur Psychotherapie. Sie befürchtet, ihren Alltag nicht zu mehr zu bewältigen, die Verantwortung für ihre zwei kleinen Kinder nicht tragen zu können, in ihrem Beruf – sie arbeitet nur einige Stunden in der Woche – zu versagen, mit ihrem Leben nicht zurechtzukommen. Sie wird immer wieder von Panikattacken geschüttelt, ihr Herz rast dann, ihr Magen revoltiert bis zum Erbrechen und der kalte Angstschweiß bricht ihr aus allen Poren, so dass sie nach kurzer Zeit vor Kälte schlottert. Sie wird in diesen Attacken von nur einem Gedanken beherrscht: »Ich will weg hier, weit weg!« Manchmal setzt sie sich ins Auto und fährt ziellos durch die Gegend, vor allem nachts. Sie weiß, dass dies gefährlich ist, sie will das auch nicht mehr und fragt nach einer Alternative.

»Wie wäre es mit einer Aktiven Imagination?« Sie nimmt dies gleich an und nachdem wir das Procedere besprochen haben, geht sie voller Tatendrang nach Hause.

In die nächste Stunde bringt sie folgendes Protokoll mit:

Ich gehe, denn ich spüre, dass es an der Zeit ist. Nachdem ich die Küche verlassen habe (sie hat sich für die Imagination in die Küche gesetzt), stehe ich in einem dunklen Flur. Soll ich rechts oder links gehen? Es zieht mich mehr nach rechts. Es ist ganz dunkel, ich kann nichts sehen, aber ich habe keine Angst. Ich habe den Wunsch, mich einfach zu überlassen. Es ist eine gewisse Passivität, aber nicht die lähmende vergangener Depressionen. Es ist mehr die instinkthafte Trägheit eines Tieres. Ich öffne eine Türe auf der rechten Seite. Ich sehe ein halbdunkles Zimmer mit einem offenen Kamin, in dem ein Feuer brennt. Vor dem Kamin sitzt ein großer brauner Bär. Ich erschrecke, will weglaufen, doch irgendetwas sagt mir, dass ich keine Angst zu haben brauche. Jetzt weiß ich, dass es eine Bärin ist. Sie dreht sich ein wenig nach mir um und schaut mich freundlich an. Da ich immer noch zögere, breitet sie ihre vorderen Tatzen aus, was soviel heißt wie ich soll nur näher kommen. Das tue ich und lege mich dann an ihren Bauch und atme den warmen Tiergeruch ein. Behutsam schließt sie ihre Tatzen um mich, jetzt möchte ich lange schlafen.

Am nächsten Tag notiert sie:

Wie lange habe ich geschlafen? Mir ist, als wache ich aus einem tiefen erholsamen Schlaf auf. Es war ein Schlaf wie nach der Krisis einer schweren Krankheit. Ich schlage die Augen auf, recke und strecke mich an der dicken weichen Brust der Bärin entlang nach oben. Sie öffnet ihre Tatzen, um mich freizulassen. Ich schaue sie an, sie ist dunkelbraun mit einem weißen Fleck am Hals und weißen Pfoten. Ich frage: »Wer bist du?«
»Ich bin eine Bärenmutter«, antwortet sie.
»Was tust du hier in meinem Haus?«
»Ich stärke dich«.
»Woher weißt du, dass ich Kraft brauche?«
»Jedes Mädchen braucht Kraft, wenn es zur Frau werden will.«
»Aber ich bin doch schon eine Frau, immerhin bin ich 29 Jahre alt und ich bin auch keine schlechte Frau, habe zwei Kinder und ich liebe sie.«
»Ja, das ist auch alles schön und gut, trotzdem brauchst du noch Kraft, um dich zu einem starken Weib zu wandeln. An deinem Lebensende sollst du eine große alte Frau sein. Denk' an deine Großmütter. Es

waren zwei sehr gegensätzliche Menschen, du sollst beide in dir vereinen.«

»Wie willst du mich stärken?«

»Du musst jeden Abend zu mir kommen und mit mir reden und dann in meinen Armen schlafen. Es ist vor allem wichtig, dass du nicht frierst und du musst jeden Abend kommen, jeden, hörst du?«

»Ja, ich verspreche es dir.«

Daraufhin entwickelte die Frau ein bestimmtes Einschlafritual: Schon während sie sich auszieht, stellt sie sich vor, dass sie der Bärin eine Tasse Milch mit Honig zubereitet und wenn sie dann im Bett liegt, begrüßt sie die Bärin, gibt ihr die Milch, kuschelt sich in ihre Kissen und schläft meistens sehr schnell ein. Sie hatte schon lange nicht mehr so gut geschlafen wie zur Zeit dieser Aktiven Imagination, die übrigens noch einige Wochen andauerte. Wann immer sie eine Frage hatte, die sie sich selbst nicht beantworten konnte, ging sie zur Bärin und erhielt auch prompt eine für sie stimmige Antwort.

Sie liest auch noch einmal ihr Lieblingskinderbuch *Die Abenteuer des starken Wanja* von Otfried Preußler.

Schon als sie es früher las, hatte es einen sehr starken Eindruck auf sie gemacht. Denn Wanja, dem Bauernburschen, legt ein alter blinder Mann nahe, sich mit sieben Säcken Sonnenblumenkernen und sieben Schafspelzen auf den Backofen in seines Vaters Haus zu legen, um stark zu werden. Er darf in dieser Zeit nicht vom Backofen heruntersteigen, nicht reden und soll sich nur von den Sonnenblumenkernen ernähren.

»Woran merke ich, wann meine Stunde gekommen ist?« wollte er wissen.

»Immer dann, wenn du einen der Säcke mit Sonnenblumenkernen leer gegessen hast, musst du versuchen, das Dach über deines Vaters Haus mit den Armen emporzustemmen«, antwortete der Blinde. »Schaffst du es, dass der Mond und die Sterne zu dir hereinschauen durch den Spalt zwischen Dach und Mauer: Dann ist es so weit. Dann, und nicht einen Tag früher, darfst du vom Ofen heruntersteigen und aufbrechen in das ferne Land, wo die Krone wartet, die dir bestimmt ist – die Zarenkrone. Nach sieben Jahren ist es endlich so weit, Wanja beginnt seine abenteuerliche Wanderung und wird schlussendlich Zar von Russland, ein guter und gerechter Regent.«[8]

Die Panikattacken der jungen Frau ließen merklich nach. Es scheint so zu sein, dass sie sich nachts bei der Bärin die Stärke holt, die sie braucht, um ihren Tag zu schaffen. Was ihr fehlt, ist die innere Geborgenheit, die sie als Kind von ihrer Mutter, die selbst überfordert war, nicht bekam. Ihre äußere Mutter kann dies heute nicht nachholen, selbst wenn sie es wollte. Aber das ist auch nicht nötig. Was wir von den Eltern nicht erhielten, können wir uns heute vom Unbewussten holen, vom großen, vom archetypischen Mütterlichen, das jeder Mensch auch in sich trägt. Weil sie und er ein natürliches Wesen ist, also aus Mutter Natur kommt.

Zum Schluss dieses Kapitels wollen wir noch von einer recht eigenartigen Individuation berichten. Sie zeigt, welch verschlungene Wege eine Individuation gehen kann. Darüber hinaus macht sie auch deutlich, dass es in der Seele eine überaus drängende Kraft zur Individuation gibt. Wir fanden diese Geschichte am 17. Januar 2002 in der Wochenzeitung DIE ZEIT. Auch wenn sie für unseren Geschmack ein wenig verworren klingen mag, lässt sie doch etwas von der Unerbittlichkeit ahnen, die das SELBST einnehmen kann, wenn es darum geht, dass ein Mensch nicht nur individuell werden soll, sondern dass auch eine bestimmte Aufgabe von ihm verlangt wird. Doch mit diesem Teil des SELBST werden wir uns später noch eingehender beschäftigen.

Die Vortänzerin von Shanghai

In ihrem ersten Leben war Jin Xing ein Mann, Oberst in der chinesischen Armee. Dann wurde er zur Frau, als Tänzerin umjubelt. Die Geschichte einer Verwandlung in einem sich wandelnden Reich.

Als er sechs war, hatte Jin Xing einen folgenschweren Traum: Strahlen aus dem Kosmos schlugen auf ihn nieder und bohrten sich in die Haut seiner Unterarme, sie zerstörten die Zellen und die Haare und die Y-Chromosomen und seine Haut wurde glatt und rein. Als Jin Xing aufwachte, wusste er, dass er weiblich ist.

Seine Mutter ging zu einer blinden Wahrsagerin in Shenyang.

Mit 23, orakelte die Greisin (die Wahrsagerin), werde das Kind verheiratet sein und es stimmte, Jin Xing heiratete die Freundin eines Freundes pro forma und verschaffte dem Paar die Green Card in New York.

Mit 24 werde das Kind ein Hoch erfahren. Jin Xing wurde 1991 als bester Choreograph in den USA ausgezeichnet.

Mit 28 werde das Kind einen großen Unfall oder etwas Einschneidendes erleben. Mit 28 wurde Jin Xing eine Frau.

Mit 38 werde das Kind wieder heiraten, mit 45 auf dem Höhepunkt seines Ruhmes sein, mit 96 sterben und mit 33 werde das Kind ein eigenes Kind bekommen.

Und das kam so:

Kurz vor ihrem 33. Geburtstag besuchte Jin Xings Mutter eine Freundin im Krankenhaus in Peking und wurde zufällig Zeugin einer mittleren Tragödie im Nebenzimmer. Eine junge Soldatin hatte einen Sohn geboren, aber statt zu lachen, weinte sie. Faru Xing ging hinüber, sie sei, klagte die Soldatin, von einem General geschwängert worden, sie könne das Kind unmöglich behalten. Meine Tochter, erwiderte Frau Xing kann keine Kinder kriegen, aber sie würde gerne eines haben. Zwei Tage nach ihrem 34. Geburtstag wurde Jin Xing Mutter. Sie nannte das Kind Leo und ruft ihn Dudu. Sie sieht in ihm ihren Engel. Sie engagierte eine Nanny vom Land, die 24 Stunden kocht, wickelt und den Haushalt im Appartement führt und mit der kleinen Familie in Kürze in die neu gekaufte Villa im alten Zentrum Shanghais ziehen wird. Noch in diesem Jahr soll Dudu ein Schwesterchen bekommen und mit 13, im Jahre 2013, wird Leo Xing im englischen Eliteinternat Eton antreten, wo ihn der »Goldene Stern« (das bedeutet Jin Xing) vor kurzem angemeldet hat.

Bei der dritten und letzten Operation am bewusst gewählten Qing-Ming-Tag am 5. April 1995, Tag der Reinheit, Tag der Klarheit, wurde Jin Xing auf den gynäkologischen Stuhl gelegt. Es dauerte 16 Stunden, bis der Mann aus dem Männerkörper verschwunden und die Frau nach seinem Bilde geformt war.

16 Stunden lang lag Jin Xings linke Wade schief in der Halterung des linken Stuhls. Niemand hatte es bemerkt. Als der »Goldene Stern« wieder aufwachte, war er eine lädierte Frau. 16 Stunden wurde die Wade nicht durchblutet. Nerven und Muskeln waren abgestorben.

Frau Jang, die Chirurgin brach in Tränen aus. Innerhalb von 5 Tagen verlor sie 5 Kilo und bekam graue Haare. Frau Jang sprach von Amputation, das linke Bein sei verloren. Ein aufmerksamer Besucher hielt den »Goldenen Stern« vorm Sprung aus dem Fenster ab. Mutter Xing hasste Prof. Jang. Freunde prüften juristische Schritte. Drei Monate saß Jing Xing im Rollstuhl. Nach verzweifelten Wochen aber merkte der »Goldene Stern« plötzlich, dass sich der mittlere Zeh des linken Fußes bewegte. Nach einem halben Jahr fiel nur noch Freunden auf, dass Jin Xing nicht mehr so hoch sprang wie früher.

Es folgten Auslandsauftritte, Vorführungen, Ehrungen. Nach drei Jahren kehrte das Gefühl in die Wade zurück und Jing Xing wurde ein Star.

Im Schattenreich

Auf dem Weg zur Ganzheit können wir oft Überraschendes und Unerwartetes erleben. Zum Beispiel kann uns die Liebe begegnen. Vielleicht taucht im Außen eine Frau oder ein Mann auf, die und der gerade dem entspricht, was zur Entwicklung im eigenen Inneren ansteht. Dann verliebt man sich heftig – so wie Dante in Beatrice oder Sokrates in Diotima. Weil die »andere Seite« mit ins Bewusstsein aufgenommen werden will. Aber es kann auch sein, dass eine gegengeschlechtliche Gestalt aus dem Inneren auftaucht und uns zu einer Liebesbeziehung einlädt. Denn man weiß nicht, ob Beatrice und Diotima wirklich aus Fleisch und Blut gelebt haben, oder ob sie die Animafiguren, die Seelenfreundinnen, von Dante und Sokrates waren. Es kann sich auch tatsächlich, ganz irdisch, ein Mann in eine Frau verwandeln, weil er sich in sich selbst als Frau verliebt. Dies wird aber wohl eher eine Randerscheinung bleiben. Die Liebe geht eben geheimnisvolle Wege. Denn sie ist die feinste und höchste Seelenenergie, welche die entsprechende Wandlung zur Ganzheit in sich trägt. Deshalb ist es am Allerbesten, wenn man sich in sich selbst verliebt. Nein, das ist kein Narzissmus, wie oft gesagt wird. Es ist etwas ganz Natürliches und Ursprüngliches. Jeder Säugling erlebt zuallererst die Liebe zu sich selbst. Leider wird sie den meisten Menschen im Laufe seiner Entwicklung aberkannt, ja sogar verboten. Dabei ist nur diejenige und derjenige in der Lage andere zu lieben, wenn die Liebe zu sich selbst sein darf. Und nur in und mit ihr kann die Individuation erfolgen, entwickelt sich ein natürliches ethisches Gefühl und Autonomie.

Aber auch die dunklen Bereiche des Unbewussten, die uns oftmals ängstigen, wollen aufgesucht und angeschaut werden. Denn sie gehören genau so zum Leben wie die lichten Seiten. Sie können uns stark und sicher machen, wenn wir erst gelernt haben, uns nicht vor ihnen zu fürchten, sondern sie als zu uns gehörig anzunehmen und von da an um sie in unserem Inneren zu wissen.

Gerade die Aspekte, die wir verdrängt haben, die uns bislang nicht bewusst gewesen sind, wollen ihr Schattendasein aufgeben, wollen vom Bewusstseinslicht beleuchtet werden. Sie stehen gewissermaßen an der Schwelle zum Bewusstsein und sagen: Nimm mich mit. Tun wir es, nähern wir uns ihnen mutig und schauen sie an, danken sie es uns, indem sie mehr Lebensmöglichkeiten in uns wach rufen. Denn in ihnen hat sich sehr viel psychische Energie angesammelt. Wird diese Energie befreit, erleben wir einen starken Zuwachs an Kraft und fühlen uns vital und unternehmungslustig. Wenn wir die Aktive Imagination praktizieren, brauchen wir keine Angst vor der sogenannten »Schattenarbeit« zu haben. Mit der Aktiven Imagination ist sowohl eine sanfte, als auch äußerst gründliche Arbeit an den Schattenanteilen möglich. Denn letztlich kommt ja alles, was uns in der Aktiven Imagination begegnet, aus dem Bereich des Schattens. Aber es kommt immer nur das, was wir auch aufnehmen und verarbeiten können. »Die Seele ist ein sich selbst regulierendes System«, sagt C. G. Jung. Insofern weiß die innere Instanz, was das »Ich« gerade ertragen kann. Darauf ist Verlass.

Hier noch eine sehr anrührende, mythische Geschichte aus dem Bereich des Schattens, die auch als Aktive Imagination verstanden werden kann:

Dumuzi, der Geliebte der sumerischen Göttin Inanna, wird geraubt und in die Unterwelt gebracht. Inanna ist untröstlich über den Verlust des Geliebten und beschließt, ihn zu sich zurückzuholen. Sie geht in die Unterwelt, doch da steht sie vor einem Tor, das erst geöffnet wird, nachdem sie ihren Schmuck abgelegt hat. Doch das genügt noch nicht, um zu ihrem Geliebten vorzudringen. Bald steht sie vor einem weiteren Tor, sie muss ihre Schuhe auszuziehen. Insgesamt muss Inanna sieben Tore durchschreiten und vor jedem wird das von ihr verlangt, was sie noch hat. Schließlich, nachdem sie vollkommen nackt ist und nichts Äußeres mehr sie als Göttin ausweist, steht sie vor Ereschkigal, der Göttin des Schattenreichs. Es ist ihre schwarze Schwester. Diese verhöhnt und demütigt Inanna, und sie weigert sich, Dumuzi herauszugeben. Doch da muss sie erleben, dass auf der Erde alles Leben erlischt, so dass es auch bald für Ereschkigal keine Nahrung mehr geben wird. Endlich, aus Einsicht, dass sie nicht gut daran täte, das Leben grundsätzlich auszulöschen, gibt sie ihrer hellen Schwester Inanna den geliebten Dumuzi zurück und die beiden können glücklich ins Licht der Sonne zurückkehren.

In dieser Liebesgeschichte haben die Menschen, die vor vielen Jahrtausenden in Sumer lebten, ihr Verständnis des Bewusstseins zum Ausdruck gebracht. Sie erkannten sehr gut, dass die feine Energie der Liebe einem Bewusstsein entspricht, das alle anderen Bewusstseinsqualitäten übertrifft. Nicht Macht und Ansehen, Stolz und Habgier, und was auch immer Menschen – und offenbar auch Götter – treibt, sich in Szene zu setzen, dienen dem Bewusstsein, sondern mehr die Qualität der Liebe, die sowohl Menschen als auch Götter demütig macht, nackt erscheinen lässt und nichts will, außer dem Geliebten. Innerseelisch gesehen heißt dies: den Geliebten, die Geliebte in sich selbst. Dies geht über den Weg zur »Schattenschwester«, d. h. über die Auseinandersetzung mit all dem in der Seele, was nicht bewusst ist und doch zur eigenen Persönlichkeit gehört. Insofern ist diese Geschichte auch die der Individuation, die zur Unabhängigkeit von den eigenen dunklen Aspekten führt. Ereschkigal und Inanna sind eins geworden, der Bewusstseinsstrom, der aus einem zwei gemacht, in hell und dunkel geteilt hat, ist wieder zu einem einzigen zusammengeflossen und bewirkt als eine starke Energie das Bewusstsein der Autonomie.

6.
Sicher geführt

Wir machen in diesem Kapitel einen kleinen, aber sehr hilfreichen Abstecher auf unserem Weg zur Autonomie. Wir haben bereits darauf hingewiesen, dass sich die Seele uns Menschen nur über das Gehirn mitteilen kann. Also müssen wir es in unsere Überlegungen zur Optimierung der Persönlichkeit mit einbeziehen. Wenn wir wenigstens einiges über die Arbeitsweise des Gehirns wissen, fällt es uns leichter, uns dem inneren Geschehen anzuvertrauen, also auch sicherer zu werden in unserer Gewissheit, dass es Prozesse in uns gibt, die über das reibungslose Funktionieren des Körper- und Seelenhaushalts wachen. Dass es dennoch oftmals zu Störungen in der einen oder anderen Art kommen kann, liegt möglicherweise daran, dass uns das genügende Vertrauen in dieses hochdifferenzierte, komplexe Zusammenspiel fehlt. Am Ende dieses Kapitels werden noch viele Fragen offen bleiben. Trotz aller naturwissenschaftlichen Forschungen bleibt der lebende Organismus, vor allem das Gehirn, weiterhin ein Rätsel – wir wissen im Grunde immer noch sehr, sehr wenig, eigentlich fast nichts. Aber doch schon einiges und das wollen wir uns jetzt einmal anschauen. Natürlich nur im Rahmen des Themas dieses Buches, denn wir sind keine Hirnforscher.

Doch zunächst beschäftigen wir uns erst einmal mit dem Bedürfnis, das natürlicherweise jeder Mensch in sich spürt, dem Bedürfnis nach Sicherheit.

Der Mann vom Sicherheitsdienst

So findet die Seele, was sie sucht, bzw. kreiert Bilder für das, was sie braucht. Und da bringt jede Epoche ihre eigenen Gestaltungen hervor, damit sie vom Bewusstsein der Menschen, so wie es sich bisher entwickelt hat, auch erkannt werden können. Die Boten des inneren Zentrums wechseln, sie passen sich den zeitbedingten Vorlieben der Menschen an. Denn schließlich wollen diese Boten ja auch beachtet werden. Und erkennen kann man nur, was man kennt.

Als Beispiel mag der Traum einer 50-jährigen Frau dienen. Sie war in eine Krise geraten. Ein alter innerer Mechanismus, den sie überwunden glaubte – sie hat viele Jahre tapfer an ihren alten Mustern gearbeitet, die sie in ihrer Kindheit erworben hatte –, gewinnt erneut die Oberhand: Sie handelt gegen sich, sie tut Dinge, die ihr schaden. Sie weiß es sofort, nachdem sie diese getan hat, doch in der jeweiligen Situation scheint dieses Wissen wie ausgelöscht. Sie gerät immer mehr in Verzweiflung. Da kommt ihr ein Traum zur Hilfe.

Sie läuft in einem großen Haus umher, das jedoch mehr einer Ruine als einem geschlossenen Bauwerk gleicht. Es steht an einem Hang, und als sie an eine Fensteröffnung tritt, sieht sie in einen tiefen Abgrund hinab. Sie hat große Angst hinunter zu fallen, schwankt ein bisschen, da fasst sie plötzlich jemand von hinten an den Schultern und zieht sie ins Haus zurück. Sie dreht sich um und sieht eine Gestalt in Uniform: Es ist der Mann vom »Sicherheitsdienst«. Erleichtert wacht sie auf.

Sie zweifelt keinen Augenblick daran, dass dieser Mann vom Sicherheitsdienst ihr Schutzengel ist. Sie hat immer an ihren Schutzengel geglaubt, doch in letzter Zeit war er in Vergessenheit geraten. Da er nun von selbst in ihrer gerade schwierigen Lebenssituation aufgetaucht ist, wird sie ihn nun ganz bewusst zu ihrem ständigen Begleiter machen.

Hier könnte für sie auch der Einstieg in eine Aktive Imagination sein. Sie kann sich zu ihm umdrehen, ihn ansprechen und mit ihm in einen Dialog treten. Sie hat immer an ihren Schutzengel geglaubt. Vielleicht hat er ihr ja noch etwas Wichtiges mitzuteilen, vielleicht übermittelt er ihr außer dem Schutz, den er ihr gibt, auch noch einiges aus seiner Welt, der des »absoluten Wissens«, was ihrem Leben einen neuen Inhalt geben könnte.

Engel – gibt's die?

Einer Forsa-Umfrage zufolge glaubt in Deutschland jeder zweite, von einem persönlichen Schutzengel betreut zu werden. Und jeder zehnte behauptet, schon einen Engel gesehen zu haben. Natürlich nicht in seiner klassischen Gestalt mit weißem Kleid und großen Flügeln, sondern in Erscheinungen, die einem ganz gewöhnlichen Alltagsmenschen gleichen. Sie treten heute sogar zu bestimmten Anlässen auf, zum Beispiel als »Business-Angels«, die ihrer Klientel bei der Gründung einer Firma helfen, indem sie das dafür erforderliche Startkapital mitbringen. In den USA soll es mittlerweile eine Million von ihnen geben, in Deutschland wurden bisher nur etwa 27 000 gezählt, »die jährlich auf privates Risiko eine Milliarde Mark investieren«.[9]

Engel sind also en vogue – vielleicht weil sie es verstehen, sich dem jeweiligen Bewusstsein der Menschen anzupassen. Auf dem Büchermarkt finden wir eine Menge an Engel-Literatur und in allen diesen Büchern steht so ziemlich dasselbe, d. h. die Vorstellungen der meisten Menschen über Engel gleichen sich. Engel scheinen eben nicht nur eine Mittlerfunktion zu haben, sondern sie vermitteln auch ein Gefühl der Zusammengehörigkeit.

Irmtraud Tarr-Krüger erwähnt in ihrem Buch *Schutzengel*, einen Musiker, der gerade pensioniert wurde:

> Engel bedeuten mir vor allem, dass ich an einer geheimnisvollen Ordnung teilhabe, dass ich irgendwie dazugehöre zu diesem Kosmos. Sonst wäre dieses Alleinsein nicht erträglich, obwohl ich ja noch gut dran bin, weil ich mein Instrument habe, das mich immer wieder tröstet.

Und sie fügt hinzu:

> Wenn ich seine treffenden Worte aufgreife, so könnte man sagen: Engel bewirken für die Menschen, dass wir nicht total getrennt sind, sondern verbunden bleiben mit einer größeren Einheit. Das

bedeutet auch: Engel bewirken, dass wir einen Zugang finden zu dem, was man mit dem Wort Transzendenz bezeichnen kann. Hier können wir einen Zugang finden zum Übersteigen von Grenzen, Begrenztheiten, Barrieren, Schwellen. Engel stehen für den Traum von der Einheit des Ganzen, zu der uns der Schlüssel fehlt. Sie öffnen uns Zugänge.[10]

Sie stellen also in hohem Maße Wegbereiter für die Aktive Imagination dar. Das heißt, sie bereiten und zeigen uns den Weg in die überpersönliche Ganzheit, der Einheit vom Menschlichen mit dem Göttlichen. Die Frau, die wir eingangs geschildert haben, braucht also einerseits einfach nur auf ihren Schutzengel zu vertrauen, andererseits kann sie auch ihren »Mann vom Sicherheitsdienst«, zu ihrem ständigen Begleiter ernennen, der ihr in schwierigen Lebenssituationen weiterhilft. Doch wie kann man verstehen, dass sich über Jahrtausende hinweg das Bild des Engels fest in die menschliche Seele eingeprägt hat? Können uns in dieser Frage die Ergebnisse der heutigen Hirnforschung weiterführen?

Unser Gehirn: ein Wunder

Die Natur geht mit ihren Bausteinen äußerst sparsam, ja regelrecht geizig um. Sie hat gerade so viele entwickelt, wie es nötig ist, um alle Organismen zu erschaffen – und dazu braucht sie nur ganz wenige Grundbausteine. Doch diese haben sie zu unendlich vielen Variationen veranlasst, welche die faszinierende Vielfalt der Irrationalität hervorbringen. Das heißt: Auch unser Gehirn arbeitet grundsätzlich nach »Spartarif«, also überwiegend in seinen einmal angelegten Bahnen. Routinemäßig laufen die entsprechenden Impulse immer wieder dieselbe Strecke, was absolut sinnvoll ist, denn damit lassen sich die einzelnen Körperfunktionen, die zuverlässig »automatisch« ablaufen müssen, am Besten garantieren. Doch das Gehirn ist auch in der Lage, neue Schaltkreise zu bilden, Regionen zu aktivieren, die normalerweise wenig bis gar nicht beansprucht sind. Dazu braucht es allerdings die entsprechenden Impulse und dass der zu diesem Gehirn gehörende Mensch bereit ist, mehr aus seinem Leben zu machen. Die Bereitschaft einen neuen Weg zu beschreiten, ist also die Voraussetzung zur Emanzipation und zur Autonomie.

Kritikerinnen und Kritiker mögen hier die Stirn runzeln und zu bedenken geben, dass damit dem Omnipotenzgefühl des einzelnen Menschen Tor und Tür geöffnet werde, dass der Respekt, die Furcht und die Demut vor der »höheren Instanz«, die wir »SELBST«, »Gott«, »Schicksal« oder »Tao« nennen können, verloren gehe. Doch dies muss keineswegs so sein. Im Gegenteil: Je mehr wir den hochkomplexen Aufbau der Beziehungssysteme, in die wir eingebunden sind, sowohl in der äußeren Welt als auch im seelischen Bereich und in der Hirnstruktur kennen, desto bescheidener und demütiger können wir gegenüber der höheren Instanz sein. Indem wir das, was sie uns anbietet, auch wirklich voll annehmen und uns zu Nutze machen, statten wir ihr unsere Dankbarkeit ab. Zu unserem eigenen Wohl, als auch zu dem der anderen und damit zum Vorbild für die Möglichkeit einer friedlichen Koexistenz, von der alle etwas haben.

Wir sind frei, unsere – von wem oder wodurch auch immer geschenkte – Intelligenz in Anspruch zu nehmen und uns damit das Leben zu erleichtern und glücklich zu werden. Weil glückliche Menschen auch friedliche Menschen sind, weil diejenigen, die sich selbst lieben, auch die anderen lieben und diejenigen, welche mit sich selbst im Frieden sind, auch den anderen damit Frieden schenken. (vgl. unten S. 113)

Lassen wir einmal den Neurobiologen Gerald Hüther zu Wort kommen:

Wer sich auf einen schwierigen Weg macht, beginnt sein Gehirn wesentlich komplexer, vielseitiger und intensiver zu benutzen als jemand, der selbstzufrieden dort stehen bleibt, wo er entweder zufälligerweise gelandet oder vom Druck oder vom Sog der Verhältnisse hingespült worden ist, bis er dort untergeht. Und da die Art und Intensität der Nutzung des Gehirns darüber entscheidet, wie viele Verschaltungen sich zwischen den Milliarden von Nervenzellen ausbilden, welche Verschaltungsmuster dort stabilisiert werden können und wie komplex diese neuronalen Ver-

> schaltungen sich miteinander verbinden, trifft man mit der Entscheidung, wie und wofür man sein Gehirn benutzen will, immer auch eine Entscheidung darüber, was für ein Gehirn man bekommt ... Wir besitzen kein zeitlebens lernfähiges Gehirn, damit wir uns damit bequem im Leben einrichten, sondern damit wir uns mit Hilfe dieses Gehirns auf den Weg machen können, nicht nur am Anfang, sondern zeitlebens. Selbstverständlich haben wir die Freiheit, jederzeit dort stehen zu bleiben, wo es uns gefällt, und fortan nur noch diejenigen Verschaltungen zu benutzen, die bis dahin in unserem Gehirn entstanden sind. Da diese Verschaltungen aber dann um so besser und effizienter gebahnt werden, je häufiger wir sie immer wieder auf die gleiche Weise benutzen, kann daraus sehr leicht die letzte freie Entscheidung geworden sein, die wir in unserem Leben getroffen haben. Wenn wir unser Gehirn auf diese Weise erst einmal selbst erfolgreich für eine ganz bestimmte Art seiner Benutzung programmiert haben, läuft der Rest, wenn nichts mehr dazwischen kommt, von allein ab. Bis zum Ende.[11]

Wir möchten besonders die Aussage betonen, dass wir mit unserem Ich-Bewusstsein in der Lage sind, das Gehirn zu beeinflussen. Einerseits sind wir den Prozessen, die in unserem Gehirn ablaufen, ausgeliefert, andererseits haben wir dennoch Möglichkeiten, diese Prozesse bzw. die Verschaltungen, die sich bisher gebildet haben, zu verändern. Dieses Wissen ist gerade für die Aktive Imagination äußerst wichtig. Denn es bedeutet, dass von neurobiologischer Seite die Wechselwirkung zwischen dem Unbewussten und dem Bewusstsein bestätigt wird.

Zwei Aussagen aus diesem Zitat wollen wir unterstreichen:

1. Unser Gehirn ist lernfähig.
2. Die Verschaltungen, die wir überwiegend benutzen, werden immer effizienter.

Dazu erwähnt Hüther außerdem eine uralte chinesische Weisheit:

> Nicht dort, wo du es schon zur Meisterschaft gebracht hast, sollst

du dich weiter erproben, sondern dort, wo es dir an solcher Meisterschaft mangelt.[12]

Gerade im Hinblick darauf sind folgende Fragen sinnvoll:
- Was möchte ich grundlegend verändern in meinem Leben?
- Womit bin ich noch nicht ganz zufrieden?
- Was bedarf endlich einer Lösung?
- Womit habe ich große Schwierigkeiten?
- Was schaffe ich noch nicht aus eigenem Antrieb?
- Woran scheitere ich häufig?
- Was gelingt mir nur annähernd?
- Welche Schwachstellen gibt es, wobei falle ich immer wieder auf die Nase?

Man kann selbstverständlich noch andere Überlegungen, die einem am Herzen liegen, hinzufügen. Aus den Antworten lässt sich dann so etwas wie eine »Landkarte« für die Reise in ein beglückendes Leben erstellen. Aber es bedarf darüber hinaus noch weiterer Hinweise für das ganz konkrete Arbeiten mit dem Gehirn.

Ein neuer Weg ist gangbar

Diesen liefert uns der amerikanische Intelligenzforscher und Computerwissenschaftler Marvin Minsky. Er hat das menschliche Gehirn studiert und darüber ein aufschlussreiches und amüsantes Buch mit dem Titel *Mentopolis* geschrieben. Auf dem Cover des Buches steht:

> Mentopolis ist ein Modell, ein Spiel, eine Spekulation. Und vielleicht der entscheidende Schritt über die letzte Grenze der Wissenschaft.[13]

Auch hier legt uns ein seriöser Wissenschaftler nahe, eine Grenze zu überschreiten, so wie C. G. Jung mit der grenzüberschreitenden, der transzendenten Funktion (vgl. Kapitel 12) eine Fähigkeit im Menschen entdeckt hat, die uns hilft, »Neuland« zu erobern.

Die Essenz der Untersuchungen Marvin Minskys lautet: Wir sind deswegen intelligente Wesen und wir können die Intelligenz noch weiter entwickeln, weil sich in unseren Gehirnen eine überaus differenzierte Beziehungsstruktur aufgebaut hat. Im Gegensatz zu den meisten Tieren, die eine Sache ziemlich perfekt herausgebildet haben, z. B. die Fische das Schwimmen, die Vögel das Fliegen, die Huftiere das Rennen, die Raubkatzen das Angreifen, haben wir zwar nichts perfekt entwickelt, aber wir können sehr vieles. Wir haben so eine Vielheit von Prozessen in unserem Gehirn aufgebaut, die alle miteinander verbunden sind, dass es nicht schlimm ist, wenn irgendwo einer versagt. Dann springt eben ein anderer ein und übernimmt die Sache. Unsere nicht perfekte Vielfältigkeit macht unsere Intelligenz aus. Sie gibt uns die Möglichkeit, nicht auf ein bestimmtes, perfektes System angewiesen zu sein, sondern bei Bedarf ganz schnell umschalten zu können auf ein anderes. Wir profitieren also von der Vernetzung der vielen, verschiedenen, gleichzeitig ablaufenden Steuerungen. Diese Vernetzung – postulieren wir mutig – mag die »Mutter« der transzendenten Funktion sein, hier wird blitzschnell ein neues Symbol kreiert, das den »alten Fluss« (die Libido) in neue Bahnen (eine andere Sicht der Dinge) lenkt und damit die Lösung für ein Problem, einen Konflikt ermöglicht.

Die verschiedenen Beziehungssysteme, die das Gehirn aufgebaut hat, nennt Minsky »Agenturen«. Und in einer Agentur arbeiten wiederum viele »Agenten«. Wir werden im Nachfolgenden zeigen, wie wir uns dieses von Minsky vorgeschlagene Bild für die Arbeitsweise des Gehirns zu Nutze machen können, indem wir uns eine ganz persönliche »Mind-Agentur« einrichten. Es handelt sich im Grunde hierbei um nichts anderes als um eine gezielt eingesetzte Aktive Imagination – wir können sie auch invers, »verkehrt herum« nennen. Denn im Gegensatz zur »klassischen« Aktiven Imagination, in der ein Bild oder eine Gestalt aus dem Unbewussten im Bewusstsein auftaucht, geht es hier darum, dass sich das Ich-Bewusstsein des Unbewussten und der Prozesse des Gehirns mit selbst gewählten Bildern bedient.

Doch bevor wir uns jetzt ganz konkret die Art und Weise der Intelligenzoptimierung unseres Gehirns anschauen, ist noch ein kleiner Ausflug in sein Machtzentrum erforderlich. Dort sitzen nämlich unsere Gefühle – oder sollen wir sagen, sie »lauern« da, um uns zu erschrecken, anzugreifen, einen »Streich zu spielen«? Denn im Grunde sind sie es ja, die uns das Leben manchmal schwer machen, uns Schwierigkeiten bereiten, in »Fettnäpfchen« treten lassen, »an der Nase herum führen«. Aber sie können uns auch zu sehr viel Glück verhelfen, in den »siebten Himmel« entführen und große Freude schenken. Was auch immer: Gefühle beherrschen uns wie nichts sonst.

Zwei amerikanische Wissenschaftler, Daniel Goleman und Antonio Damasio, haben sich eingehend mit den Emotionen, die uns steuern, befasst. Beide berichten darüber, dass vernünftiges Verhalten von Menschen nicht ohne Gefühle möglich und dass Intelligenz ohne Gefühle keine echte Intelligenz ist, ja, sie könnte ohne Beteiligung der Gefühle gar nicht entstehen. Beide beschreiben jeweils aus ihrer Fachrichtung, dass die Natur aller gesunden Lebewesen durch Gefühle gesteuert wird, was unmittelbar einleuchtet, denn in einer feindlichen Welt kann das Überleben nur dann wenigstens einigermaßen garantiert sein, wenn die außerordentlich rasch reagierenden Emotionen dem Lebewesen signalisieren, ob es sich in Gefahr befindet oder nicht. Würde es erst lange Überlegungen an- oder sogar eine Rechnung aufstellen müssen, ob und in welcher Weise die Situation gerade bedrohlich ist, könnte es für eine Flucht oder einen Kampf zu spät sein. Goleman hat interessanterweise herausgefunden, dass Menschen, die ihre Gefühle bewusst wahrnehmen, kultivierter sind als diejenigen, die das nicht tun. Die Klarheit über ihre Emotionen lässt die Betreffenden autonom und psychisch gesund sein. Außerdem verfügen sie über eine positive Lebenseinstellung und können sich selbst besser steuern. Sie haben es demnach leichter im Leben als diejenigen, die sich von ihren Emotionen bestimmen lassen.

Doch auch unsere existenziellen Bedürfnisse, wie Hunger, Durst, Schlaf, Ausscheidungs- und Bewegungsdrang, Temperaturregulierung, Licht, Sauerstoff, usw. werden über die dafür maßgeblichen Emotionen gesteuert. Dazu sei auch das instruktive, unterhaltsam bebilderte, neue Buch von Wolfgang Rost *Emotionen. Elixiere des Lebens* erwähnt.

Das heißt, nicht nur das Leben, sondern auch das Wohlbefinden hängt von unserem sehr schnell emotional auf die jeweilige Situation reagierendem Gehirn ab. Das müssen wir einfach wissen, wenn wir unser Verhalten beeinflussen wollen. Doch diese Kenntnis allein reicht noch nicht aus. Wir sollten auch ganz praktisch mit unseren Gefühlen in Kontakt sein, sie kennen lernen, um mit ihnen vernünftig umgehen zu können. Dazu jedoch ist erforderlich, dass wir mit uns selbst in unmittelbarer Beziehung sind, dass wir genau registrieren, welches Gefühl gerade vorherrscht. Allein das Wahrnehmen des jeweils aktuellen Gefühls – und es ist immer eines vorhanden – begünstigt dessen Veränderung. Die Aktive Imagination bietet uns hierzu eine ausgezeichnete Gelegenheit.

Wenn man etwas Neues schaffen will, zum Beispiel ein Haus bauen, dann benötigt man dafür das entsprechende Kapital. Für den seelisch-körperlichen Bereich heißt dieses Mittel: Energie. Wodurch psychischer »Kraftstoff« aktiviert wird, haben wir schon gesehen, vornehmlich durch Gefühle und symbolträchtige Bilder, die starke Emotionen auslösen. Mit diesem »Material« arbeitet auch Minsky, wenn er die komplexe Tätigkeit des Gehirns mit der Vorstellung von »Agenten« beschreibt, die in »Agenturen« vereint entsprechende Schaltkreise im Gehirn bilden und somit verschiedene Aufgaben bewältigen.

In der heutigen Zeit haben Menschen in der Regel keine Schwierigkeiten, sich alle möglichen Bilder und Situationen vorzustellen. Wir kennen eine beachtliche Anzahl von Geschichten durch Bücher, Filme und Theateraufführungen, und die meisten Menschen sind schon einmal in fremde Länder gereist, haben unterschiedliche Landschaften und Lebensweisen kennen gelernt. Alles, was wir je gesehen, gehört, gespürt, gedacht und erlebt haben, ist im Gehirn gespeichert, wir können, wenn es nicht aus irgendwelchen Gründen ins Unbewusste verdrängt wurde, darauf zurück greifen. Die Fantasie hat somit einen weiten Spielraum. Und dieses Spielfeld brauchen wir, wenn wir Minskys Empfehlung folgen und uns die Arbeit des Gehirns als ein Wirken von unendlich vielen unermüdlichen Agenten vorstellen, die zu Agenturen zusammengeschlossen, für unser tägliches Wohl sorgen.

Es ist wie in einer Firma: Reicht die Kapazität des bestehenden Personals nicht aus, weil neue Produkte in das Unternehmen aufgenommen werden sollen, dann müssen mehr Kräfte eingestellt werden. Alles, was im äußeren Leben funktioniert, kann dies auch im psychischen Bereich, denn letztlich sind Materie und Psyche eins.

Die Frage bleibt natürlich, wer der »Chef« des Gehirns ist, der so eine Personalaufstockung durchführt. Es wäre zu eng gegriffen, wenn wir sagen: »Ich natürlich.« Denn wir wissen inzwischen, dass es so einfach nicht ist. Zwar sind die Ich-Funktionen notwendig, um uns im Leben orientieren und die Verbindung zum Unbewussten in der Aktiven Imagination aufnehmen zu können, doch sind wir genau so darauf angewiesen, dass von »der anderen Seite« – wie auch immer wir sie nennen – die entsprechende Kooperation erfolgt. So gesehen ist auch das Einsetzen von weiteren »Agenturen« zur Optimierung der Persönlichkeit ein hochkomplexes und ebenso effizientes Zusammenspiel von Geist und Materie, von Ich und SELBST, von geistiger Vorstellung und von der Bildung neuer Verschaltungen im Gehirn.

Die »Super-Imagination«

Sie funktioniert ähnlich wie die Aktive Imagination, die wir schon kennen und gelernt haben. Der Unterschied liegt lediglich darin, dass dort ein Beziehungspartner gewählt wird, der in einem Traum von sich aus auftaucht oder der sich einstellt, weil wir den Wunsch nach Hilfe äußern. Bei der Super-Imagination jedoch wählen wir selbst ganz bewusst und direkt die entsprechenden inneren Bilder, indem wir uns konkrete Personen, Männer und Frauen, vorstellen, denen wir die Aufgaben von »Agenten« zuteilen. Es geht also bei dieser Imagination ganz konkret und realistisch zu, so als würde sie sich im Außen abspielen. Wobei zu beachten ist, dass diese konkreten Personen keine Menschen sind, die wir im äußeren Leben kennen, also keine Familienangehörige oder Freunde. Wir erfinden uns unser Personal dem eigenen Geschmack nach völlig frei. Und da dürfen der Fantasie keine Grenzen gesetzt werden.

Man beginnt damit genau so, wie es auch im Äußeren wäre, wenn man sich eine Agentur einrichten würde: Man begibt sich – alles immer in der Fantasie – auf die Suche nach einem geeigneten

Raum, in welchem man sein Büro einrichtet. Jeder Mensch hat einen anderen Geschmack und andere Vorstellungen. Die einen suchen sich helle, große Räume mitten in einer Großstadt, vielleicht in einem oberen Stockwerk eines Hochhauses, und möblieren diese Räume sehr feudal mit teuren Designer-Möbeln. Andere bevorzugen kleinere, kuschelige Zimmer, die gemütlich mit vielen bunten Kissen ausgestattet sind. Wieder andere verlegen ihre Agentur vielleicht in die geräumige Kajüte eines Schiffes oder ins Cockpit eines Flugzeugs. Wie und wo auch immer: Wichtig ist, dass die Räumlichkeiten und dann natürlich auch die Agenten selbst so konkret und genau wie möglich in der Fantasie gestaltet werden, um sie fest im Gehirn etablieren zu können.

Auch die Kleidung dieser Angestellten muss detailliert ausgesucht werden, sowohl die Art als auch die Farbe spielen eine große Rolle, denn das Gehirn reagiert auf alles besonders bereitwillig, was seine Aufmerksamkeit erregt. Nur das wird ins Bewusstsein aufgenommen. Was nicht heißt, dass alles bunt und schrill sein muss. Auch dezente Farben und große Eleganz können das Bewusstsein bestechen. Es kommt eben ganz darauf an, wozu die Agenten eingestellt werden, welche Aufgaben sie übernehmen sollen. Vielleicht sollen alle die gleiche Kleidung, also eine Art Uniform tragen, oder sie dürfen ganz individuell angezogen sein. Sie müssen eben zur Persönlichkeit derjenigen oder desjenigen passen, die oder der sie für sich arbeiten lassen will.

Es kann auch hilfreich sein, den einzelnen Personen Namen zu geben, sie mit Nummern oder Buchstaben kenntlich zu machen, wie es auch in der äußeren Realität sein würde.

Der nächste Schritt ist, das neue Personal sehr sorgfältig zu instruieren, also jede Einzelne und jeden Einzelnen ganz präzise mit ihrer/seiner zu bewältigenden Aufgabe vertraut zu machen. Wie im äußeren Leben arbeiten auch die inneren Figuren umso besser, je intensiver sie in ihr Arbeitsfeld eingeführt wurden. Dafür steht im Hintergrund immer die Frage: Wozu werden die Agenten gebraucht? Wenn es zum Beispiel – was sehr häufig vorkommt – eine Frau leid ist, dass sie immer wieder Schwierigkeiten mit ihrer schlanken Linie hat, dass es ihr nicht gelingt, nur das zu essen, was ein bestimmtes Gewicht garantiert, sondern dass sie sich von einer

Diät in eine andere, von einer Verzweiflung über einige Kilo zuviel in die nächste hangelt, dann tut sie gut daran, sich einen Ernährungsberater oder eine Ernährungsberaterin an die Seite zu stellen. Also einen Agenten oder eine Agentin, der oder die auf ihr Essverhalten achtet. Je nachdem, wie viel Malheur sie mit diesem Thema hat, kann es auch ein ganzes Team von BeraterInnen sein.

Als Regel für das Einsetzen von Agenten gilt: je mehr, desto besser, je größer eine Agentur ist, desto mehr Erfolg garantiert sie. Und mehrere Agenturen bewirken, dass das Gehirn wirklich viele Schaltkreise neu bildet und immer komplexer wird. Dies steigert überdies die Individualität der Persönlichkeit, wie wir es im Zitat von Gerald Hüther gelesen haben.

Trainingszeit

Auch die Arbeitsweise der Agenten muss genau besprochen werden. Sollen also die Ernährungsberater nur Vorschläge für die täglichen Mahlzeiten machen, soll vielleicht eine Agentin oder ein Agent immer am Kühlschrank stehen und ihren oder seinen Rat geben für das, was die »Chefin« gerade aus ihm entnehmen möchte? Vielleicht ist es auch die Aufgabe dieser Agenten, dass sie wie ein unauffälliger Butler stets hinter dem Stuhl beim Esstisch stehen und das zweite Auflegen der Kartoffeln stoppen oder dass sie als Begleitpersonen zu jeder Party, in jedes Restaurant mitgehen, um dort ihre entsprechenden sanften oder auch dezidierten Anweisungen zu erteilen.

Diese Instruktionen müssen in der ersten Zeit, wenn man mit den Mind-Agenten zu arbeiten beginnt, täglich wiederholt werden, vielleicht ein oder zwei Wochen lang, jeweils etwa eine halbe Stunde. Danach mag es genügen, zwei Mal in der Woche »nach dem Rechten« zu sehen, also zu überprüfen, ob die Anweisungen auch befolgt werden, vielleicht wieder ein oder zwei Wochen lang. Nach dieser Zeit genügt es wohl, dies ein Mal pro Woche zu tun.

Wie lange man das Gehirn bewusst trainiert, liegt an seiner Bereitschaft und Lernfähigkeit. Ist es eifrig bei der Sache, hat es Freude am Spiel, wird es bald begriffen haben, was die jeweilige Person von ihm will und dann selbstständig die gewünschten Arbeiten ausführen. Denn das ist das Ziel: Das Gehirn soll lernen, bestimmte Tätigkeiten automatisch auszuführen, so dass das Ich des betreffenden Menschen entlastet ist und sich anderen Aufgaben und Interessen zuwenden kann. Es ist, als gäben wir unserer Bank einen Dauerauftrag für Zahlungen, die monatlich ausgeführt werden sollen. Das ist praktischer, als jedes Mal neu an die entsprechende Überweisung denken zu müssen. Da wir heute das Wissen über die inneren Kapazitäten haben, ist nicht einzusehen, warum wir es nicht für uns in Anspruch nehmen sollten. Wir brauchen uns wirklich nicht um Problemlösungen zu bemühen, die unser Inneres, die inneren Helfer und Helferinnen, mühelos selbst abwickeln können.

Wozu auch immer die Agenten ausgesucht, eingestellt und angewiesen werden: Sie sollen dazu dienen, das noch nicht Beherrschte beherrschen zu lernen, das noch nicht Gekonnte in Fertigkeiten umzusetzen, das auszugleichen, was unausgeglichen ist, das zu vervollständigen, was noch offen ist.

Die wichtigste Aussage hierfür ist: Der Fantasie sind keine Grenzen gesetzt. Alles ist möglich im Gehirn, dort gibt es nichts, was es nicht gibt. Im Gegenteil: Je ungewöhnlicher das ist, was von ihm verlangt wird, desto williger wird es dies erfassen und installieren. Es ist wie ein natürliches Kind: neugierig, spontan, intuitiv und lebhaft, immer auf der Suche nach dem Abenteuer »Leben«.

Nur Langweile verabscheut es. Dann schaltet es auf Routine, mitunter schaltet es auch dies und jenes ab, verliert sich in den gewohnten, eingefahrenen und ausgefahrenen Bahnen, schludert interesselos vor sich hin. Es wird quengelig wie ein unterforderter Jugendlicher oder kommt auf irgendwelche unsinnigen Gedanken, die nur den alten Trott verstärken und keine Bereicherung für das Leben des entsprechenden Menschen bringen. Es läuft sozusagen »leer«. Womit nicht die angestrebte Leere der klassischen Meditation gemeint ist. Im schlimmsten Fall, wenn das Gehirn gar nicht angeregt und gefordert wird, kann es auch erstarren, verdummen und veröden.

Doch so weit wollen wir es nicht kommen lassen. Das scheint uns die größte Sünde zu sein, die ein Mensch sich selbst gegenüber begehen kann. Denn schließlich sind wir mit unserem Gehirn ja für eine höchstmögliche Entwicklungsstufe ausgestattet. Nicht dass wir sie unbedingt erreichen müssten. Wir haben mit diesem, uns von der Evolution geschenkten Gehirn ein Instrument zur Verfügung, das uns nicht nur ein leichtes, einfaches Leben ermöglicht, sondern uns auch bis zur Transzendenz führen kann, wie wir schon gesehen haben. Es ist in der Lage – das sollte man sich einmal sehr genau vorstellen! –, uns aus der schweren und schwerfälligen, mit Schmerzen und Leid verbundenen Materie hinaus zu führen in den Bereich des Geistes, in dem wir so frei sein können wie in einem wunderschönen Traum.

Eine diesbezügliche Überlegung von C. G. Jung lautet:

> Von diesem Gesichtspunkt aus könnte das Hirn eine Umschaltstation sein, in der die relativ unendliche Spannung oder Intensität der Psyche an sich in wahrnehmbare Frequenzen oder »Ausdehnungen« gewandelt wird.[14]

Das heißt, das Gehirn stellt sich auf die Frequenzen und die Schwingungen ein, zu denen es veranlasst wird. Es ist äußerst flexibel. In der Hirnforschung spricht man von der »Plastizität« des Gehirns. Wenn man ihm die Vorstellung einer südamerikanischen Combo anbietet, deren Mitglieder bunt gekleidet heiße Rhythmen in einer warmen Sommernacht spielen, womöglich auf einem Kreuzfahrtschiff, dessen starke Motoren durch den Atlantik stampfen, wird es in anderen Vibrationen schwingen als bei dem Bild eines über dem Atlantik in einigen tausend Metern Höhe fliegenden Jumbo-Jets, in dem in der Business-Class Stewards und Stewardessen, in dezentes Blaugrau gekleidet, geräuschlos freundlich Drinks und edle kleine Häppchen servieren.

Hier nun noch einige Vorschläge für mögliche Agenten:

Ernährungsberaterin, die auf das Wunschgewicht achtet;
Bodyguard, der vor Ausbeutung und gefährlichen Situationen schützt;

Fitnesstrainerin, die zum täglichen Training motiviert;
Stylistin, die in Bezug auf das typgerechte Äußere berät;
Designerin, die die schöpferische Seite anregt;
Meditationslehrerin, die zur inneren Ruhe führt;
Entertainerin, die ein interessantes »social-life« ermöglicht;
Clownin, Schelmin, die für Fröhlichkeit und Pfiffigkeit sorgt;
Finanzberaterin, die zuständig für finanzielle Fragen ist;
Ärztin, Heilpraktikerin, die die körperliche Gesundheit überwacht;
Psychotherapeutin, die auf die seelische Gesundheit achtet;
Geliebter, der/Geliebte, die ganz oft sagt: »Ich liebe dich!«;
Anwältin, die in Rechtsfragen berät;
Schlichterin, die hilft, Streitfälle zu bereinigen.

(Natürlich können alle Agenten sowohl weiblich als auch männlich sein.)

Es sollte wirklich für jeden Lebensbereich und jede mögliche Lebenssituation einen entsprechenden Agenten, eine entsprechende Agentin geben. Denn mit diesen neuen Verschaltungen im Gehirn kann der Alltag leichter, freier und fröhlicher werden.

Glück und Schmerz – ein notwendiger Balance-Akt

Viele Vorstellungen aktivieren das Gehirn zu unterschiedlichen Vibrationen. Ein vielfältiges Angebot an Schwingungshöhen versetzt das Gehirn außerdem in die Lage, immer wieder das erforderliche Gleichgewicht herzustellen. Darum geht es letztendlich: um das Gleichgewicht oder die Synchronisierung der beiden Hirnhälften. Je besser das gelingt, desto wohler fühlt sich der Mensch und desto leichter fällt es dem Gehirn, in die nächst höhere Entwicklungsebene hinauf zu schwingen.

Die heutige Hirnforschung bestätigt die Annahme einer solchen Balancierfähigkeit des Gehirns in dem Teil, der die beiden Hirnhälften miteinander verbindet. Er wird »Gyrus cinguli« genannt.

Der Mediziner und Neurophysiologe Detlef Linke beschäftigt sich vor allem mit dem Empfinden von Glück beim Menschen und kommt zu dem Schluss, dass das menschliche Gehirn ein System ist, das sich bemüht, Glückszustände herzustellen. Linke betont – und das ist sehr interessant für unser Thema –, dass die Glückszustände sich immer nur dann einstellen, wenn keine der Funktionen, zu der ein Mensch fähig ist, unterdrückt wird, dass alles zusammenspielen muss, um diesen ersehnten Zustand zu erreichen.

Der entspricht dem ausgeglichenen, in sich ruhenden Menschen, einem, der mit sich und der Welt im Reinen ist. Diesen Ergebnissen aus der Hirnforschung ist allergrößte Bedeutung zuzumessen.

Es geht eben immer wieder um das »Sowohl-als-auch«. Nicht nur das Eine, sondern auch das Andere, nicht nur auf, sondern auch über dem Atlantik, nicht nur bunt und heiß, sondern auch dezent und kühl, führen letztlich zu einer Gesamtsicht der Wirklichkeit und damit zum Glücksgefühl. Denken und fühlen, empfinden und intuitieren – diese vier Funktionen wie auch Extraversion und Introversion, mit denen sich das Ich des Menschen durch seinen Alltag bewegt, wie es in der Psychologie C. G. Jungs gesehen wird – müssen gleichermaßen in Anspruch genommen werden, wenn das Balance-System im Gehirn Glückshormone ausschütten soll.

Detlef Linke sagt auch, wie das geschehen kann:

Nicht die fehlende Differenziertheit des logischen Schließens ist es, die im Alter als Mangel empfunden wird, sondern die Schwächung der emotionalen Ausbalancierungsfähigkeit. Eine der besten Übungen können wir in der Schlange vor der Kasse des Supermarktes vollführen.

Achten wir auf die Gedanken und die Ungeduld, die uns dort überwältigen wollen, und versuchen sie in Balance zu halten. Man braucht für solche Übungen nicht in einen Ashram Sri Aurobindos nach Südindien zu pilgern. Die Einübung der Balance der Gedanken und Gefühle, das entscheidende Training des Frontalhirns, gelingt am besten in der Schlange vor dem Fahrkartenschalter.

Das Training der Belohnungsschleifen im Frontalhirn durch Verzögerung von Erfüllung wird am Ende jeden, der es versucht, beglücken. Hirnforschung wird Philosophie nicht ersetzen, denn beide werden an einer gerechten Balance der Dinge arbeiten.[15]

Und – das mag überraschen – nicht nur das volle Programm der

Ich-Funktionen mobilisiert die Arbeit des »Gyrus cinguli«, sondern vor allem auch der Schmerz.

Hirnforscher haben nämlich herausgefunden, dass die Region des »Gyrus cinguli« sehr viel mit der Schmerzverarbeitung zu tun hat. Wenn dieser Bereich im Gehirn also ausreichend aktiviert werden soll, darf der betreffende Mensch sich den schmerzvollen Erfahrungen körperlicher und seelischer Art nicht entziehen. Detlef Linke vermutet, dass psychotische Erkrankungen bevorzugt dann ausbrechen, wenn der Betreffende »auf alle Fälle, gleichsam auf Biegen und Brechen, alles Schmerzhafte vermeiden will«. Andererseits stellt er jedoch auch die Überlegung an, ob »der Schmerz gerade dort das Individuum trifft, wo es sich in seiner Aufmerksamkeit zu Entscheidungsprozessen zusammenrafft«.

Das heißt: Wie wir es auch anstellen, wir kommen um den Schmerz nicht herum. Er gehört zum Leben. Und wir verpassen das Leben, wenn wir Angst reduzieren wollen. Den Schmerz zulassen und mit der Angst gehen erfordert Mut. Da ist es hilfreich, wenn wir Begleiter an unserer Seite wissen. Zum Beispiel Engel, die ja bei den meisten Menschen sowieso immer da sind, wenn sie gebraucht werden. Auch die Gestalten aus einer Aktiven Imagination können zu ständigen Begleitern werden. Diese aktiv in unser Leben einzubeziehen empfiehlt sich besonders für innere, bisher eher unbewusst gebliebene Kräfte, die Begleitcharakter aufweisen, wie zum Beispiel der »Mann vom Sicherheitsdienst«, der »Landstreicher« oder die »Bärin«. Wir werden im nächsten Kapitel noch weitere Begleiterinnen und Begleiter kennen lernen. Sie können uns auf Schritt und Tritt vor möglichen Gefahren warnen, uns in schwierigen Situationen beraten oder auch einfach mit ihrer Liebe umgeben und uns dadurch ein Gefühl von Gesehen- und Geführtwerden vermitteln. Der Möglichkeiten gibt es viele, und zwar deshalb, weil unser Gehirn – so scheinbar klein es in seiner knöchernen Schale liegt – im Grunde eine überdimensionale »Spielwiese« enthält, die ein »offenes Werden« erlaubt. Wir sind frei, es nicht nur für ein leichtes, befriedigendes Leben zu nutzen, sondern auch zur Optimierung unserer Persönlichkeit, zur Individuation.

7.
Hilfreiche Wegweisung

Wachstum und Bewusstwerdung ist immer ein Weg der vielen kleinen Schritte. Was uns im Leben begegnet und allmählich bewusst wird, sieht rückblickend wie ein buntes Mosaik aus, das sich nach und nach gestaltet, seine Formen und Inhalte in den verschiedenen Lebenssituationen verändert und neu kombiniert hat und dessen ganze Schönheit sich wohl erst am Ende des Lebenswegs zeigt. Die nachfolgenden Imaginationen beschreiben solche Stationen des persönlichen Weges, eines Weges, der schon lange gegangen worden ist und weiter beschritten wird, von Ausschnitt zu Ausschnitt.

Hierzu rechnen wir die reiche innere Bilderwelt, die sich zwar äußerer Vorbilder oder Symbole bedient, aber in jedem Fall einen seelischen Prozess darstellt. In früheren Kapiteln zeigten wir, wie ich mir selbst gegenüberstehe, wobei dieses »mir selbst« ja ein äußerst komplexer Tatbestand ist, zu dem auch die von innen auf mich zukommenden Bilder, wie Träume und Fantasien gehören. Der geistige Bezug, den wir zu dem inneren Gegenüber herstellen, ist allerdings nur eine Seite des Prozesses. Das Spannende und jedes Mal Überraschende ist, wie sehr sich diese Bilder aktiv in das konkrete Leben einbeziehen lassen und die täglichen Lebensvollzüge begleiten können.

Der Ausdruck »Welt« soll andeuten, dass es sich um eine Fülle von Möglichkeiten und Darstellungen handelt, die in der Aktiven Imagination lebendig werden. Es lassen sich auch bestimmte Gruppen unterscheiden, wobei die der »hilfreichen Tiere« eine besondere Stellung einnimmt. Davon werden wir im Folgenden einige Beispiele darstellen.

Bilder spielen in vielen Zusammenhängen eine tragende Rolle. Sie sind Orientierungspunkte oder Orte der Zuflucht, ja das Zentrum von Gottesdiensten in Kirchen und Tempeln vieler Religionen. Alle großen und für viele Menschen heiligen Bilder üben eine intensive Wirkung auf ihre Betrachter aus, die sich gegebenenfalls vor ihnen auf die Erde werfen, um ihre Verehrung zu bekunden. Heiligen Bildern und Gegenständen wird mit größtem Respekt begegnet. Sie dürfen nicht angetastet oder gar beschmutzt werden. Heftiger Streit, teilweise mit tödlichem Ausgang, wurde in der Religionsgeschichte darüber geführt, ob man sich von seinem Gott ein Bildnis machen und dieses verehren dürfe oder ob konkrete Bilder im Gottesdienst überhaupt keinen Platz haben sollten. Die große Bedeutung der Bilder gilt auch für die oft überlebensgroßen Darstellungen politischer Führer, wie sie in diktatorischen Staaten überall zu sehen sind.

In der Aktiven Imagination zeigt sich immer beides: die Energie und das Bild, die Form und die Energie. Der innere Prozess läuft in der Regel, einmal begonnen, wie von selbst, meist sehr intensiv, in der Folge der inneren Bilder unerwartet schnell, so dass es schwierig ist, den Ablauf gleichzeitig oder anschließend zu protokollieren. Es ist, als wird sehr viel psychische Energie aktiviert. Mit der Aktiven Imagination kommen wir mit zwei tragenden Kräften oder Faktoren der Psyche in Verbindung, der Ebene der Archetypen, d. h. den Grundstrukturen menschlichen Erlebens. C. G. Jung hat den Archetypus ganz allgemein als »Bild und Dynamis«, als »Form und Energie« gekennzeichnet und damit genau das formuliert, was in der Aktiven Imagination erlebt wird: Wichtige Bilder in einem intensiven, energiereichen Ablauf. Wir berühren damit im ganz persönlichen Erleben der Aktiven Imagination die Grundkräfte und Erlebnismöglichkeiten der Psyche und dies in einer nur meiner Lebenssituation in Vergangenheit, Gegenwart und Zukunft entsprechenden Form. Wie die geschilderten Beispiele zeigen, entfalten sich Form und Energie auf eine ganz persönliche Weise, dem Traumgeschehen vergleichbar.

Immer sagt ein Bild mehr als tausend Worte. Warum ist das so? Die Seele versteht offenbar die Bildersprache ganz unmittelbar und bedient sich ihrer in allen Lebensbereichen, gewissermaßen »von Kindesbeinen an«. Hinzu kommt, dass Bilder in besonderer Weise mit Gefühlen und Affekten verbunden sind, sie lösen meistens starke emotionale Reaktionen aus.

So ist es nicht verwunderlich, dass Imaginationen, auch wenn sie als inneres Gespräch geführt werden, immer an bestimmte Vorstellungen und Bilder gebunden sind, denn diese stellen das tragende Medium des Geschehens dar.

Die folgende Imagination berichtete eine Frau mit viel Lebenserfahrung, 60 Jahre alt, Heilpraktikerin in eigener Praxis. Sie hat schon viele Höhen und Tiefen erlebt, ist verheiratet und hat drei Kinder aufgezogen.

Ihr großes Anliegen war die weitere innere Arbeit an Lebensthemen und der persönlichen Geschichte, die über Generationen zurückreicht. In den Imaginationen, die sie im weiteren Verlauf gemacht hat, die hier jedoch nicht dargestellt werden können, ist eine sehr wichtige Bezugsperson aufgetaucht, womit sich wieder ein Kreis schließt, der sie schon lange beschäftigt hat.

Ein Vogel kam geflogen

Nachdem ich mit der Imagination begonnen hatte, stand ich an einem Fluss, es war ein Anlegestelle, und ein Schiff tauchte auf. Ich dachte ganz spontan, da fahre ich mit, und ging gleich schnellen Schrittes auf das Schiff hinten auf das Deck.

Es ist ganz typisch, dass die meisten Imaginierenden sofort und wie selbstverständlich wissen, was sie tun wollen oder müssen, ohne weiter kritisch darüber nachzudenken.

Dort stand ich dann sehr lange und schaute einfach aufs Wasser und war fasziniert vom Spiel der Wellen. In der Ferne sah ich die Silhouette einer Stadt im Abendlicht. Plötzlich tauchte ein weißer Vogel auf. Er lachte mich freundlich an, vielleicht war es eine Möwe. Ich fragte sie, wo sie herkomme, bekam aber erst keine Antwort, musste also warten. Dann aber sagte sie: »Ich komme übers Meer, um dich zu begleiten.« Wo sie mich hin begleiten will? Darauf erhielt ich wieder keine Antwort, aber doch irgendwie die klare Aufforderung, jetzt nach vorn aufs Schiff zu gehen, so weit wie möglich. Dabei sei ganz wichtig, dass ich nicht nach hinten schaue. Ich soll mich auch nicht ablenken lassen, weder durch Töne, Leute oder andere Situationen. So habe ich dann einfach weiter auf das Wasser geschaut, es war von hier genau so faszinierend wie vom Heck aus.

Ich wollte doch mein Anliegen anbringen, aber der Vogel hat mich nicht dazu kommen lassen. Ich hielt trotzdem den Kontakt mit ihm, er flog immer neben mir her und sagte: »Ich bleibe so lange bei dir, wie die Reise dauert«. Wie lange dauere sie, fragte ich ihn, aber das wusste er auch nicht. Er sagte nur, er sei ganz allein für mich da, er sei nur für mich über das Meer geflogen und werde bei mir bleiben, solange die Reise dauert. Es ging flussaufwärts. Der Abstand zum Vogel betrug immer etwa vier bis fünf Meter.

Am Ende dieser Imagination war es klar, dass ich sie zu einem späteren Zeitpunkt weiterführen werde.

In diesem Text gibt es wunderbare, ermutigende Sätze und Hinweise:

»Ich komme über das Meer, um dich zu begleiten, und werde so lange bei dir bleiben, wie die Reise dauert.« Gibt es schönere Formulierungen für eine Freundschaft? Und das ganz Besondere hier ist, dass wir die Freundschaft mit uns selbst schließen können und zwar mit jener wissenden inneren Instanz, die offenbar den Weg kennt, den wir noch nicht überblicken, auch wenn wir in der Ferne schon die Umrisse einer Stadt sehen. Solche Erfahrungen ermutigen dazu, Menschen mit der Aktiven Imagination vertraut zu machen, zumal die innere wissende und hilfreiche Instanz so unmittelbar und selbstverständlich zugänglich ist.

In der weiterführenden Imagination begann der Weg wieder an der Anlegestelle des Schiffes, das diesmal aber nicht abfuhr. Der Vogel kam und auf meine Frage, wie er heiße, antwortete er mir: »Nenne mich weißer Vogel«. Dabei lächelte er mir zu.

Er konnte also lächeln, was Vögel normalerweise nicht tun. In der Imagination war das aber zum nachträglichen Erstaunen der Frau, die mit ihm sprach, gar nicht überraschend. Interessant ist auch, dass der Vogel wie eine Wolke oder in einer Wolke angeflogen kam, aus der sich dann seine Gestalt herausbildete. Beim Wegfliegen nahm er dann wieder die Gestalt der Wolke an.

Nachts quälten diese Frau oft starke Schmerzen. Jetzt hatte sie den Mut, den Vogel zu rufen, bekam aber zunächst keine direkte Antwort. Aber es erschien die Wolke und es stellte sich ein tröstliches Gefühl ein, die Gewissheit, dass der Vogel in dieser Gestalt da war, »auch wenn ich ihn nicht richtig sehen konnte«.

Es mögen nicht immer die großen Visionen sein, die sich in Verbindung mit solchen Erfahrungen einstellen, aber es ist ein tröstliches Gefühl der Gewissheit, trotz der Schmerzen nicht allein zu sein. Und es ist so leicht zu erreichen.

Wir berichten diese Imagination noch etwas weiter, weil sich dabei interessante Entwicklungen aufzeigen lassen.

Als ich mich wieder auf dem Schiff befand, das diesmal aber nicht abfuhr, war ich die ganze Zeit im Gespräch mit ihm. Er empfahl mir, wieder aufs Wasser zu schauen. Dort sah ich nun zu meinem größten Erstaunen zwei Riesenkrabben. Ich sagte zu ihnen, so wie ihr mit eurer Zange kneift, so habe ich Schmerzen in meinem Kreuz. Ich fragte sie, was sie von mir wollen, und bat sie, mich loszulassen. Sie sagten zu mir, es ginge um das genaue Hinschauen. Plötzlich war der Schmerz nicht mehr so sehr am Rücken spürbar, sondern am Herzen.

Ich solle in mein Herz hineinschauen. Was ich auch tat. Es war alles richtig rot, sah aber trotzdem nicht wie Blut aus. Ich konnte mich auch umschauen und bemerkte, dass es sehr eng ist. Natürlich im übertragenen Sinn. Ich wusste jetzt genau, dass mein Herz weiter werden muss.

Dann ging es an Land weiter über Brücken, Zugbrücken, die zu einer Burg gehörten, in den Burghof hinein. Ich kam zu einer Wendeltreppe, immer vom Vogel begleitet, und stand vor einer schweren Eisentür. Aber deren Riegel konnte ich nicht öffnen. Ich wurde geheißen, von wem weiß ich nicht, drei Mal zu klopfen. Erst klopfte ich vorsichtig mit den Fingern, ohne Erfolg, dann kräftig mit der Faust, jedoch ebenfalls ohne Erfolg. Beim dritten Versuch wusste ich, dass ich ein Losungswort sagen musste, doch mir fiel keines ein. Ich sollte nur vor mich hinschauen. Da sah ich wieder die zwei Krebse. Ihre Zangen waren der Schlüssel und ich gelangte dann in ein Turmzimmer, in dem eine ganz alte Frau saß. Sie rief mich, mich zu ihren Füßen zu setzen, sie wolle mir etwas über die Krebse erzählen.

Das Geschehen führte nun, zum größten Erstaunen der Frau, weit in die Geschichte ihrer Familie, zu den Wurzeln zurück. Das hätte sie nun bei einer Imagination wie dieser am allerwenigsten erwartet. Es berührte sie tief.

Hier ist etwas geschehen, was wir bei vielen Imaginationen beobachten: Es tauchen für das erlebende Bewusstsein ganz neue innere Zusammenhänge und Bezüge auf, die für das Verständnis des eigenen gegenwärtigen Lebens und seiner vielen Fragen hilfreich sind.

Jede Imagination eröffnet weitere Bewusstseinsfelder, jedes wie ein Fenster in eine neue innere Welt: Die noch unbekannten Perspektiven der Schmerzsymptomatik; der Blick in das eigene, offenbar noch von Ängsten eingeengte Herz; das weit in die Geschichte ihrer Familie zurückreichende Sehen, verbunden mit dem Leben wichtiger Bezugspersonen; und dabei die ständige Begleitung durch wissende innere Figuren bis hin zur Alten im Turm, die wir aus Märchen und als Alte Weise kennen.

Tiermotive tauchen keineswegs nur in Imaginationen auf. Wir kennen sie aus verschiedenen, auch kulturgeschichtlichen Zusammenhängen. Im alten Ägypten gab es viele Götter mit Tierköpfen, wie überhaupt Tiermotive in der Mythologie eine große Rolle spielen. Die hilfreichen Tieren im Märchen ermöglichen es der Heldin oder dem Helden, nahezu unmögliche Aufgaben zu lösen. Zum Beispiel werden die von einer Hexe ausgestreuten Körner von fleißigen Ameisen eingesammelt, so dass sie am nächsten Morgen alle wieder in der Schüssel liegen, was eigentlich nicht menschenmöglich ist. Angedeutet ist damit, dass wir über Fähigkeiten verfügen, die über das, was unser Verstand sich vorstellen kann, weit hinausgehen. Aber indem wir uns diesen Fähigkeiten zuwenden, wird Erlösung möglich. Wir können uns aus einem Gefängnis, das im Märchen oft als Bann dargestellt ist, Schritt für Schritt befreien und so zu dem Helden oder der Heldin werden, als die wir gemeint und bestimmt sind. Auch in Träumen beobachten wir das Tiermotiv häufig, es ist immer ein hilfreicher Hinweis, meistens auf die von uns vernachlässigten instinktiven Grundlagen unseres Lebens. Vor allem dann, wenn wir zu sehr vom Intellekt aus das Leben verstehen und steuern wollen. Hier zeigt sich die kompensatorische Kraft der Psyche, die, so ist die allgemeine Erfahrung, immer über Träume, Fantasien oder eben auch in der Aktiven Imagination das zur Verfügung stellt, was als Ergänzung eines einseitigen Bewusstseinsstandpunkts und damit auch zur Heilung von seelischem Leid dringend nötig ist. Diese Zusammenhänge zu kennen ist sehr hilfreich, damit wir auch die Aktiven Imaginationen in ihrer »Würde« verstehen und sie nicht als vielleicht amüsante oder spannende Fantasiegebilde abtun. Wozu wir vielleicht zunächst neigen, wenn wir mit ihr über keine Erfahrungen verfügen. Was nicht heißt, dass sie nicht auch amüsant und spannend sein können.

Phönix aus der Asche

In Aktiven Imaginationen beobachten wir oft das Tiermotiv des Vogels. Vögel erscheinen häufig in der Farbe weiß. Das wundert nicht, denn der Vogel ist seit jeher ein Symbol der Seele, vor allem dann, wenn er nach dem Tod des Menschen den Körper verlässt. Da Vögel scheinbar in den Himmel fliegen können, werden sie auch als Mittler zwischen dem Menschen und Gott, der materiellen Erde und dem immateriellen Geist betrachtet. Aus dieser Vorstellung entstanden einst die Engelwesen mit ihren Flügeln. Im antiken Ägypten wurden die höchsten Götter in Gestalt eines Falken dargestellt, der Sonnengott Re zum Beispiel und der Knabe Horus, Sohn der göttlichen Isis und des ebenfalls himmlischen Osiris. Der Name Horus bedeutet »der Ferne«, wobei der Falke gemeint war, der hoch oben in den Lüften verschwand. Und die seltsamen Flecken unter den alles sehenden Falkenaugen haben die Ägypter so beeindruckt, dass sie eine reichhaltige Symbolik um das »Auge des Horus« entwickelt haben, das sowohl die Allwissenheit als auch die innere Schau meint. Insofern passt das Motiv des Vogels natürlicherweise ausgezeichnet zu den Geschehnissen in der Aktiven Imagination.

Auch der Fischreiher kam im alten Ägypten zu unsterblichen Ehren. Da er frühmorgens, bei Sonnenaufgang, im Wasser des überschwemmten Niltals nach Nahrung suchte, wobei sein Gefieder auf dem glitzernden Wasser des hellen Landes einen beinahe überirdischen Glanz annahm, wurde er als unsterbliche göttliche Erscheinung verehrt. Im Ägyptischen heißt er »Boine«, was zu »Phoinix« wurde. Sein Anblick in der Morgensonnenröte weckte die Vorstellung, dass er brennt und so sagte man ihm nach, dass er sich selbst verbrennen und wieder auferstehen könne – wie die unsterbliche Seele, die sich in einem leidvollen Erdenleben verzehrt und am Ende dieses Leben in die Freiheit der Unsterblichkeit erhebt – wie der »Phönix aus der Asche«.

Eine etwa 40-jährige Frau, die in einer tiefen Krise steckte – sie sah auf Grund widriger Lebensumstände keinen Sinn mehr in ihrem Leben und dachte daran, mit diesem Leben Schluss zu machen –, hatte folgenden Traum:

Ich stand mit vielen Menschen am Rande eines Flugplatzes. Plötzlich sah ich, wie ein Flugzeug hell brennend auf uns zuraste. Die Menschen um mich herum liefen schreiend weg, doch ich starrte nur wie gelähmt, unfähig, mich zu rühren, auf dieses Flugzeug. Es erreichte den Boden und da verwandelte es sich in eine Rakete, die aufrecht in lodernden Flammen stand. Die metallene Außenhaut der Rakete wurde in der Hitze flüssig und löste sich auf. Da wurde eine nackte Frau sichtbar, sie schälte sich gleichsam aus dem Metall und brannte ebenfalls lichterloh. Entsetzt, mit großem Schrecken und starken Herzklopfen wachte ich auf.

Dieser Traum ließ die Frau lange nicht los, denn sie spürte, dass da etwas in ihr geschah, das sie nicht wirklich verstehen konnte. Doch ihre Lebenszuversicht wuchs überraschenderweise wieder. Dann tauchte in einem anderen Traum eine freundliche Wildgans auf, mit der sie daraufhin in einer Aktiven Imagination auf eine wochenlange Wanderung ging. Eines Tages dann sagte die Wildgans, dass die Frau nun allein weitergehen müsse, und verabschiedete sich. Sie flog allerdings nur einige Meter weiter weg, ließ sich dann zur Erde nieder, breitete weit ihr Flügel aus und die Frau sah in der Imagination, wie die Wildgans auf einmal lichterloh brannte. Doch sie verbrannte nicht. Ihre Gestalt wurde vielmehr durchsichtig, ihr Skelett leuchtete glühendrot und blieb so eine Weile als flammende Gestalt stehen. Dieses Bild hat sich der Frau fest eingeprägt, es war so mächtig, dass sie wusste, sie durfte Zeugin eines ungeheuerlichen

Geschehens sein. Trotz ihres Entsetzens und Schreckens, so wie im Traum mit der brennenden Raketenfrau, erfüllte sie eine nie zuvor gekannte Freude und Dankbarkeit. Denn sie durfte das heilige Wunder der Wandlung und der Unsterblichkeit sehen. Dieser Anblick des »Phönix aus der Asche« verbrannte auch den letzten Rest ihrer Depression und von da an wuchsen ihre Lebenskräfte und ihre Kreativität für einen neuen, gesunden Lebensabschnitt.

Aber es sind nicht immer so dramatische Ereignisse. Es ist manchmal nur »ein kleines Kätzchen«, über das wir später noch berichten werden, oder wie in der folgenden Imagination, ein kleiner Vogel, etwa so groß wie eine Meise.

Plötzlich war er da, der Vogel

Dieses Vöglein flog völlig unerwartet in das Leben einer Frau, deren Lebensumstände zur Zeit in vieler Hinsicht recht belastend sind, mit denen sie sich aber tapfer und offen auseinandersetzt. Aktuelle und zur Zeit nicht lösbare Probleme der Arbeitslosigkeit führten nach vielen vergeblichen Bewerbungen zu einem zunehmenden Gefühl von Hilflosigkeit und Ohnmacht, von Ausgeliefertsein an kollektive Mächte und an ein Schicksal, das mit den persönlichen Aktivitäten, wie sie Bewerbungen darstellen, nicht zu bewältigen ist. In diesem Zusammenhang haben sich Panikattacken und innere Unruhe entwickelt. Mit Hilfe des Autogenen Trainings und auch einer medikamentösen Unterstützung ist zwar eine deutliche Besserung erreicht worden, doch die Angst breitet sich plötzlich immer wieder aus. In einer Sitzung des Autogenen Trainings – es handelte sich inzwischen um die Oberstufe – suchte die Frau nach einem hilfreichen Bild und auf einmal war er da: ein kleiner Vogel, etwa in der Größe einer Meise. Er saß links etwas über ihr, das konnte sie genau sehen. Sie saßen beide in den Ästen eines Baumes, was sie in dem Bild gar nicht erstaunte. Sie hat schon lange nicht mehr auf einem Baum gesessen, wäre heute viel zu ängstlich dafür.

In anderen Zusammenhängen hatte sie schon einmal etwas über Aktive Imaginationen gehört und kam deshalb jetzt auf die Idee, ob sie diesen Vogel nicht einmal etwas fragen könnte. Gleich als erstes hat sie nach dem Namen des Vogels gefragt, aber er sagte ihr: »Der Name ist für unsere Beziehung nicht wichtig.«

Ich habe ihn auch gefragt, ob er vielleicht auf mich gewartet hat, dies vielleicht schon lange tut. Darauf hat er geantwortet – und das war das, worüber ich so erstaunt war – er habe nicht auf mich gewartet, sondern nur auf den richtigen Zeitpunkt, dass ich zu ihm komme. Dass er für mich da war, ist einfach selbstverständlich. Er wusste also, dass ich komme, aber der Zeitpunkt war offenbar noch unklar und lag in meiner Verantwortung.

Dies waren ihre ersten Begegnungen mit dem kleinen Vogel, die offenbar schon ein sehr enges Vertrauensverhältnis zwischen diesen beiden herstellten. Von da an wurde es für die Frau immer selbstverständlicher, mit ihm in Verbindung zu sein und auch zu bleiben. Dann kam noch ein besonderes Erlebnis hinzu. Während der Autofahrt durch ein Waldstück dachte sie wieder an den Vogel und in dem Moment lief ein Reh vor ihrem Auto über die Straße. Kurz darauf fragte sie den Vogel, was das mit dem Reh so auf sich habe. Er erklärte ihr, dass er dazu da sei, ihr zu helfen, den Überblick zu behalten, und das Reh würde ihr helfen, ihren Weg durch das Dickicht zu finden. Von beiden Antworten war sie total überrascht und sehr berührt. Sie beschrieb auch, dass die Auskünfte des Vogels beim Gespräch ganz selbstverständlich seien, hinterher aber sehr bewegend und aufwühlend: »Es berührt mich ganz unwahrscheinlich!«

An dieser Stelle möchten wir auf die numinose, also göttliche Qualität solcher Begegnungen hinweisen. Es ist gerade für die Betreffenden ein ganz besonderes Erlebnis, in sich Möglichkeiten von solcher Tragweite wahrzunehmen und sich auf diese Weise an eine andere Welt angeschlossen zu fühlen. Die aber in den meisten Fällen zunächst nicht näher beschrieben oder charakterisiert werden kann. Das Numinose ist immer von besonderer Kraft und Dynamik, denn es äußert sich als Attribut des Göttlichen. Wir scheuen uns nicht, nach den vielen und variierenden Erfahrungen, nicht zuletzt auch den eigenen – auch hier ist Selbsterfahrung eine wichtige Grundlage des Verstehens – anzunehmen, dass über die Aktive Imagination ein lebendiger Bezug zum Göttlichen oder »dem Numinosen« hergestellt wird, der auf andere Weise nicht so natürlich und selbstverständlich, ja alltäglich, erlebt werden kann.

Auffallend ist, dass bei dem Vogel während seiner Rede der Schnabel nicht auf- und zugeht. »Es ist wie ein Gefühl hin zu mir, aber es formuliert sich dann als Worte, genauer kann ich es nicht beschreiben.«

Sie berichtet, dass sie gerade am Anfang dieser Erlebnisse erst ein bisschen vorsichtig war. Es fällt ihr auch noch schwer zu vertrauen, dass der Vogel wirklich da ist, »wenn ich ihn brauche und eine große Frage an ihn habe. Ich würde mich leichter tun, wenn er auf mich zukäme und nicht immer wartet, dass ich mich ihm zuwende.«

Sie kommentiert noch wie folgt:

Hätte mir vor einiger Zeit jemand so etwas erzählt, hätte ich gedacht, jetzt sind die Leute verrückt geworden. Inzwischen ist es mir aber so selbstverständlich und eine solche Hilfe und Bereicherung meines Lebens, dass ich darauf nicht mehr verzichten möchte und es ist mir auch völlig gleichgültig, wie andere darauf reagieren. Ich werde aber vorsichtig sein, darüber zu erzählen.

Es sei für sie aber auch ganz offensichtlich, dass die Antworten wirklich nicht dem eigenen Bewusstsein entspringen, dass »Sachen rauskommen, von denen ich genau weiß, das habe ich in meinem Bewusstsein nicht selber formuliert und doch ist es so selbstverständlich, dass ich mich frage, warum ich nicht selbst darauf gekommen bin.« Dies ist eine sehr treffende Beschreibung dessen, dass wir in der Aktiven Imagination im weitesten Sinne »uns selbst« begegnen, aber eben jener Seite, die weit über unser persönliches Bewusstsein hinaus reicht und uns in einen großen allgemein menschlichen Zusammenhang einbindet. Am ehesten lässt sich das auf den Nenner bringen: »Hier bin ich Mensch«. Deshalb »funktionieren« diese Imaginationen auch völlig unabhängig von Geschlecht, Beruf und Bildungsgrad, entscheidend ist lediglich die innere Bereitschaft und Offenheit.

Wie von vielen anderen, die erste Erfahrungen mit der Aktiven Imagination sammeln, wird auch von dieser Frau angesichts der beeindruckenden Erlebnisse berichtet, dass es ganz schwierig sei, solche Gespräche zu beenden.»Ich habe Angst, ich könnte immer in dem Gespräch bleiben wollen.« Die Versuchung ist groß, in dieser Welt lange zu verweilen.

Da kann es nützlich sein, einen Wecker zu stellen. Denn die Erlebnisse können zum Teil so beeindruckend sein, dass das Zeitgefühl verloren geht. Ein Zeitraum von etwa 20–30 Minuten reicht in der Regel völlig aus und die oder der Imaginierende ist dann auch ziemlich erschöpft. Die Imagination beendet sich durch eine gewisse Müdigkeit von allein. Der Selbstregulierungsprozess der Psyche ist doch eine zuverlässige Konstante der menschlichen Persönlichkeit.

Im Rahmen von psychotherapeutischen Fortbildungen hat es sich auch immer wieder gezeigt, dass selbst erfahrene Psychotherapeutinnen und Psychotherapeuten, die einen Kurs in Aktiver Imagination belegt haben, relativ bald die weiteren geplanten Veranstaltungen aufgeben, weil der über die Imagination begonnene innere Prozess so faszinierend und anstrengend ist, dass sie mit etwa zwei täglichen Imaginationen und der jeweiligen Besprechung mit dem Leiter oder der Leiterin des Kurses kräftemäßig völlig ausgefüllt und so bereichert sind, dass weitere Informationen in diesem Zusammenhang eher als störend, denn als nützlich erlebt werden.

Wie schon aus diesen Beispielen ersichtlich wird, entsteht beim Imaginieren sehr oft das Gefühl: »Ich bin nicht mehr allein«. Irgendwie ist auch der Raum in irgendeiner Weise erfüllt, wie es die Frau in unserem Fall beschrieb. Die gesuchten Worte erscheinen zunächst als ein Gefühl. Aber artikuliert wird es als Worte. So könnte man schon von einem »erfüllten Raum« sprechen. Dieser »Raum« gewinnt plötzlich an Substanz und wird als ein Grundparameter menschlichen Erlebens zugänglich, wie es den östlichen Traditionen, insbesondere dem tibetischen Buddhismus, seit Jahrtausenden selbstverständlich ist. Der für uns meistens als leer empfundene Raum enthält eben doch eine Fülle von Möglichkeiten, die sich über die Dynamik in der Aktiven Imagination konkretisieren und im Wort individualisieren.

Mit zunehmender Erfahrung entsteht nach und nach die Gewissheit, verbunden und eingebettet zu sein in ein größeres Ganzes, das man natürlich verschieden nennen kann. Fast immer wird ein religiöser Zusammenhang erlebt und hergestellt, der allerdings von der Religions- oder Konfessionszugehörigkeit völlig unabhängig ist. Am Besten kann man ihn mit einer Verbundenheit im Menschlichen und im Ewigen bezeichnen: »Hier bin ich Mensch, hier darf ich's sein.« Das Nicht-mehr-allein-Sein bezieht sich nicht nur auf den mitmenschlichen Bereich. Ich kann mich in eine größere Weisheit eingebunden und zugehörig wissen. C. G. Jung scheute sich nicht, im Rahmen seiner Studien zur Synchronizität vom »absoluten Wissen« zu sprechen. Auch bei den Erfahrungen mit der Aktiven Imagination müssen wir eine solche Annahme machen. Sonst finden wir keine befriedigende Antwort auf die Frage, woher die inneren Begleiter dieses für mich wichtige und weiterführende, aber immer auf meine persönliche Situation bezogene und mir gewissermaßen auf Anfrage zur Verfügung stehende Wissen haben, das sie mir vermitteln, wenn ich mich diesen Möglichkeiten öffne. Dafür brauche ich meine kritische wissenschaftliche Schulung, mein kausales Denken und mein sonstiges Wissen nicht aufzugeben. Die Ergänzungen, wie sie über die Erlebnisse der Aktiven Imagination so leicht zugänglich werden und die mein konventionell differenziertes Bewusstsein erweitern, bereichern mein bisheriges Weltbild erheblich.

Im Folgenden berichten wir weiter von hilfreichen Tieren, weil sich in diesem Bereich am ehesten die Dynamik der Wegweisung zeigen lässt.

Einfache Antworten einer Spinne und einer Eule

Ein Mann, 67, pensionierter Ingenieur, der allein lebt, machte diese Imagination ebenfalls auf einer Fortbildungsveranstaltung. Nach dem Kurs hat er zunächst nicht weiter imaginiert. Doch als nach etwa einem halben Jahr eine aktuelle Lebensfrage anstand, hat er die Beziehung zur Eule, die in dieser Imagination aufgetaucht war, wieder aufgenommen. Sie war auch sofort da und sagte, dass er jetzt einfach die Initiative ergreifen solle. Das liegt ihm nicht so recht, doch sie ermutigte ihn sehr. Die inneren Begleiter sind eben auch nach langer »Wartezeit« immer bereit, die Beziehung fortzusetzen, als gäbe es für sie keine Zeit. Er will jetzt immer den Kontakt mit der Eule aufnehmen, wenn die alten Probleme mit seinen Entscheidungsschwierigkeiten auftauchen, und freut sich darauf. Allerdings ist er nach 45 Minuten Imagination »ganz geschafft«. Für solch eine intensive innere Arbeit sind deshalb in der Regel 30 Minuten ausreichend.

Ich komme in einen quadratischen Raum mit kahlen Wänden, es war aber niemand da. Ich rufe: Ist da niemand? Da habe ich gesehen, dass da eine Spinne ist.

Es war eine Spinne von normaler Größe und es beginnt ein ganz natürlicher Dialog mit ihr über seine Frage, warum er so schlecht schlafen könne.

Ich frage die Spinne, ob sie gut schlafen kann. Ja, sie kann es. Wie sie das macht? Gar nichts, ich schlafe halt. Ich müsse nur richtig liegen, dann könne ich auch gut schlafen.

Während der Imagination war es auch hier überhaupt nicht merkwürdig, mit einer Spinne zu reden. Auf diese Idee wäre der Mann sicher sonst nie gekommen.
  Mehr war es nicht. Manche Imaginationen sind sehr kurz und dennoch eindrucksvoll. Er war froh, die Spinne getroffen zu haben, und hat sich entschlossen, wieder zu ihr zu gehen. Erst danach erstaunte ihn, wie selbstverständlich diese doch recht merkwürdige, wirklich nicht alltägliche Begegnung war. Hier zeigt sich auch eine Grenzsituation, die gerade am Anfang einer Aktiven Imagination öfters zu beobachten ist: In einem leeren Raum mag man sich zunächst nicht aufhalten und beginnt mit eigenen Überlegungen, was einem eventuell aus dem Raum entgegenkommen könnte. Das ist ein Anfängerproblem, das sich mit längerer Erfahrung von selbst löst. Wir sind ja gewohnt, uns immer dann eigene Gedanken zu machen, wenn wir im Moment nicht recht weiter wissen. Dem menschlichen Geist fällt immer etwas ein. Mit der Zeit ist es aber nicht mehr so schwierig, in einem leeren Raum so lange zu bleiben, bis von innen etwas auftaucht oder bis man selbst die Idee hat, wei-

ter zu gehen und z. B. zu schauen, ob der Raum noch einen anderen Ausgang hat.

In einer späteren Sitzung berichtete er, dass er nach der Imagination mit der Spinne deutlich besser geschlafen habe. Er war darüber, dass dies so einfach möglich ist, sehr erstaunt.

Ihn beschäftigte noch ein Traum, den er seit 10 oder 15 Jahren bis heute nicht vergessen hat und den er endlich verstehen möchte. In diesem Traum sah er im Vordergrund seine Mutter, im Hintergrund brannte es. Dieser große Brand war plötzlich ausgebrochen. So ging er mit dem Anliegen, hinter das noch offene Geheimnis seines damaligen Traumes schauen zu dürfen, in eine erneute Imagination: in einem großen, aber eher niedrigen Raum, der sehr schlicht wirkte und helle Wände hatte.

Ich bin in Richtung Mitte gegangen, dort stehen geblieben. Was nun? Mir gingen viele Tiere durch den Kopf, und er fragte sich, ob er sich irgendein Tier vorstellen solle. Dabei dachte er erst an eine Kuh, die ihm aber zu dumm vorkam, dann an einen großen Bär, vor dem er etwas Angst hatte. Er sah die Tiere immer konkret vor sich, wollte sich aber noch mit keinem von ihnen näher einlassen. Also sagte er sich »warten«.

Die Erkenntnis, jetzt zu warten, kam während der Imagination aus ihm selbst. Die Bedeutung des Wartens ist gerade im Rahmen des Imaginierens sehr wichtig, weil der Rhythmus der Psyche nicht unbedingt dem Rhythmus der Erwartungen des rationalen Bewusstseins entspricht. Im Hintergrund behielt er immer die Frage, was der damalige Traum nun eigentlich bedeuten solle.

Dann tauchte eine Eule auf. Ich habe ihr meinen Traum erzählt und ihr gesagt, dass ich schon einige eigene Ideen dazu habe. Zum Feuer meinte ich, da müsse man fliehen, man kann ja nur noch ja oder nein sagen, eigentlich nur noch nein. Darauf die Eule: »Das ist eigentlich unmenschlich, dass man dir eine Entscheidung abzwingen will.«

Jetzt wurde ihm klar, dass ihm in der Situation, an die er dachte, die uns aber in der Imagination nicht bekannt war, eigentlich keine Entscheidungsfreiheit bleibt.

Die Eule sagte noch, dass ich mir das nicht gefallen lassen soll, und das hat mir eingeleuchtet. Sie meinte, das sei nicht artgerecht, ich solle mich nicht zwingen lassen, das muss wachsen, und ich müsse es gerne machen.

(Dabei blieb hier offen, worum es sich handelte, dem Mann jedoch war es klar.)

Die Eule, die jetzt in ihrem Baum saß, erzählte ihm dann: »Selbst ich sitze in meinem Baum und mache, was ich will. Ich weiß nicht, was die anderen Eulen machen, was die fressen, ist mir auch wurscht. Ich tue, was mir gut tut. Andere machen etwas anderes, das ist mir aber auch wurscht. Ich bin diese Eule und keine andere.«

Er war mit dieser Antwort sehr zufrieden, entlastet und meinte, damit auch viel anfangen zu können. Er vergegenwärtigte sich noch einmal die besondere Situation seiner Zwangslage, die er im Traum wieder erkannte. Nun war er nicht mehr bereit, sie zu akzeptieren.

»Ich bin diese Eule und keine andere« – besser kann man die Frage nach der eigenen Identität nicht beantworten. Es ist nun seine Sache, die Eule, diesen weisen und wissenden Vogel mit Inhalten aus seiner Lebenssituation anzureichern. Der innere Vogel wird ihn dabei begleiten und unterstützen. Seine Empfehlungen waren ja eindeutig und leicht verständlich.

Im therapeutischen Umgang mit der Aktiven Imagination ist es wichtig, die Freiheit des Imaginierenden grundsätzlich zu respektieren und nicht mit neugierigen Fragen oder gar Deutungen einzugreifen. Es gilt, die Erfahrung der Weisheit der Psyche zuzulassen, wie sie unter anderem in hilfreichen Tieren zum Ausdruck kommt. Die Eule gilt ja als ein weises Tier. Denn sie sieht in der Nacht, also dann, wenn wir mit unseren Augen nichts mehr erkennen können. Eulen verfügen über die erstaunliche Fähigkeit, in der Dunkelheit noch eine Maus zu fangen, die eigentlich nicht mehr zu sehen oder zu erspähen ist. Der Satz »was die fressen, ist mir auch wurscht, die Eule tut, was ihr gut tut«, war für den Mann in seiner Situation ein erlösender Satz. Die Ergebnisse einer Aktiven Imagination wirken fast immer als Entlastung, ein tragendes, befreiendes Gefühl stellt sich ein. Es werden wichtige neue Informationen gewonnen, und Schritt für Schritt entwickeln sich Selbstvertrauen und die Überzeugung, den jeweiligen Schwierigkeiten bewusst, von sich aus begegnen zu können. Das Bewusstsein erweitert sich.

Alma, die blaue Kuh

Eine Ärztin, die an einer schweren Krebserkrankung leidet und zur Zeit mit Chemotherapie behandelt wird, erlebt eine Reihe spannender Imaginationen. Sie berichtet:

Während der zahlreichen Entspannungs- und Visualisierungsübungen, die ich machte, nachdem ich krank geworden war, begegnete mir eine blaue Kuh. Ich hatte alle meine eigenen Kräfte und auch die durch verschiedene Medikamente und Heilmittel vor meinem inneren Auge zur Arbeit ›antreten‹ lassen und die weißen Blutkörperchen, die immer als letzte nach dem Rechten schauen, sehen genauso aus wie sehr wachsame Kuhaugen. Als ich einmal ziemlich unglücklich nach einem Weg für mich suchte, war die Kuh da. Sie heißt Alma und hat mir gesagt, dass sie auf mich achten würde und dass sie mir ja »schon ihre Augen geliehen hätte«. Im Einzelnen visualisiere ich auch die verschiedenen Medikamentengruppen, die sich in ihren verschiedenen Funktionen allerdings nicht so bildhaft darstellen. Im Zentrum ist die Kuh, die sich mit den weißen Blutkörperchen verbindet. Alma wird von mir immer an der gleichen Stelle gefunden. Ich muss einen kleinen Abhang hinunter gehen, wo sie auf mich wartet. Sie ist auf einer eingezäunten Weide, hat aber auch eine Hütte, in die sie sich zurückziehen kann. Sie kommt immer auf mich zu, hat ganz weiche Ohren, in die ich mich fast einkuscheln kann. Ich kann ihr Fragen stellen und erhalte eine Antwort, z. B.: »Was kann ich machen, um ruhiger zu werden? Ich bin so unzufrieden mit mir.« Sie sagt dazu: »Tue das, was du gerne machst, und behalte die Übersicht«. Gerade das ist in solchen Situationen oft schwer und von daher ein hilfreicher Hinweis. Eine ganz wichtige Antwort für mich hatte sie auf die Frage, wie ich mit meiner Angst, die mich ja manchmal fast lähmt, umgehen soll. »Mache es doch genauso, wie du es immer deinen Patienten sagst: Wir gehen über die Brücke, wenn wir am Fluss sind«. Gestern riet sie mir, die Dinge mit ihren Augen zu betrachten, da weiß ich noch nicht genau, wie sie das gemeint hat. Ich habe schon einmal den Hinweis bekommen, es ginge darum, die Dinge nicht richtend zu beurteilen, sondern einfach so, wie sie sind, erst einmal stehen zu lassen. Alma kommt dann an den Zaun, wenn ich sie besuche und es ist trotz des Zaunes immer möglich, mich an sie »hinzukuscheln«

Zum weiteren Verständnis sei jetzt ein synchronistisches Erlebnis eingefügt, das im Rahmen der Erkrankung eine wichtige Rolle spielte. Synchronizitäten sind bedeutsame Zufälle, die vom Betreffenden als sinnvoll erlebt werden, Hinweise oder Antwortmöglichkeiten auf aktuelle Fragen enthalten, das Bewusstsein erweitern und den Erlebenden auf seinem Weg weiter führen. C. G. Jung hatte das Prinzip der Synchronizität, der sinnvollen Gleichzeitigkeit einer inneren und äußeren Ereignisreihe, als der Kausalität ebenbürtiges Naturprinzip in die Psychotherapie eingeführt. Es ist heute ein zentrales Element der wissenschaftlichen Diskussion und wird vor allem von theoretischen Physikern diskutiert.

Das folgende synchronistische Erlebnis bezieht sich auf das Ehepaar, also auf die Ärztin, die von der Kuh Alma begleitet wird, und ihren Ehemann. Nach etwa 25 Bestrahlungen stellte sie sich die Frage, wozu sie in der jetzigen Situation in ihrem Leben wohl am meisten Lust hätte. Ihr fiel ein, sie möchte, wenn es irgend ginge, eine lange Wanderung machen, z. B. den Jakobsweg gehen, aber der sei wohl zu anstrengend. Also dachte sie, »einfach so weit gehen, so weit die Füße tragen«. Ihrem Ehemann hatte sie von diesen Überlegungen nichts erzählt. Am selben Abend kam er auf sie zu und sagte: »Ich habe darüber nachgedacht, was ich wohl am liebsten tun möchte, wenn ich so eine Krankheit hätte wie du. Und mir ist eingefallen, ich würde eine lange Wanderung machen wollen, Tage, einige Wochen oder auch drei Monate.«

Da erzählte sie ihm ihre Fantasie und es war für beide eine bewegende Gemeinsamkeit angesichts dieser schicksalhaften Belastung.

Sie hat sich dann tatsächlich auf die Wanderschaft gemacht und berichtet von »guten Erlebnissen«, eine Beschreibung, die es wirklich am besten treffe, weil sie es als so gut empfindet, dass diese Wanderung von ihr überhaupt erlebt werden kann.

Und es gibt auch eine Botschaft von Kuh Alma, die übrigens zwischendrin mal einfach neben mir gelacht hat: Heute früh im Bett habe ich sie um Rat gefragt, und sie kam wirklich humpelnd auf mich zu, sagte, sie würde mich ja begleiten und ein Ruhetag wäre für meine Blasen an den Füßen auch nicht schlecht. Also habe ich beim Frühstück das Zimmer für eine weitere Nacht gebucht.

Dies ist doch ein eindrückliches Beispiel, wie äußeres Schicksal, inneres Erleben, sinnvolle Zufälle und die Aktive Imagination zusammenwirken. Es zeigt auch, mit welch scheinbar banalen Themen man dem inneren Begleiter begegnen kann. Blasen an den Füßen sind auf einer langen Wanderung eine belastende Angelegenheit. Warum Alma gelacht hat, ist zur Zeit noch nicht bekannt, weil die Wanderschaft andauert und Alma sicher weiter mit Rat und Tat an ihrer Seite trabt.

Übrigens ist das Blau der Kuh nicht das der berühmten »Milka-Kuh«, sondern ein klares Blau, wie es die Frau in Verbindung mit einem Tier noch nie gesehen hat. Es handelt sich also hier um eine wirklich schöpferische Leistung aus dem Unbewussten. Gegenüber diesen inneren Begleiterinnen und Begleitern darf man auch keine rationalen Vorurteile haben. Hier gilt die immer wieder beschriebene Erfahrung, dass das, was in der Aktiven Imagination erlebt wird, vom Bewusstsein normalerweise nicht ausgedacht wird. Diese Frau wäre von sich aus sicher nicht auf eine blaue Kuh gekommen, dazu noch eine, die lacht, die sie begleitet und in deren weiche Ohren sie sich kuscheln kann. Es zeigt aber auch, wie wichtig es ist, hier alle herkömmlichen Bedenken beiseite zu schieben und sich der Führung von innen zu überlassen.

Was hat nun die Kuh dem persönlichen Bewusstsein vermittelt? Vor allem die Grunderfahrung, »nicht allein und immer geführt zu sein, das zur Verfügung zu haben, was ich gerade brauche, die Brücke erst dann zu überschreiten, wenn wir vor ihr stehen«. Diese Empfehlung, die sie ihren Patienten gibt, wurde plötzlich zum intensiven eigenen Erleben, wofür sie sehr dankbar ist. Auch die wachsende Offenheit für das Ungewöhnliche und Unerwartete, dem nicht Geplanten oder Vorhersehbaren zu vertrauen, ist ein großer Gewinn. Denn es handelt sich hier um die Intuition, über die jeder Mensch – die einen etwas mehr, die anderen weniger – verfügen. In der Transaktionsanalyse wird die Intuition als angeborene Fähigkeit des ursprünglichen Kindes gesehen. Oft ahnen wir etwas, wagen aber nicht recht, uns darauf zu verlassen, weil uns die Verbindung zum natürlichen inneren Kind im Laufe des Lebens häufig verloren gegangen ist. Sicher sollte die Intuition nicht die einzige Form der Orientierung im Leben sein, aber möglichst oft eine zusätzliche. Aktive Imaginationen bieten ein gutes Intuitionstraining. Wir erfahren bei längerer Praxis, wie sinnvoll und hilfreich die eben meist ganz unerwarteten Empfehlungen des Unbewussten sind, die wir uns auf diese Weise nicht ausgedacht haben, noch je hätten ausdenken können. In diesem Zusammenhang ist die Lektüre der Abenteuer von »Puh dem Bären«, z. B. sein Umgang mit dem alten chinesischen Prinzip des Wu Wei, des Handelns durch Nicht-Handeln, hilfreich.

In der Aktiven Imagination überschreiten wir eben immer die Bereiche des persönlichen Lebens und Bewusstseins. Denn die Quellen der Kraft und der Bilder, mögen sie zunächst auch sehr persönlich erscheinen, entstammen der kollektiven Matrix des Unbewussten, die C. G. Jung, als das kollektive Unbewusste bezeichnet hat. Es stellt eine schier unerschöpfliche Basis für menschliches Erleben dar, wie die ebenso grenzenlose Welt der Mythen und religiösen Bilder zeigt.

Die Kuh, die in dieser Imagination eine zentrale Rolle spielt und nicht so dargestellt wird wie eine irdische Kuh auf unseren Weiden, ist ein altes religiöses Symbol.

> In einigen alten Mythologien ist die kosmische Kuh – die Allmutter – die Schöpferin des Universums. Mit einem Schütteln ihres Euters erschafft die gehörnte Mondkuh den Sternenhimmel; ihr entströmt die Milchstraße in üppigem, niemals endendem Strom. Täglich gebiert sie die Leben spendende Sonne.[16]

In der ägyptischen Kunst tritt die Göttin Hathor in einer Vielfalt unterschiedlicher Erscheinungsformen auf, am häufigsten aber in Kuhgestalt. Hathor ist das Antlitz des Himmels, die Tiefe und die Gottheit, die in einem Hain am Ende der Welt wohnt. Ein Baum wurde als ihr lebendiger Leib angesehen. Hathors Frucht liefert den Samen der Erneuerung. Jenseits des Grabes säugt sie als Kuh die gerade Gestorbenen. »Suche die Kuhmutter« lautet die Inschrift auf den Grabplatten der frühen Könige.

Auch in Griechenland hat Hera, die Gemahlin des Zeus, den Beinamen »die Kuhäugige«. Und in Indien sind die weißen Kühe heute noch heilig, sie dürfen sich unbehelligt im dichtesten Verkehrsgewühl aufhalten, werden von jedem Auto respektvoll umfahren, auch wenn dies zu regelmäßigem Chaos führt.

Dies mag genügen, um die Weite anzudeuten, die in einer Aktiven Imagination sichtbar werden kann, sofern das persönliche Bewusstsein für solche Perspektiven offen ist. Aber gerade die Besonderheit, wie hier die Kuhaugen mit den weißen Blutkörperchen verbunden werden, die für das Gesunden des Körpers eine zentrale Rolle spielen, weist doch weit über die normalen physiologischen Gegebenheiten hinaus. Es handelt sich um archetypische, d. h. allgemein menschliche Zusammenhänge, die jedem Erlebenden zugänglich sind und die, wenn man weit genug schaut, in fast jeder Aktiven Imagination deutlich werden. Daran ändert auch nichts, dass zunächst die Inhalte der Imagination auf ganz reale und aktuelle Themen bezogen sind. Gerade das ist der besondere Wert, ja das Einmalige dieser Imaginationsmethode: Das ganz Persönliche ist eng mit dem allgemein Menschlichen, ja sogar dem Kosmischen und Religiösen verbunden. So wird es verständlich, dass der indische Gott Krishna im fünften Gesang der Bhagavad Gita, dem »Hohen Lied« der Hinduisten, spricht: »Wer kühn den Weg nach innen geht, gelangt bald zu der Gottheit Reich.« Doch, dies sei noch einmal betont, diese Erfahrungen erschließen sich in der Regel erst, wenn über längere Zeit die Möglichkeiten der Aktiven Imagination mutig erkundet werden und dieser Weg unerschrocken gegangen wird. Gerade angesichts unserer doch oft sehr engen rationalen Vorurteile bedarf es hierbei der alten Kardinaltugend der Tapferkeit, dem Unbewussten beherzt zu begegnen, zumindest seine Möglichkeiten kennen zu lernen.

Das kleine Kätzchen im Parkhaus

Die folgende Imagination stammt von einer Frau, 63 Jahre alt. Sie hat eine erwachsene Tochter und ist jetzt begeisterte Großmutter von zwei Enkeln. Ursprünglich machte sie eine Banklehre, dann hat sie im zweiten Bildungsweg eine Ausbildung zur Berufsschullehrerin absolviert. Nach ihrer Pensionierung besuchte sie Weiterbildungskurse in systemischer Familientherapie und ist heute auch in diesem Bereich tätig, sie gibt auch Kurse an einer Volkshochschule. Diese Imagination, die wir hier berichten, hat sich auf einer Fortbildungsveranstaltung entwickelt. Die Teilnehmerinnen und Teilnehmer erhielten nur eine kurze Einführung und einige technische Hinweise, sie standen den imaginativen Verfahren interessiert und offen gegenüber. Das Anliegen dieser Frau war: die Methode kennen zu lernen, damit sie sie auch nach eigener Erfahrung in ihren Kursen weitergeben kann, weil sie sich gut mit anderen imaginativen Verfahren verbinden lässt.

Zu ihrem großen Erstaunen stand sie gleich zu Beginn vor der Entscheidung, ob sie nach rechts zu einer Baustelle oder nach links in ein Parkhaus gehen sollte. Sie entschied sich für das Parkhaus, schritt durch eine schwere Brandschutztür, die nur mühsam zu öffnen war, und stand unvermittelt in einem bekannten Stuttgarter Parkhaus voller Autos.

Plötzlich kam mir zu meiner großen Überraschung zwischen den Autos ein kleines schwarzes, sicher noch sehr junges Kätzchen entgegen. Ich habe es auf den Arm genommen, hatte ein ganz gutes Gefühl beim Schmusen mit ihm. Dann stellte ich meine Frage und es begann ein sehr schneller Dialog. Auf jede meiner Fragen erfolgte ganz schnell eine Antwort. So viele Sachen wurden besprochen, dass ich fast Kopfschmerzen bekam und gar nicht mehr weiter konnte. Es war sehr, sehr anstrengend. Dann bedankte ich mich und versprach, wiederzukommen. Ob ich sie erneut treffen könne? Sie antwortete: »Du weißt doch, wo ich bin. Sei einfach so wie ich.«

Schon in dieser ersten Sequenz einer Aktiven Imagination zeigen sich wieder ganz typische Momente: natürlich das überraschende, denn in einem Parkhaus würde man kein kleines schwarzes Kätzchen erwarten, zudem eines, mit dem man sprechen kann. Und dann die Schnelligkeit der Dialoge, die zum Teil so intensiv war, dass das Protokollieren schwer fiel. Und der Schluss: »Du weißt doch, wo ich bin«. Auch hier wieder der Hinweis, der schon mehrfach deutlich wurde, dass wir aktiv an dem Prozess beteiligt sind, sich den inneren Kräften und Möglichkeiten zuzuwenden, die offenbar an der Stelle, wo sie sich gerade befinden – hier in einem großen Parkhaus – darauf warten, gerufen und in Anspruch genommen zu werden.

In einer folgenden Imagination derselben Frau kam es zu einer weiteren verblüffenden Situation: Es tauchte plötzlich eine neue Katze auf dem Parkplatz auf. Sie berichtet:

Beide Katzen kamen auf mich zu. Die Kleine sagte: »Nimm mich auf den Arm, die andere kannst du streicheln, rede aber lieber nur mit mir«. »Woher kommt die andere?« »Die habe ich dir geschickt, du kannst dich darüber freuen, aber reden sollst du allein mit mir«, sagte die kleine Katze. Ich habe dann mit der Kleinen weiter gesprochen und die Große dabei gestreichelt. Ich schilderte ihr meine aktuelle schwierige Situation und sie sagte mir: »Du darfst dich nicht so anbieten, so als verständnisvolle Mutter, zeige lieber etwas von deiner eigenen Verletzlichkeit, wenn du in solchen Situationen nicht mehr weiter weißt. Und dann frage mich doch lieber.«

Bei einer späteren Gelegenheit ging es dann um die Frage, warum sie immer von Verstorbenen in der letzten Zeit träume. Auf die Frage der Katze, wer das sei, fragte die Katze weiter: »Was hatten sie für Eigenheiten, die du nicht lebst, die für dich tot sind?« Da fielen ihr wichtige Dinge ein, an die sie in der letzten Zeit nicht mehr gedacht hatte. Zwei weitere Situationen ähnlicher Art, in denen der Totenfluss eine Rolle spielte, wurden von der Katze dahingehend bestätigt, »dass ich in ein anderes Land gehe, ich solle aber abwarten, ich wüsste doch, dass dieses Jahr noch alles offen sei«.

In einer weiteren Imagination empfahl die Katze, die katzenhafte Seite zu leben und auf die Frage: »Habe ich denn eine?«, sagte sie: »Natürlich, du lässt sie nur nicht leben.« »Und warum mache ich das?« »Du hast Angst, dass du sie nicht kontrollieren kannst. Katzen machen, was sie wollen und sie lassen sich keine Vorschriften machen. Du hast Angst, wenn du einfach tust, auf was du Lust hast und dich fallen lässt, dass du dann die Kontrolle über deine Handlungen verlierst.« »Und wenn ich diese Seite leben wollte, wie müsste ich mich dann verhalten?« »So wie ich«, sagt die Katze, »gehe offen und sanft auf die Menschen zu und zeige ihnen, dass du gestreichelt werden möchtest.« Aber wenn ich das mit Männern mache, endet es in einem One-Night-Stand und das ist nicht mein Ding. Da sagt die Katze: Hast du schon mal gehört, dass jemand mit einer Katze einen One-Night-Stand hatte? Darum geht es doch gar nicht. Du hast zu viele Grenzen im Kopf, du willst Nähe, Wärme und Zärtlichkeit. Zeig das doch den anderen.«

In dem weiteren Dialog ging es noch um spannende persönliche Einzelheiten der Beziehungen zwischen den Geschlechtern und am Ende sagte die Frau: »Du hast mir so viele Dinge gesagt, die mir bisher fremd waren. Ich danke dir für deine Informationen, aber mir schwirrt jetzt der Kopf und ich kann nicht mehr weiter reden. Ich muss erst darüber nachdenken. Darf ich wiederkommen?« Und jetzt wieder die Katze: »Natürlich, du weißt ja, wo du mich findest.«

Das ist wieder eine typische Erfahrung: Aktive Imaginationen sind oft recht anstrengend. Am Anfang mag es nicht so erscheinen, aber wenn man sie ernst nimmt, werden so viele aktuelle und meist bis in die weite persönliche Vergangenheit zurückreichende Fragen und auch Probleme angesprochen, dass die Betreffenden wirklich erschöpft sind. Es ist festzuhalten: Der Rückblick in die persönliche Geschichte ist keinesfalls beängstigend, denn in der Aktiven Imagination bieten sich immer zugleich die entsprechenden Lösungen an. Und wenn mir eine Frage unklar ist, kann ich sie sofort wieder zu meiner Katze, der Eule, Kuh oder wem auch immer mitnehmen, und ich werde die Antwort nach und nach finden. Wichtig ist aber warten zu können. Die Zeit der Psyche ist eine andere als die des rasch dahineilenden Intellekts.

Die Katze hat dieser Frau Mut gemacht, selbstständiger, mutiger, unabhängiger, wie eine Katze, zu sich zu stehen. Ihre eher einseitige, zu verständnisvolle Seite wurde ergänzt, was offenbar nötig war. Diese Kompensationen sollen das bisher Gelebte nicht ersetzen, es hat sich doch in vielen Jahren gut bewährt, aber es muss offenbar erweitert und vervollständigt werden. Das ist die Aufgabe, die sich Bewusstseinserweiterung nennt.

Auch Katzen erscheinen relativ häufig in Aktiven Imaginationen, wahrscheinlich deshalb, weil sie Eigenschaften in sich vereinen, die der Befreiung der Seele aus den Gebundenheiten, Abhängigkeiten und manchmal auch Zwangslagen, in denen sich Menschen in ihrem Alltag nur allzu häufig erleben, dienen. Nicht nur die anmutige Schönheit, die Katzen sowohl in ihrer konzentrierten, wachsamen Haltung als auch in der schläfrigen Entspanntheit und Lässigkeit einnehmen können, fasziniert uns Menschen. Auch die Souveränität, mit der sie ihrer Wege gehen, ihre Unabhängigkeit von Lob und Tadel, von Achtung oder Missbilligung, von festen Regeln oder irgendwelchen Ansprüchen von menschlicher Seite imponieren uns und wecken gerade in ängstlich angepassten Menschen Neid oder auch den Wunsch, ebenso sein und leben zu können wie die Katze, die sich ihre Freiheit bewahrt.

Im alten Ägypten wurde die Göttin des Hauses und der Mütter als Katze verehrt, was sicher auch einen ganz profanen Hintergrund hatte: In diesem heißen Land ohne Kühlschränke waren Katzen unentbehrliche Beschützer des Getreides und des Mehls und sehr wirksam gegen mögliche Rattenplagen.

Der Zirkusbär

Nun noch ein Beispiel für einen möglichen Einstieg in eine Aktive Imagination auf Grund eines Traumes. Schon durch das nächtliche Traumgeschehen werden dem aufmerksamen Bewusstsein wichtige Informationen aus dem Unbewussten zur Verfügung gestellt. Falls der Träumer oder die Träumerin daraufhin das Bedürfnis nach weiterer Zwiesprache mit den Weisheitsvermittlern der Seele haben sollte, bietet sich die Aktive Imagination dazu in hervorragender Weise an.

Hier der Traum eines etwa 50-jährigen Mannes:

Gerade hatte ich durch einen Auslösungskauf einen Zirkusbären befreit und wir verließen beide aufrecht gehend den Zirkus, wobei ich meinen neuen Freund und Begleiter locker an einer grünen Leine führte und er mir willig folgte. Es war schon ein in die Jahre gekommener Bär, seine Schnauze etwas angegraut, er sollte seinen Lebensabend bei mir verbringen, ohne täglich im Zirkus Kunststückchen vorführen zu müssen. Er tänzelte ein wenig neben mir vor Freude. Ich sagte zu ihm: »So, ab jetzt gehören wir zusammen und sind Freunde, wir werden zusammenhalten und du wirst es gut bei mir haben. Du gehst ab jetzt an meiner Seite.« Wir waren beide sehr vergnügt und zuversichtlich. Endlich liegt der Zirkus hinter uns. Vor allem für den Bären begann jetzt ein neues Leben. Es wunderte mich gar nicht, dass der Bär aufrecht ging, es war für mich selbstverständlich. Der Bär ging neben mir her wie ein Mensch.

Dieser Traum und die darin geschilderten Szenen regen zu vielfältigen Fantasien und Überlegungen an. Der schönste Satz ist wohl: »Endlich liegt der Zirkus hinter uns.« Wie oft beschreiben wir eine Lebenslage als »Zirkus«, wenn sie unübersichtlich wird und wir die Kontrolle über sie verlieren. In solchen Situationen ist es tröstlich, um eine starke innere Kraft zu wissen, die hier im Bären verkörpert ist. Entscheidend ist aber, dass wir mit ihr eine Verbindung aufnehmen, wie wir sie »von Mensch zu Mensch« kennen und gewohnt sind. Der Bär war genauso groß wie der Mann. Das ist wieder ein Charakteristikum der Aktiven Imagination. Ich stehe der Seele und nicht nur den Gestalten meines persönlichen Inneren Auge in Auge gegenüber, fragend und hörend, suchend und vertrauend. Die beiden werden eine lange, gute Wanderung vor sich haben, sofern sie sie nicht vorzeitig und vor allem zum Nachteil des menschlichen Begleiters abbrechen. Die kleine grüne Leine ist ein hoffnungsvolles Symbol einer bleibenden Verbindung zwischen ihnen.

8.
Aufträge und Aufgaben

Wie ist das mit einer Lebensaufgabe? Brauchen Menschen eine solche Aufgabe, um Sinn in ihrem Leben zu finden? Einige sagen: »Ja, unbedingt, ohne eine wichtige Aufgabe in meinem Leben würde ich mich nicht wohl fühlen und mich fragen, ob ich dann überhaupt eine Existenzberechtigung hätte.« Andere wiederum meinen: »Oh nein, nicht noch etwas zusätzlich. Das Leben an und für sich ist schon Aufgabe genug, damit habe ich alle Hände voll zu tun.«

Gerda, deren Geschichte wir in Kapitel 2 geschildert haben, fühlte sich nicht mehr gebraucht, seit das Geschäft, das sie mit ihrem Mann zusammen aufgebaut hat, läuft und die Kinder ihre eigenen Wege gehen. Sie verlor ihre Aufgabe, die sie darin sah, für andere zu sorgen. Sich um sich selbst, um die Verwirklichung ihrer Begabungen zu kümmern, schien ihr zunächst nicht als Lebenssinn zu genügen.

So geht es vielen Menschen. Wenn sie da sein können, um anderen zu helfen, um etwas »auf die Beine zu stellen«, Kinder aufzuziehen, Geld zu verdienen, eine Familie zu versorgen, empfinden sie das als ihren Lebenssinn, sind damit einverstanden und zufrieden. Doch was ist, wenn diese Aufgaben auf Grund der natürlichen Entwicklung wegfallen? Die Karriere ist geschafft, das Haus gebaut, die Kinder ziehen aus, die Eltern, die zu versorgen waren, leben nicht mehr. Oder wenn die Pensionierung, der Ruhestand, wie es so sinnig heißt, eintritt?

Da kann schon den einen oder anderen auch die Angst packen. Vor allem Männer tun sich oft schwer mit dem Gedanken, nicht mehr jeden Tag in den Betrieb gehen zu können, nichts mehr »zu sagen« zu haben, nicht mehr gefragt zu werden, nicht mehr »gebraucht« zu sein. Ja, in der Zeit, in der es noch um den Aufbau ging, in der vieles auch schwierig war, in der sie unter Stress litten, war die

Vorstellung vom Erreichen der Altersgrenze recht lustbetont. »Endlich mal tun und lassen können, was ich will – morgens nicht so früh aufstehen müssen, nach dem Mittagessen ein Nickerchen und dann lange Spaziergänge machen, in aller Ruhe den Garten pflegen, die Bücher lesen, die nichts mit dem Beruf zu tun haben, ins Theater gehen oder mal in eine Kunstausstellung...«. Doch wenn es dann so weit ist, mögen die ersten drei Wochen herrlich sein, die zweiten drei sind auch noch ganz schön, nach drei Monaten aber zieht sich die Zeit, nach einigen weiteren sitzt der Betreffende vielleicht missmutig in seinem schönen Garten, in dem man die Beete mit dem Lineal nachzeichnen kann und sehnt sich... nach einer – »richtigen« – Aufgabe.

Woher kommt es, dass viele Menschen ihr Leben nur dann als beglückend erleben, wenn sie etwas »Sinnvolles«, »Wichtiges«, was immer einen Bezug zu der Gesellschaft hat, in der sie leben, schaffen können? Sicher hat es viel mit dem Gemeinschaftsgefühl zu tun, mit dem Wunsch »dazu zu gehören«, mit der Angst, ausgeschlossen und einsam zu sein. Aber es entspringt auch dem Bedürfnis nach der eigenen Bedeutsamkeit, der Selbstbestätigung. Das sind alles natürliche, menschliche Grundbedürfnisse, die es zu erfüllen gilt, die man nicht unterschätzen darf. Denn immer wieder kann man hören und lesen, dass jemand nicht lange nach der Pensionierung plötzlich schwer erkrankt oder gar stirbt.

Doch wenn wir in diesem Kapitel über die Lebensaufgabe schreiben, meinen wir nicht nur das Weiter-sinnvoll-tätig-sein-Wollen im Ruhestand, so wichtig dies ist. Wir sprechen vielmehr ein inneres Bedürfnis an, das manchen Menschen gar nicht so recht bewusst zu sein braucht, das aber dennoch in den meisten schlummert und viele Facetten aufweist. Zum einen bewirkt das Wissen um eine bestimmte Lebensaufgabe die stärkere Individualisierung der betreffenden Frau und des betreffenden Mannes, weil mit der Realisierung der Aufgabe auch die Fertigkeiten entwickelt werden, die aus den vorhandenen Begabungen gespeist werden. Zum anderen verlangt eine Lebensaufgabe auch ein hohes Maß an Konzentration und Aufmerksamkeit, die das Leben anregend und spannend gestalten, also einer drohenden Langeweile entgegen wirken und die Bewusstheit fördern. Außerdem, so hat der »Glücksforscher«

Mihaly Csikszentmihalyi herausgefunden, dass Menschen dann ein Glücksgefühl – das er »Flow« nennt – erleben, wenn sie konzentriert einer Aufgabe nachgehen, die sie interessiert und durch die sie sich auch angemessen gefordert fühlen. Darüber hinaus – vielleicht ist dies das Wichtigste – erfordert eine Lebensaufgabe, der man sich mit seinem ganzen Sein hingibt, eine gewisse Demut. Möglicherweise gibt es, so wie zwischen Glück und Schmerz, auch zwischen Glück und Demut eine Verbindung im menschlichen Gehirn. Wie auch immer: Die Erfahrung zeigt, dass Menschen mit einer Aufgabe, die ihrem Leben einen Sinn verleiht, sehr viel besser, glücklicher, gesünder und bewusster leben.

Wer war froh, dass es dich gab?

Die Frage nach der »großen«, das ganze Leben erfüllende Aufgabe stellt sich meistens eher in der zweiten Lebenshälfte, doch noch vor dem Ruhestand. Sie ist immer verbunden mit der Frage nach Sinn.

»Wozu bin ich in dieses Leben gekommen, was ist meine Aufgabe – oder mein Auftrag – hier?« In der ersten Lebenshälfte darf das Wachstum noch von Egoismus bestimmt sein, in der zweiten Lebenshälfte dagegen drängt es meistens mehr zum Altruismus. »Ist durch mich die Welt ein kleines bisschen besser geworden?« kann man sich zum Beispiel fragen. In der Transaktionsanalyse gibt es zur Erfassung des Lebensplans unter anderem die Frage: »Was wird einmal auf deinem Grabstein stehen?«

Je älter man wird, desto mehr Fragen nach dem Sinn des eigenen Lebens wollen beantwortet sein. Denn vielleicht wird uns die Todesstunde nicht nur neuen Räumen entgegen senden, wie es Hermann Hesse in seinem bekannten Gedicht *Stufen* beschreibt, sondern auch noch letzte Fragen stellen und letzte Antworten von uns hören wollen: »Wer bist du geworden? Zu wem bist du gewachsen? Was hast du gemacht aus den Anlagen und Begabungen, die du mitbekommen hast für deine Wanderung durch dieses Leben? Wem hast du gedient?« Von Hildegard Knef, der Schauspielerin und Sängerin gibt es auf einer CD ein Lied mit dem Titel *Wer war froh, dass es dich gab?*

Wenn wir davon ausgehen, dass von uns am Ende dieses Lebens Antworten verlangt werden, dass wir uns ver-antworten müssen, dann kann formvollendetes Wachstum nur eines bedeuten: ganz individuell in die Verantwortung hinein zu wachsen, die den Sinn des eigenen Lebens ausmacht, und damit den uns Anbefohlenen auch diese Verantwortlichkeit zu vermitteln. Im Chassidismus – der mystischen Seite des Judentums – gibt es dazu die Geschichte von Rabbi Sussja, der seinen Schülern erklärt: »Gott wird mich eines Tages nicht fragen: ›Warum bist du nicht Moses gewesen?‹, sondern er wird mich fragen: ›Warum bist du nicht Rabbi Sussja gewesen?‹«

Für die großen Fragen des Lebens eignet sich gerade die Aktive Imagination bestens, weil wir auf alle Fragen, die wir an die »innere Weisheit« stellen, stets eine ganz persönliche Antwort erhalten.

»Erkenne, wer du in Wirklichkeit bist«

Ein besonders schönes, allerdings schon zweieinhalbtausend Jahre altes Beispiel verdeutlicht die intensive Kraft, die in einer Aktiven Imagination zum Ausdruck gelangen kann, wenn es um die Lebensaufgabe geht. Sie befähigt Menschen, die sich mit ihr beschäftigen, zur grundlegenden Wandlung und Weitung des Bewusstseins.

Ardjuna, ein indischer Prinz und Krieger, muss in den Kampf ziehen. Er lenkt seinen Wagen auf das Schlachtfeld und erkennt zu seinem großen Schrecken, dass sich auf der anderen Seite unter den Feinden viele seiner Verwandten befinden, denn es kämpfen zwei königliche Familien gegeneinander, die zum Teil gleicher Abstammung sind. Entsetzt hält er seinen Wagen an, er kann und will nicht gegen Menschen in den Krieg ziehen, die wie Brüder für ihn sind.

In diesem emotional hoch aufgeladenen Zustand des Zwiespalts – als Krieger muss er kämpfen, als Mensch widerstrebt ihm dies zutiefst – erscheint Krishna, der höchste Gott, als sein Wagenlenker, der hier als sein innerer Führer zu ihm spricht. Er belehrt Ardjuna, dass es seine Aufgabe, ja seine Pflicht ist zu kämpfen, denn er ist zum Krieger geboren worden. Ardjuna versucht Krishna in höchster Verzweiflung klar zu machen, dass er doch nicht seine Verwandten töten könne, die er liebt.

Doch Krishna antwortet lächelnd:»Du glaubst, du tötest sie? Du irrst. Ich habe sie bereits getötet.«

Und dann beginnt ein überaus spannender Dialog zwischen den Beiden. Ardjuna bleibt zunächst im Widerstand, er äußert seine Zweifel, denn er kann die Situation nur aus der Einseitigkeit seines Ichs sehen. Krishna, sein göttlicher Wagenlenker, dagegen belehrt ihn mit der Sicht auf das Ganze.

Das SELBST, in der Gestalt des Gottes Krishna, hat sich Ardjuna offenbart. Es erteilt ihm die Lehre von SEINER Unsterblichkeit. Scheinbar in einem langen Gespräch, denn der »Gesang des Erhabenen«, bekannt geworden als *Bhagavad Gita* oder das *Hohe Lied der Tat*, umfasst 18 Gesänge. Der 1. Gesang heißt »Vom Zweifel des Ardjuna« und der letzte »Von der Erlösung durch Selbst-Vollendung«, wobei das SELBST hier zweifach verstanden werden kann: das SELBST hat sich in der Gestalt des Krishna mit dem Krieger Ardjuna in Beziehung gesetzt und ihn belehrt, was ES eigentlich ist. Und Ardjuna hat durch diese Aktive Imagination zu sich selbst gefunden, er hat seine Ganzheit in der Selbst-Vollendung erreicht. Insofern fallen dann jedoch die Lehre des SELBST und die Erkenntnis Ardjunas in eines zusammen, was das Wesen der Aktiven Imagination ausmacht. Von der einen Seite sendet das Ichbewusstsein eine verzweifelte Frage, von der anderen Seite kommt die Antwort. Wenn der Fragende die Antwort annimmt, diese damit zur Erkenntnis wird, hört sie auf, Antwort zu sein, und die Frage ist auch keine Frage mehr. Dann gibt es nur noch das Eine, das »absolute Wissen«, das in der Jungschen Psychologie in Anlehnung an die Mystik der alten indischen Weisheitslehren SELBST genannt wird.

Die Aktive Imagination eines normalen Menschen kann sich über einen längeren Zeitraum erstrecken, weil wir gewohnt sind, in Zeiträumen zu denken, wir können nicht anders, wir leben in der Zeit. Aus der Sicht des SELBST jedoch, das zeitlos ist, geschieht die Erkenntnis in einem einzigen, hell aufscheinenden Augenblick, in dem gewissermaßen die Zeit stehen bleibt, gleichsam den Atem anhält. Ardjuna sieht, dass nicht das Ich des Menschen weiß und bestimmt, was jetzt getan werden muss, sondern dass dies allein Sache der göttlichen Weisheit ist. In einem einzigen Augenblick, im Zustand tiefster Verzweiflung und Ratlosigkeit, am Rande des Schlachtfeldes wird Ardjuna »erleuchtet«.

Vivekananda, ein indischer Weisheitslehrer, kommentiert die *Bhagavad Gita* so:

> Wisst Ihr, wie viel Macht, Kraft und Größe in Euch verborgen liegt? Millionen von Jahren sind vergangen, seitdem der Mensch auf diesem Planeten erschien, und doch hat er erst einen unendlich kleinen Teil seiner wirklichen Macht zur Offenbarung gebracht. Wer den Menschen klein und schwach wähnt, irrt. Kennst Du schon alles, was in Dir steckt? In Dir ist der Ozean unbegrenzter Kraft und Glückseligkeit; in Dir lebt der Weltengeist, dessen inneres Wort das einzige ist, auf das Du horchen und dem Du gehorchen solltest.
>
> Erkenne, wer Du in Wirklichkeit bist: die geburtlose, keinem Tode unterworfene, allwissende, unvergängliche Seele! Erinnere Dich dieser Wahrheit Tag und Nacht, bis sie ein lebendiger Bestandteil Deines Wesens und Lebens geworden ist und Dein Denken und Tun bestimmt, verwandelt, vergöttlicht! Denke daran, dass Du der Ewige selbst bist – nicht der schlafende Alltagsmensch. Erwache und erhebe Dich, ewiger Mensch, und offenbare Deine göttliche Natur![17]

Darum geht es im Grunde in jeder Aktiven Imagination, gleichgültig mit welchem Anliegen, welcher Frage man in sie hinein gehen mag. Man gelangt immer in einen Bereich, in dem es um das Ganze geht. Das heißt, das Unbewusste stellt mit den Bildern und Gestalten, die in einer Aktiven Imagination auftauchen, das zur Anschauung, was dem betreffenden Menschen auf Grund der gegebenen Einseitigkeit seines Ich-Bewusstseins fehlt, um seine Vollständigkeit sehen zu können. Wir sind es gewohnt, meistens nur einen Teil unserer gesamten Realität zu betrachten, als schauten wir nur aus einem Fenster unseres Hauses, obwohl es rundherum über viele Fenster verfügt. In einer Aktiven Imagination können natürlich nicht gleichzeitig alle Fenster des Hauses geöffnet werden, doch wenn wir mal aus diesem, mal aus jenem schauen, erschließt sich uns im Laufe der Zeit die ganze innere Landschaft, in die wir eingebettet sind. Einiges davon konnte auch Susanne, eine etwa 35-jährige Frau in ihrer Imaginationsfolge sehen.

Susanne, ihre Frage und die Männer

Eine etwa 35-jährige Frau mit Namen Susanne fragte an, ob sie die Aktive Imagination erlernen und einüben könne. Sie habe sich beruflich verändert und sei an einer Universität als Dozentin tätig. Sie wolle ein Seminar über Lernmethoden halten, zuvor sei es ihrer Meinung nach aber wichtig, diese Methoden selbst erfahren zu haben. Wir vereinbarten einen Termin, zu dem sie folgenden Traum mitbrachte:

Ich befinde mich in einem unbekannten Wald. Junge Männer bauen, wie ich aus einiger Entfernung sehen kann, eine Hütte. Sie haben auch mich entdeckt, sechs junge Männer kommen auf mich zu. Ich wittere große Gefahr und renne weg zu meinem Auto am Waldrand. Ich habe aber meine Schlüssel im Wald liegen lassen, so dass ich wieder zurück muss. Die Männer kommen näher, ich wache auf.

Das Vergessen der Schlüssel ist deshalb interessant, weil Susanne dadurch wieder in den Wald zurück muss, sie kann nicht einfach weglaufen. In den folgenden Sitzungen musste sie sich stellen. Noch wussten wir nicht, um was es sich konkret handeln würde, nur so viel war klar, der Schlüssel lag im Wald.

Nachdem sie über eine Einführung die Aktive Imagination kennen gelernt hatte, wollte sie in einem solchen Prozess erfahren, was diese jungen Männer und das Vergessen der Schlüssel im Wald für sie zu bedeuten hätten. Sie ließ das Schlussbild des Traumes als inneres Bild wieder aufsteigen, um damit die Imagination zu beginnen.

Zunächst reagierte sie mit großer Angst, als sie die Männer wieder auf sich zukommen sah. Doch die Bedrohung nahm ab, nachdem die Männer näher gekommen waren. So gefährlich sahen sie jetzt gar nicht mehr aus. Auch die Angst schwand, sie könnten sie möglicherweise vergewaltigen. Susanne fragte die Männer, was sie von ihr wollten. Der Anführer meinte, sie solle nicht immer gleich weglaufen, sondern sich erst einmal hinsetzen. Er bemängelte weiter, dass sie immer etwas tun, immer »in action« sein müsse. Damit möge sie aufhören. Und er fuhr fort: »Wir möchten, dass du dein ganzes Leben mit uns teilst.«

Susanne erlebte dies als eine große Forderung, doch es berührte sie auch sehr und sie weinte.

Die nächste Imagination setzte sich folgendermaßen fort:

»Akzeptiere uns als deine Wegweiser«, sagten die Männer. Sechs junge Männer als Wegweiser? fragte sich Susanne. Dennoch war sie froh, bei ihnen sein zu können. Warum wollten sie ihre Wegweiser sein? Das Anliegen der Männer war, mit ihr eine Reise anzutreten, was bedeutete, durch den Wald zu wandern.

»Wann geht es los?« erkundigte sich Susanne.

Der Anführer erklärte ihr, dass sie die Reise nicht machen dürfe wie eine Aufgabe, die eben mal zu erledigen sei. »Du musst mit dem Herzen dabei sein!«

In der geschilderten Imagination machen ihr die jungen Männer ein Beziehungsangebot. Zunächst kritisieren sie Susanne: Sie müsse immer irgendetwas unternehmen, könne nicht ruhig werden und keinen Kontakt zu sich und anderen herstellen. Die Männer wollen, dass sie sich auf sie einlässt und ihr Leben mit ihnen teilt. Dieses Angebot macht sie betroffen. Als hätte sie schon immer darauf gewartet. Niemand zuvor wollte in dieser Weise mit ihr Kontakt aufnehmen.

Die nächste Imagination begann damit, dass sie ihre Frage, ob sie eine Universitätskarriere anstreben solle, mit auf die Reise nahm. Einer der jungen Männer meinte, diese Frage gehöre eigentlich nicht zu ihnen. Susanne reagierte wütend. Sie möchte so mitgenommen werden, wie sie ist, mit all ihren Fragen. In ihrem Ärger überlegte sie, dass diesen jungen Männern ein Stück Demokratie fehle.

»Lass dich auf uns ein. Folge uns doch einfach!«
»Das fällt mir schwer. Aber ich könnte versuchen, mehr Demokratie einzuführen. Wir könnten uns abends zusammensetzen und darüber sprechen, wie wir am folgenden Tag die Verantwortung aufteilen.«
»Nein, folge uns. Wir kennen uns im Wald aus.«
»Es fällt mir schwer, mich darauf einzulassen und einfach hinterher zu gehen.«
»Du brauchst nicht einfach hinterher zu gehen. Folgen heißt nicht, einfach hinterher zu gehen.«
»Was heißt es dann?«
»Du kannst mitgehen, mit all deinen Fragen. Wir machen einen Weg für dich frei. Den Weg durch den dichten Wald bahnen, das kannst du nicht. Du willst immer alles können. Jetzt lass doch zu, dass wir das tun. Du musst nichts machen. Komm einfach mit. Aber mit deiner ganzen Seele.«
Stimmt, er hat recht, dachte Susanne. Wenn ich irgendwo mitgehe, dann will ich auch bestimmen, wo es langgeht. Es fällt mir sehr schwer, jemand anderem die Führung zu überlassen. Doch sie sagte: Okay, dann wandere ich mit euch. Aber lasst mich nicht ganz am Schluss gehen. Ich möchte nicht die Letzte sein.«

Susanne fühlte sich mit ihrer Frage hinsichtlich der Universitätskarriere, die sie sich inzwischen auf den Rücken gebunden hatte, sehr schwer beladen. Das war nicht bequem, zumal die Frage sich in eine Statue aus Stein verwandelt hatte. Susanne nahm sie allein auf den Rücken. Sie überlegte, ob es richtig war, diese Frage überhaupt mitzunehmen. Aber vielleicht ist sie ja auch zu etwas nutze, also nicht nur eine Last.

Für heute verabschiedete sich Susanne von ihren Männern. Sie beklagte sich dann über Bauchschmerzen und einen Tinnitus.

Es ist beeindruckend, wie schwer Susanne sich tut, sich führen zu lassen. Sie will sich gegen die Männer durchsetzen. Sie merkt aber auch, dass sie diese braucht und lernen muss, sich auch unterordnen zu können. Im Grunde ist sie ambivalent. Sie möchte gern und kann doch nicht. Diese Spannung führt zu den oben genannten körperlichen Beschwerden.

In der weiteren Imagination musste sich Susanne wieder mit ihrer Frage beschäftigen, die aus einer anderen Welt zu kommen schien.

Susanne und einer der Männer trugen sie gemeinsam abwechselnd auf dem Rücken. Der Weg führte in einen dichten Urwald hinein, alles war wunderschön grün. Es kam ihr der Gedanke, dass es gar nicht darauf ankommt, möglichst schnell das Ziel zu erreichen. Der Weg ist das Ziel! »Ich kann die Statue ja zwischendurch abstellen und mich umsehen. Mir alles anschauen, eine Pause machen«, ging es ihr durch den Sinn. »Ich habe wieder ein gutes Gefühl.«

Nach dieser Aktiven Imagination klagte Susanne jedoch wieder über Bauchschmerzen und Ohrgeräusche. Die Bauchschmerzen hatte sie schon als kleines Kind, die Ohrgeräusche begannen vor einigen Jahren nach einem Hörsturz. Beide Symptome möchte sie dringend loswerden, sie hat schon viel unternommen, bisher hat nichts geholfen. Im Gespräch ergibt sich, dass es keinen Sinn hat, Bauchschmerzen und Ohrgeräusche einfach loswerden zu wollen. Wäre dies möglich, könne sie gar nicht verstehen, was die beiden Symptome ihr eigentlich mitteilen wollen. Sie muss sie annehmen, mit ihnen in Kontakt treten, sie gleichsam umarmen, vielleicht sogar lernen, sie zu mögen, damit sie etwas von ihnen erfahren kann.

Wegen Urlaubsunterbrechung konnte die nächste Sitzung erst nach drei Wochen stattfinden. Nach etwa einer Woche schrieb sie einen Brief:

»Es ist einfach genial. Ich habe seit unserer letzten Sitzung kein Ohrgeräusch mehr gehört. Ich habe es erst gegen Abend gemerkt. Dann, wenn es außen still wird, höre ich die Klänge im Ohr sehr deutlich. Und ich bin aufmerksam geworden, weil ich eben nichts mehr hörte. Es war still und das ist einfach ein geniales Gefühl. Ich bin nicht mit der Absicht gekommen, das Ohrgeräusch zu ›beseitigen‹, als ich anfing zu imaginieren. Die Akzeptanz war wahrscheinlich die Voraussetzung dafür, dass es nun aufgehört hat. Auch wenn das eigentlich paradox ist.«

In der folgenden Imagination setzte sich Susanne auf eine Bank am Rand eines zugewachsenen Waldes. Sie wartete, bis jemand vorbei käme, der ihr bei der Lösung ihrer Frage behilflich sein könnte.

Da kam ein alter weiser Mann aus einem Teich. Zusammen gingen sie über einen schmalen Weg zu einem Tor. An dieser Stelle hatte man einen wunderschönen weiten Blick. Der Alte sagte ihr, dass sie alles, was sie hier sehe, haben könne. Susanne bemerkte einen Abgrund und witterte Gefahr. Sie hatte Angst abzustürzen. Da trug sie ihre Frage vor und drängte auf eine deutliche Antwort. Der Alte antwortete ihr auf seine Weise. Mehr, als er ihr gesagt habe, könne er ihr nicht sagen. Er umarmte sie, küsste sie und verschwand.

Susanne setzte sich wieder auf die Bank. Tiere kamen vorbei, die ihr klar machten, dass ihre berufliche Tätigkeit ihr Spaß machen solle.

Schließlich tauchte eine Lichtgestalt auf, eine Fee, die sagte, es müsse einen Sinn haben, was man beruflich mache. Susanne spürte, dass dies ganz wichtig ist, sie fühlte sich sehr bewegt.

Nach dieser Imagination war Susanne verwirrt. Sie fragte sich, was sie jetzt mit ihrem Leben machen solle? »Weite spürte ich während meines Studiums. Spaß hatte ich bei der Arbeit mit Kindergruppen. Vielleicht fehlt mir die Sinnerfüllung.«

In der nächsten Imagination, die sie berichtete, wartete sie zunächst auf die Männer, mit denen sie ein Stück des Weges gemeinsam gegangen war. Sie hatte sie verlassen, als sie unbedingt und sofort eine Antwort auf ihre Frage nach einer Karriere an der Uni benötigte. Jetzt wollte sie mit ihnen weiterziehen. Sie stellten sich auch wieder ein und gingen gemeinsam mit ihr weiter. Sie kamen in ein Labyrinth. Susanne erkannte erneut, dass der Weg das Entscheidende ist und nicht das Ziel. Mit diesem Wissen wollte sie nun alleine, nicht mehr in Begleitung der Männer, weitergehen.

Da tauchten die Gestalten aus der letzten Imagination auf: Der Alte, die Tiere und die Lichtgestalt. Letztere sagte ihr, dass es nicht wichtig sei, jetzt etwas zu erfahren. Sie möge so lange wie sie wolle dort bleiben, wo sie sei. Dann verschwanden sie wieder.

Nun alleine auf dem Weg beobachtete Susanne aufmerksam ihre Umgebung. Sie nahm hier eine Rinde auf, die sie befühlte und betrachtete, dort langte sie nach einem Grashalm, den sie durch die Finger gleiten ließ. Plötzlich konnte sie spüren, dass ihr Herz dabei war. Das war entscheidend. Sie wusste, dass sie jetzt etwas tun müsse, bei dem ihr Herz beteiligt ist. Von dieser Erkenntnis war sie wiederum sehr berührt.

Nach der Imagination erzählte sie, dass sie lange nichts mehr getan habe, bei dem ihr Herz dabei war. Während der Imagination sei ihr Herz wieder wahrnehmbar geworden, das mache sie überglücklich. Sie wisse jetzt, dass es nicht entscheidend sei, ob sie eine Karriere an der Uni mache oder was sonst auch immer ihre Arbeit sein würde. Wichtig sei allein, dass sie bei allem ihr Herz spüre.

Der Ablauf dieses Prozesses, der sich während eines Zeitraums von sieben Sitzungen und den dazugehörenden zeitlichen Zwischenräumen ereignete, war in keiner Weise geplant. Susanne hatte auch kein bestimmtes Thema, zu dem sie imaginieren wollte. Ihre Vorstellung war allein, die Methode kennen zu lernen. In der ersten Sitzung fiel ihr der Traum der vergangenen Nacht ein. Die Angst, die sie dabei verspürte, war offenbar so stark, dass sie spontan beschloss, sich in der ersten Imagination mit ihm auseinanderzusetzen. Aus der ersten Sitzung entwickelten sich fünf weitere Imaginationen, die alle in einem Zusammenhang miteinander stehen. Äußerlich ging es um ihre Frage, ob sie sich beruflich auf eine Karriere an der Universität einlassen solle. Die Frage wird in der Imagination zur Statue aus Stein, womit ausgedrückt sein soll, wie schwer Susanne an dieser Last zu tragen hat und dass sie mit ihrer Statue auf die Männer angewiesen ist. Ohne diese Abhängigkeit hätte sie sich sicherlich schnell verabschiedet. Für sie hätte keinerlei Notwendigkeit bestanden, sich unterzuordnen. Sie war gewohnt, den Ton anzugeben, das wollte sie auch beibehalten. Die Männer, die ihre männliche Seite repräsentieren, gaben ihr zu verstehen, dass es für sie notwendig sei, sich auch unterordnen und hingeben zu können.

Bis zum Urlaub machte sie in jeder Imagination kleine Fortschritte. Sie hatte verstanden, dass sie Widerwärtigkeiten annehmen muss, um deren Sinn zu verstehen. Daraus ergab sich, dass sie sich ihren Ohrgeräuschen zuwenden und diese annehmen konnte. Der Tinnitus verschwand. Darüber war sie sehr glücklich.

Diese Serie von Aktiven Imaginationen zeigt, welchen Schatz wir in unserer Seele beherbergen. Weisheiten wie »vertraue dich deiner wissenden Instanz an, lass dich auf sie ein«, »der Weg ist das Ziel« oder »nur mit dem Herzen gehen macht Sinn«, kommen aus der Dunkelheit ans Licht. Nicht nur die Beantwortung einer Frage steht im Vordergrund, sondern allgemeine Lebenshilfe stellt sich ein.

Ich brauche Dich!

Ein etwa 45-jähriger Mann, dem sich ebenfalls die Frage nach der Lebensaufgabe stellte, machte sich auf die Suche nach seinem Gott. Er war sehr kirchlich erzogen worden, erlebte jedoch in religiöser Hinsicht mehr und mehr eine große Leere, die ihn depressiv werden ließ, was schließlich zu einer therapeutischen Behandlung führte. Im Rahmen einer größeren Aktiven Imagination, in der er sich mit seinem Gott unterhalten konnte, sagte ihm dieser: »Ich brauche Dich!«. Dieser Satz berührte und erschütterte ihn tief. Er hatte ihn schon oft vernommen, beispielsweise, wenn ihn der Pfarrer von der Kanzel predigte oder wenn er ihn am Kircheneingang auf Plakaten las. Er meinte allerdings, dass dieser Gott einen moralisch integren Menschen wollte, der sich für die Kirche einsetzt, der sich für die Anderen aufopfert, für den es selbstverständlich ist, Andere mehr zu lieben als sich selbst. Diesen Anforderungen konnte er nicht genügen, er fühlte sich häufig als Versager. In der Beziehung zu Gott sah er sich als Verlierer, den Gott gar nicht gebrauchen kann. Was sollte er mit ihm auch anfangen? Gott gegenüber erlebte er sich immer minderwertig.

Jetzt jedoch berührte ihn dieser Satz in ganz anderer Weise, er war genauso gemeint, wie er da stand. Ohne Bedingungen braucht Gott ihn.

Wozu aber sollte ihn Gott, der doch so viel größer ist als er, brauchen? Er konnte es sich nicht vorstellen. Aber es stimmte, dass dieser Satz »Ich brauche Dich!« wirklich ernst gemeint war, das konnte er spüren. Nun galt es, die Bedeutung dieses Satzes zu verstehen. Natürlich hätte er in einer weiteren Aktiven Imagination nach der Bedeutung des Satzes fragen können. Auf diesen Einfall war er zu diesem Zeitpunkt aber nicht gekommen.

Im Verlauf seiner Analyse dann begann er, sich für Tiefenpsychologie und entsprechende Literatur zu interessieren. Intuitiv griff er in einem Buchladen nach Jungs Autobiografie *Erinnerungen, Träume und Gedanken*. Er fand darin eine aufregende Stelle. Jung erzählt von seiner Reise nach Kenya unter anderem folgendes:

> Mein alter Pueblo-Freund kam mir in den Sinn: Er glaubte, dass die »raison d'être« (die Ursache des Seins) seiner Pueblos die Aufgabe sei, ihrem Vater, der Sonne, täglich über den Himmel zu helfen. Ich hatte sie um diese Sinnerfülltheit beneidet und mich ohne Hoffnung nach unserem eigenen Mythus umgeschaut. Jetzt wusste ich ihn und dazu noch mehr: der Mensch ist unerlässlich zur Vollendung der Schöpfung, ja er ist der zweite Weltschöpfer selber, welcher der Welt erst das objektive Sein gibt, ohne das sie ungehört, ungesehen, lautlos fressend, gebärend, sterbend, kopfenickend durch Hunderte von Jahrmillionen in der tiefsten Nacht des Nicht-Seins zu einem unbestimmten Ende hin ablaufen würde. Menschliches Bewusstsein erst hat objektives Sein und den Sinn geschaffen, und dadurch hat der Mensch seine im großen Seinsprozess unerlässliche Stellung gefunden.[18]

Wenn wir gedanklich noch einmal zu diesem Satz: »Ich brauche Dich!« zurückkehren, so fand der Mann zunächst in der Beschreibung der Pueblo-Indianer ein Bewusstsein dafür, dass diese von ihrem Gott-Vater täglich gebraucht würden. Sie mussten ihm in Gestalt der Sonne über den Himmel helfen.

Jung berichtet im selben Buch noch ein anderes Erlebnis:

> Von Nairobi aus besuchten wir mit einem kleinen Fordwagen die Athi Plains, ein großes Wildreservat. Auf einem niedrigen Hügel in dieser weiten Savanne erwartete uns eine Aussicht sondergleichen. Bis an den fernsten Horizont sahen wir riesige Tierherden: Gazellen, Antilopen, Gnus, Zebras, Warzenschweine usw. Langsam strömend, grasend, die Köpfe nickend bewegten sich die Herden – kaum dass man den melancholischen Laut eines Raubvogels vernahm. Es war die Stille des ewigen Anfangs, die Welt, wie sie schon immer gewesen, im Zustand des Nicht-Seins; denn bis vor kurzem war niemand vorhanden, der wusste, dass es

»*diese Welt*« gab. Ich entfernte mich von meinen Begleitern, bis ich sie nicht mehr sah und das Gefühl hatte, allein zu sein. Da war ich nun der erste Mensch, der erkannte, dass dies die Welt war und sie durch sein Wissen in diesem Augenblick erst wirklich erschaffen hatte.[19]

Die Botschaft dieses essentiellen Satzes ist: Diese Welt ist noch nicht dadurch geschaffen, dass Wasser und Erde getrennt werden, die Sterne am Firmament erscheinen, die Tiere auftauchen und der Mensch nach dem Ebenbild Gottes aus Lehm geformt und ihm die Seele eingehaucht wird. Zur ganzheitlichen Schöpfung bedarf es des Erkennens, des Wissens oder noch anders gesagt, des Bewusstwerdens, dass es diese so geschaffene Welt gibt. Ohne die Erkenntnis würde niemand wissen, dass es diese Welt gibt, sie könnte aus welchen Gründen auch immer wieder verschwinden, niemand hätte sie wahrgenommen, sie hätte ohne das menschliche Wissen nicht existiert.

Wenn uns dieser Sachverhalt klar ist oder wird, verstehen wir, dass Gott den Menschen wirklich braucht, ohne ihn würde sein Tun nicht wirklich bewusst.

In diesem Zusammenhang ist auch interessant, dass die Pueblo-Indianer in ihrem mythischen Denken ihrem Gott nicht bei etwas Beliebigem helfen, nein, sie haben die Aufgabe, die Sonne täglich über den Himmel zu ziehen. Sonne ist Licht und Wärme, sie ermöglicht, dass Leben auf der Erde entstehen konnte. So sorgen also die Pueblo-Indianer in ihrem Glauben für den Fortbestand des Lebens, sie helfen Gott die Schöpfung zu erhalten. Das ergibt Sinn, ihr Leben ist sinnvoll, was Selbstbewusstsein und Zufriedenheit bewirkt. Das Gegenteil eines sinn-erfüllten Lebens wird als Leere erlebt, die auf Dauer zur Depression führt.

Nahezu jede Kultur hat ihre Schöpfungsgeschichte, die sich in irgendeiner Weise auch mit dem Bewusstsein auseinandersetzt. Es handelt sich um ein archetypisches Geschehen, das inhaltlich immer gleich bleibt, je nach Kultur jedoch eine andere, passende Form annimmt.

Vox Dei

Wir brauchen uns keine Sorgen zu machen, dass wir möglicherweise die Aufgabe unseres Lebens verfehlen könnten. Die Erfahrung zeigt, dass jedem Menschen, der bereit ist, seine Lebensaufgabe zu erfüllen, diese auch gezeigt wird. Es ist nur nötig, nachzufragen oder einen entsprechenden Wunsch zu äußern. Wer eine Aufgabe für sein Leben möchte, erhält sie, wenn er darum bittet. Wer außer dem, was er oder sie täglich in seinem oder ihrem Alltag erledigt, nichts will oder braucht, wird auch nicht vom SELBST belästigt, er oder sie darf mit dem, was er oder sie sich selbst aufgeladen hat, in Frieden leben. So einfach ist das. Oder nicht? Vielleicht sagt jetzt jemand: »Aber ich hätte schon noch gern dieses oder jenes vom Schicksal. Ich bin keineswegs einverstanden mit dem, was es mir bisher gegeben hat.« In diesem Fall wäre ein Wunsch nach Mehr da. Diese Vorstellungen müssten aber nicht bewusst sein. Sie könnten sich äußern in einer allgemeinen Unzufriedenheit, in Missmut, schlechter Laune, auch in einer Depression, einem Paniksyndrom oder auch schlicht und einfach in quälender Langeweile. Solche seelischen Äußerungen zu kritisieren, sich dafür zu tadeln – was leider häufig vorkommt, was sogar das »Normale« bei den meisten Menschen ist – wäre völlig falsch und würde die entsprechende Symptomatik nur verstärken. Sehr viel besser dagegen wäre es zu versuchen, solche seelischen Äußerungen zu verstehen, sich aufzumachen, die Hintergründe dafür aufzuspüren, so wie man bei einem Beinbruch die Röntgenaufnahme studiert, um die genaue Stelle des Beinbruchs zu erkennen. Niemand käme auf den Gedanken, das Bein zu tadeln, weil es gebrochen ist.

Im Hintergrund von Unzufriedenheiten und seelischen Symptomen steht immer (auch) die Frage nach dem Sinn. Welchen Sinn hat mein Leben? Ist das, was ich tue, sinnvoll? Es geht also um ein sinnvolles Tun, um eine sinnvolle Aufgabe. Und das heißt: Im Grunde geht es darum, dass ich die Lebensaufgabe finde, die meinem Leben Erfüllung gibt. Ist diese nicht gefunden, treten entsprechende Gefühle von Unzufriedenheit oder körperliche Symptome auf. Wird sie jedoch erkannt, gibt es keine entsprechende Frage mehr. Man erfüllt dann einfach nur seine Pflicht und ist zufrieden.

Insofern ist die Frage nach der Lebensaufgabe ganz leicht zu lösen: Wer mit seinem Schicksal noch nicht ganz im Reinen ist, wer wünscht, dass manches anders, besser sei, der möge sich mit diesem Wunsch an sein Inneres wenden, möge den Wunsch, die Frage, die Unzufriedenheit, das Symptom als Ausgangspunkt für eine Aktive Imagination nehmen. Wie Ardjuna zum Beispiel, der ganz entschieden gesagt hat: »So nicht! Ich kämpfe nicht gegen meine Verwandten!« Und schon erschien Krishna, der innere Meister, in Gestalt des Wagenlenkers und wies ihm seine Aufgabe zu, erzählte ihm vom Sinn seines Lebens. Oder wie der 45-jährige Mann, der Gott in seinem Leben nicht gefunden hatte, weil er in Selbstabwertungen zu versinken drohte.

Solche Selbstabwertungen sind meistens das Hindernis, das vor der Erkenntnis steht. Jemand, dessen Ich nur um sich selbst kreist, der ausschließlich damit beschäftigt ist, sich immer wieder zu bestätigen, dass er nichts taugt, zu klein, zu unwesentlich, zu dumm, zu unbedarft, zu schäbig, zu mickrig, zu schlecht ist, kann sich selbst als Ganzes nicht erkennen. Und damit ist ihm oder ihr auch der Zugang zum SELBST versperrt. Wer immer nur in eine dunkle Ecke starrt, kann das Licht nicht sehen. Selbstabwertungen sind die höchste Form der Beschäftigung mit dem kleinen, unbedeutenden Ich. Es gibt nichts, was mehr am Ego haftet als permanente Selbstabwertungen. Sie machen aus dem Ego einen riesengroßen Abfallberg, der die Sonne verdunkelt, das klare Licht des Bewusstseins vernebelt und die Seele leiden lässt. Im Kapitel über das Zwiegespräch mit mir selbst und dem inneren Dialog haben wir bereits darauf hingewiesen, wie wichtig und sinnvoll es ist, aufmerksam über die gedanklichen Inhalte zu wachen und sie bewusst zu verändern, wenn sie sich als schädigend für das seelische Wohlbefinden erweisen.

Daraus folgt, dass es sinnvoll ist, sich um seine Lebensaufgabe zu kümmern. Weil die Lebensaufgabe der Weg zur Zufriedenheit ist, also zum inneren Frieden führt. Wenn man Frieden mit sich selbst macht, das heißt alle Selbstabwertungen radikal aus dem Denken zu verbannen, wird die Lebensaufgabe plötzlich sichtbar. Sie ist im Grunde für alle Menschen die Gleiche. Denn wir sind nur deshalb in der Evolution über Einzeller, Pflanzen und Tieren zu Menschen geworden, um ein Bewusstsein zu entwickeln. Insofern ist die Aufgabe der Menschen ganz allgemein – wir haben es im Kapitel über das Bewusstsein schon beschrieben –, bewusst zu werden, zu sein und diesem Bewusstsein einen immer weiteren Spielraum einzuräumen. Da wir Menschen jedoch nicht als eine kollektive Masse in Erscheinung treten, sondern als ausgeprägte Einzelwesen, als Individuen – der Individuation wird ja gerade in der Analytischen Psychologie ein großer Wert zugeschrieben –, kann sich die Bewusstseinsentwicklung nur individuell gestalten. Das ist der Grund, warum in der Aktiven Imagination so viele, ganz verschiedene Bilder auftauchen – wenngleich sich einige Motive häufen, wie etwa der Vogel. Jeder Mensch ist von seiner Veranlagung, mit seinen Begabungen, in seiner ganzen Ausstattung einzigartig und einmalig. Obwohl die Bausteine der chemischen Zusammensetzung lebender Organismen nur ganz wenige und diese bei allen Organismen gleich sind, gibt es eine solche Fülle von Variationen, dass wir keine zwei ganz gleiche Lebewesen auf der Welt finden. Man kann dies nur das Wunder der Individualität nennen und es mit großem Respekt zur Kenntnis nehmen und betrachten. Es möge auch die Betrachtungsweise der einzelnen Imaginationen sein, die auf einer gewissen Ebene, der Grundebene, gleichartig verlaufen – vom Ich zum SELBST, vom SELBST zum Ich –, doch in sich so reichhaltig aufgefächert sind, dass in ihnen die ganze Fülle der Bewusstseinsmöglichkeiten zum Ausdruck kommt. Das Bewusstsein kann also nur individuell in Erscheinung treten, es braucht das Individuum mit seinem Ich. So wie der Mann es erlebt, dessen Gott sagt: »Ich brauche Dich!« Jedoch mit einem Ich, das sich kooperativ zum SELBST verhält und sich nicht zur Müllhalde von Abwertungen macht.

So wird die Lebensaufgabe des Einzelnen, so belanglos sie diesem auch erscheinen mag, zur großen Aufgabe des Menschseins an und für sich, zur »Vox Dei«, zur Stimme Gottes oder des SELBST. Insofern können wir sie ruhig eine »heilige« Aufgabe nennen. Denn sie bringt uns vom kleinen, bescheidenen, auch demütigen Ich über den Weg der Aktiven Imagination in den großen, weiten, göttlichen Raum des Bewusstseins. »Und ihr werdet sein wie Gott«, sagte die Schlange im Paradies zu Eva. Sie hatte Recht. Sie windet sich noch immer um den »heiligen« Stab des Heilers Äskulap, sie ist also noch immer das Symbol für das Heil-, also das Ganz- und damit Heiligwerden.

Die Ko-evolution

Gott braucht den Menschen, um sich seiner selbst bewusst zu werden, haben wir oben geschrieben. Wir können auch sagen, die Evolution braucht den Menschen, um sich weiter aufzufächern. Es sind die Menschen, die in die Geheimnisse des Kosmos hinein schauen, die sie zu Offenbarungen bringen. Wobei dies nicht so zu verstehen ist, dass der Mensch mit seinem Ich-Bewusstsein die Verschlüsselungen des Universums decodiert, sondern dass die Evolution sich die geeigneten Menschen, den entsprechend offenen Geist sucht, um sich mitzuteilen. In Physiker-Kreisen heißt es, nicht Einstein habe die Relativitätstheorie entdeckt, sondern die Relativitätstheorie habe Einstein gefunden, um ins Bewusstsein der Menschen treten zu können. So schreibt der Mathematiker und Physiker Sir Roger Penrose:

> Einsteins Motivation, acht oder mehr Jahre seines Lebens der Entwicklung der allgemeinen Relativitätstheorie zu widmen, ergab sich nicht aus Beobachtungen oder Experimenten... Die Theorie wurde ursprünglich entwickelt, ohne durch Beobachtungen motiviert zu sein; die mathematische Theorie ist wirklich vorhanden dort draußen im All – sie wurde der Natur durch niemanden aufoktroyiert... Einstein enthüllte etwas, das da war. Überdies war es nicht irgendein kleines, unbedeutendes Stückchen Physik, das er entdeckte – es war die fundamentalste Sache, die die Natur zu bieten hat, das Wesen von Raum und Zeit.[20]

Es braucht also nur die entsprechende Begabung und Offenheit eines Menschen, damit das »absolute Wissen« sich nach und nach zu Bewusstsein bringen kann. Dazu bedarf es eines Menschen. Nicht nur einige Wenige mit einer besonderen Begabung, sondern Viele mit ganz unterschiedlichen Neigungen.

Viele Entdeckungen in der Wissenschaft haben ein solches Medium gefunden. Von dem Chemiker Kekulé weiß man, dass er eine Zeitlang mit der unbestimmten Ahnung »schwanger« ging, die Molekularstruktur des Benzols zu entschlüsseln. Er schaffte dies nicht von seinem Ich-Bewusstsein her. In einer Art Traum jedoch sah er eines Tages das Sechseck, die ringförmige Anordnung der Atome des Kohlenwasserstoffs. Das Benzol hatte also Kekulé gefunden und nicht er die Formel.

Auch der große abendländische Denker Descartes erhielt die Grundlage seiner wissenschaftlichen Ausführungen in einem »großen« Traum, also vom SELBST. Viele Entdeckungen der Menschheit, viele neue Gesichtspunkte erschienen erst in Träumen oder Imaginationen in den dafür empfänglichen Menschen und gelangten auf diese Weise in das Tagesbewusstsein. Auch die Propheten, die wir aus der Bibel kennen, hatten die Aufgabe, Bewusstseinsträger zu sein. Damals schienen offenbar erst wenige Menschen dazu auserlesen, Bewusstsein zu verbreiten, heute ist es die Aufgabe Vieler, denn es gibt immer mehr Menschen, die sich für die Innenwahrnehmung öffnen, »morgen« oder »übermorgen« werden es alle Menschen sein, weil Bewusstwerdung offenbar im Sinne der Evolution ist. So schreibt der »Einstein der Bewusstseinsforschung« Ken Wilber:

> Was ist zur Zeit, in der Morgenröte des neuen Jahrtausends, das heißeste Thema an der intellektuellen Front? Ein Thema, welches sowohl das Interesse der akademischen Welt als auch das tonangebender Zeitschriften beherrscht und die Neugier der breiten Öffentlichkeit ebenso auf sich zieht wie die von Spezialisten? ... Die Evolutionäre Psychologie ist gegenwärtig ein Zweig eines radikal neuen Verständnisses der Evolution selbst... Die alten Griechen besaßen ein schönes Wort, *kósmos*. Es bezeichnete die strukturierte Gesamtheit allen Seins, einschließlich der materiellen, emotionalen, mentalen und spirituellen Bereiche. Die absolute Wirklichkeit – das war nicht nur das, was wir heute den »Kosmos« oder das materielle Universum nennen, sondern der »Kosmos« oder die materiellen, emotionalen, mentalen und spirituellen Dimensionen zusammen. Nicht bloß leblose und gefühllose Materie, sondern die lebendige Totalität von Materie, Körper, Geist/Verstand, Seele und *Geist*. Der Kosmos – das steht für eine wirkliche »Theorie von Allem«.[21]

Eine bessere Zusammenfassung dessen, was in diesem Buch steht, kann man gar nicht geben. Mit der Aktiven Imagination begeben wir uns in den KOSMOS, der nur ein anderer Begriff dafür ist, was in der Jungschen Psychologie das SELBST genannt wird. Die Entwicklung des Bewusstseins, der die Aktive Imagination dient, führt uns zum Verständnis der absoluten Wirklichkeit. Das ist das Ziel, auf das die Menschheit zugeht, wobei sich einige weiter vorn, andere weiter hinten befinden – wie es auch bei einer Wanderung aussieht, an der eine größere Gruppe von Menschen teilnimmt. C. G. Jung befand sich unter denen, die schon einmal voran gehen, denn er hat sich Zeit seines Lebens mit den wichtigen Fragen des Bewusstseins intensiv auseinandergesetzt. Im Kapitel über das Bewusstsein schilderten wir seinen Traum von der Kerze im Sturm. Jung erklärte ihn selbst folgendermaßen:

> Dieser Traum bedeutete für mich eine große Erleuchtung: jetzt wußte ich, daß Nr. 1 der Lichtträger war, und Nr. 2 folgte ihm nach wie ein Schatten. Meine Aufgabe war, das Licht zu erhalten und nicht zurückzublicken in die vita peracta, die ein offenbar verbotenes Lichtreich anderer Art war. Ich mußte vorwärts gegen den Sturm, der mich zurückzudrängen suchte, hinein in die unermeßliche Dunkelheit der Welt, wo man nichts sieht und nichts wahrnimmt als Oberflächen hintergründiger Geheimnisse. Ich mußte als Nr. 1 vorwärts ins Studium, ins Geldverdienen, in Abhängigkeiten, Verwicklungen, Verworrenheiten, Irrtümer, Unterworfenheiten und Niederlagen. Der Sturm, der mir entgegendrang, war die Zeit, die unaufhörlich in die Vergangenheit fließt, die mir aber ebenso unaufhörlich und unmittelbar auf den Fersen ist. Sie ist ein mächtiger Sog, der alles Existierende gierig in sich zieht, und dem nur das Vorwärtsdrängende sich für eine Weile entzieht. Die Vergangenheit ist ungeheuer wirklich und gegenwärtig und holt sich jeden, der sich nicht durch eine genügende Antwort loskaufen kann.[22]

Folgende Filmgeschichte zeigt, wie die Vergangenheit am Lebensende doch noch überwunden werden kann. Sie erzählt in ergreifender Weise die Individuation eines Mannes.

Der französische Schauspieler Michel Simon spielt in dem Film *Eine wunderbare Liebe* einen sehr hässlichen Mann, der schwer herzkrank ist und nicht mehr lange leben wird. Er überdenkt sein bisheriges Leben, und ihm wird klar, dass er noch nie die Erfahrung der Liebe machen durfte. Als er die liebevolle Begegnung seines Arbeitskollegen mit dessen Töchterchen sieht, entsteht in dem hässlichen Mann der Wunsch, einmal ebenso lieben zu dürfen und geliebt zu werden. Diese Sehnsucht mobilisiert alle seine Kräfte und kreativen Fähigkeiten. Er gewinnt eine Menge Geld im Spielcasino von Monte Carlo, das er als von Gott geschenkt betrachtet. Damit kann er eine schöne Tänzerin dazu gewinnen, sein Kind auf die Welt zu bringen. Er benützt das Geld, um die Zukunft seines noch ungeborenen Kindes zu sichern: Angefangen von zwei Kühen, die er kauft – eine, um dem Kind Milch zu spenden, eine als Ersatz –, bis hin zur exklusiven Schulausbildung organisiert er alles auf das Sorgfältigste. Er gewinnt dabei neue Lebensfreude und Kraft, es ist die schönste Zeit seines Lebens. Aber er muss sich auch mit seinen missgünstigen und habgierigen Verwandten auseinandersetzen, die ihm sein Geld nehmen und sein Glück zerstören wollen. Diese Auseinandersetzung, die er nie zuvor in seinem Leben gewagt hat, gelingt ihm auf einmal. In einem berechtigten Wutanfall schlägt der geduldige und gutmütige Mann endlich den Krämerladen der Verwandten, der als Ausdruck für deren kleinliche, die Pfennige zählende Lebenseinstellung steht, kurz und klein.

In dem Augenblick, als man ihm mitteilt, dass er Vater eines Sohnes geworden ist, hört sein Herz auf zu schlagen und er stirbt.

Dieses misshandelte Herz, das Liebe gerade erst kennen lernen durfte – denn er ist nun nicht nur Vater eines Sohnes, sondern er hat auch eine Frau, die ihn liebt, die ihn nicht mit dem Geld, das er ihr für das Kind gegeben hat, verlassen will –, kann sein Glück nicht fassen und bleibt stehen. Doch zuvor hat sich sein Leben im Sinne der Individuation noch abgerundet. Er fand nicht nur die langersehnte Liebe, sondern es brach auch noch seine bis dahin verdrängte aggressive Seite auf. Insofern hat sich sein Leben zu seiner Ganzheit vollendet.

9.
Immer wieder Abschied nehmen

Keinem Menschen ist ewiges Leben vergönnt, das mag man oftmals nicht annehmen, obwohl man es ganz genau weiß. Man mogelt sich darüber hinweg, indem man unbeliebte oder ängstigende Gedanken aus seinem Bewusstsein streicht, sie einfach erst gar nicht hochkommen lässt. Das kann mitunter üble Folgen haben, denn je weniger bewusst ein Mensch lebt, desto mehr verfällt er allen möglichen Illusionen, die das Bewusstsein ersetzen.

Wir haben ja gesehen, dass der Tod den Beginn des menschlichen Bewusstseins bestimmte, bzw. der Schmerz, der mit ihm in aller Regel verbunden ist. Und wir haben auch von den Hirnforschern gelernt, dass es gerade der Schmerz ist, der zur Ausbalancierung der beiden Hirnhälften führt, dass Schmerz und Glücksgefühle sich in einem gemeinsamen Gebiet treffen und somit unsere Bewusstheit fördern.

Das heißt, wenn es unser Anliegen ist, immer bewusster zu werden, weil Bewusstheit sehr eng mit der Autonomie und dem ethischen Gefühl verbunden ist, müssen wir nicht nur den Abschied, der Schmerz bedeutet, annehmen, wir müssen ihm regelrecht dankbar sein, dass er uns diese großartigen Möglichkeiten des Menschseins beschert.

Als Beispiel bringen wir dazu eine sehr anrührende Aktive Imagination.

Sie stammt von einer Frau, 53, verheiratet, 2 erwachsene Kinder. Ihre erste Erfahrung mit der Aktiven Imagination machte sie während einer Fortbildungsveranstaltung. Seither praktiziert sie sie weiter, auch wenn sie, was sie regelmäßig tut, auf dem Heimtrainer sitzt: »Es geht einfach überall.« Bisher hat sie viele wichtige, erfreuliche und auch schmerzliche Erlebnisse in der Aktiven Imagination gehabt, ihr ist vieles klar geworden, sie praktiziert sie auch mit ihren

Patienten und Patientinnen, vorsichtig, will noch mehr lernen, aber schon mit sehr guten Ergebnissen. Durch ihre eigenen Erfahrungen ganz begeistert, hat sie auch schon zwei Kolleginnen motiviert, im kommenden Jahr sich in dem Kurs »Aktive Imagination« anzumelden.

Ihr Anliegen, als sie sich zu dem Kurs angemeldet hatte, war eine vertiefte Selbsterkenntnis und mehr innere Offenheit.

Abschied vom Großvater:

Zum großen Erstaunen führte die Imagination diese Frau in eine Reihe von Räumen, wie sie noch nie solche gesehen hatte. Die Wände bestanden aus geschliffenem Glas, jeder Raum leuchtete in einer anderen Farbe. Der erste Raum war aber immer weiß. In jedem Raum befand sich eine Bank, was sie ebenfalls erstaunte, und, was für sie noch überraschender, aber auch erfreulich war, auf einer Bank saß ihr Großvater. Er ist für sie seit vielen Jahren eine positive innere Gesprächsfigur, sie redet mit ihm, wenn ihr etwas unklar oder problematisch ist, und findet in diesen Gesprächen immer Trost oder Hilfe. Auf diese Gespräche zu verzichten kam ihr bisher nicht in den Sinn, sie hätte es als großen Verlust erlebt. Sie fühlt sich ihm, obwohl er recht streng war, eigentlich immer näher verbunden als ihren Eltern, bei denen die Mutter eindeutig dominierte. Hier tauchten nun plötzlich, für sie völlig unerwartet und bewegend, Erlebnisse mit ihrem Vater auf, der immer im Schatten des Großvaters gestanden hatte.

Bei dieser Imagination ist besonders interessant, dass der untere Teil einer Treppe, die sie hinunter ging, anfangs ganz dunkel war. Im Laufe der weiteren Imaginationen wurde die Treppe immer heller. Diese Phänomene des Lichts, der Helligkeit und der Farben sind stets beachtenswert und zeigen, wie der weitere Weg klarer wird. Wir sprechen ja oft von »erhellenden Bildern und Gedanken« und einer »bunten Vielfalt der Welt«. Bewusstsein und Licht gehören zusammen.

Von Raum zu Raum weiter gehend, sah sie überall eine Bank und zu ihrer Freude saß auch der Großvater schon da, als warte er auf sie. Er ist vor einigen Jahren gestorben, in ihr jedoch, wie die Gespräche zeigen, ständig lebendig geblieben. Unsere einzige Intervention bestand hier in der Frage, ob sie sich auch vorstellen könne, einmal allein weiterzugehen. Auf diese Idee war sie nicht gekommen, war der Großvater doch bisher ihr ständiger innerer Begleiter. Es leuchtete ihr aber sofort ein und sie ging dann langsam und allein durch viele Räume, es könnten bis an die dreißig gewesen sein. Später reduzierten sie sich auf sechs Räume. So wurde die innere Fülle also überschaubarer. Interessanterweise ging der Großvater dann nicht länger mit, er blieb auf der jeweiligen Bank sitzen, was sie zunächst traurig stimmte. Sie ließ sich aber trotzdem nicht aufhalten und ging weiter von Raum zu Raum, die wieder in verschiedenen Farben erstrahlten. Es war immer ein helles, glänzendes Licht. In den folgenden Imaginationen war er auf seiner Bank eingeschlafen, als sie zu ihm zurückschaute, was sie immer wieder tat. Und dann war er plötzlich gar nicht mehr da. Auch die Bank war verschwunden. Es hätte für sie beide keinen gemeinsamen Sitzplatz mehr gegeben. Das konnte sie, wenn auch zunächst mit Wehmut, doch akzeptieren. Etwas war vorüber und vorbei, endgültig. Es gab kein Zurück mehr. Der Großvater darf jetzt ruhen oder seinen Weg in einer anderen Welt fortsetzen, er wird nicht mehr festgehalten und auch nicht mehr gebraucht.

In den Räumen begegneten ihr nun mehrere unbekannte Personen, zunächst eher schwarz-weiß-schemenhaft, aber nach und nach deutlich in farblicher menschlicher Gestalt. Vieles wird also klar und sichtbar, auch für ihren Alltag. Zahlreiche Möglichkeiten deuten sich an, vorausgesetzt, dass sie weiter von Raum zu Raum schreitet, nicht stehen bleibt oder zurückschaut und an noch so lieben und schönen Erinnerungen festhält. Dabei könnte sie die Zukunft verpassen. Plötzlich eröffnen sich neue Möglichkeiten, die gar nicht alle auf einmal verwirklicht werden können. Das deuten die vielen strahlenden Räume an, die offen vor ihr liegen. Welch eine Chance!

Dies ist ein eindrückliches Beispiel für innere Ablösungsprozesse, die sich in relativ kurzer Zeit über solche Bilderfolgen vollziehen können und von den betreffenden Menschen auch unmittelbar bejaht und erlebt werden. Hier muss noch hinzugefügt werden, dass die Frau über eine längere therapeutische Selbsterfahrung verfügt und auch selbst entsprechend als Ärztin tätig ist. Umso erstaunter und auch froh war sie über diese Veränderungen, vor denen sie jetzt stand.

Mutig und neugierig geworden, ging sie weiter und kam, nachdem sie die Räume durchschritten hatte, durch einen Vorhang an einen Strand, den sie entlangging. Sie war auf der Suche nach einer bestimmten weiblichen Gestalt, die ihr anfangs schon einmal begegnet war, der sie aber nicht näher kommen und die sie auch nicht mehr finden konnte. Es folgte eine lange Suche am Strand, viele Menschen liefen herum, aber die gesuchte Frau tauchte nicht auf. Nachdem sie das krampfhafte Suchen aufgegeben hatte, kam ihr diese Frau ganz selbstverständlich vom Waldrand her, der am Ende des Strandes zu sehen war, entgegen.

»Ich wusste, das war genau die Frau, die ich gesucht hatte. Sie setzte sich neben mich. Meine Fragen hat sie nur mit einem Lächeln beantwortet und sagte dann, das ist doch gar nicht wichtig, ich soll doch schauen, wie schön die Wiese ist, die vor uns liegt. Es breitete sich eine ruhige innere Stimmung aus.«

Der wunderbare Satz in dieser Imagination ist: »Als ich das krampfhafte Suchen aufgegeben hatte, kam mir die gesuchte Frau vom Waldrand her entgegen.« Hier ist es nicht allein das Warten, auf das es wie in den schon beschriebenen Imaginationen ankommt, sondern das Loslassen, das Aufgeben krampfhaften Bemühens, das doch oft so schwer fällt. Aber genau dann kann das geschehen, worum wir uns intensiv und vergeblich so lange inmitten all der verschiedenen Gestalten und Gegebenheiten des Lebens bemüht hatten. Ein tröstliches Wissen, das dieser Frau aus dem Raum des »absoluten Wissens« vermittelt wurde.

Mit dem Abschied und Loslassen des Großvaters konnte ganz natürlich und unerwartet auch die Beziehung zum Vater geklärt werden. Ein tiefes Gefühl der Dankbarkeit diesem Mann gegenüber, der immer im Schatten der Familie gestanden hatte, durchströmte das Herz der Frau. Sie beendete diese Imagination ganz glücklich, denn sie wusste, dass damit eine innere und langwierige Gefühlsblockade gelöst war. Auch die beiden Eltern sind schon gestorben.

Ihr wurde bewusst, wie sehr sie doch ihrem Vater immer verbunden war, auch wenn sie dieses Gefühl über die Jahre nie so recht zulassen mochte, aus vielerlei Gründen. So kommen Beziehungen in eine gute innere Ordnung, nach der wir uns immer sehnen, ohne oft zu wissen, wie wir sie erreichen können. Aber die Seele kennt ihre eigenen Ordnungen. Hier zeigte sich, dass dieser Weg offen steht. Das ist auch eine wichtige Erkenntnis für die therapeutische Praxis dieser Ärztin.

Aufgeben der Lieblingsüberzeugungen

Doch nicht nur von lieb gewordenen Personen und Gegenständen müssen wir uns im Laufe unseres Lebens verabschieden. Wenn wir uns auf den Weg zur Selbstständigkeit, zur Autonomie gemacht haben, werden von uns auch Abschiede anderer Art verlangt.

Selbstständigkeit oder Individuation heißt ja, das Eigene gefunden zu haben und auf eine ganz individuelle, einzige Art zu leben. Dazu bedürfen wir eines sehr ausgeprägten persönlichen Bewusstseins. Ich muss mir meiner selbst bewusst sein, muss wissen, was für mich passt, was mir gut tut, für mich stimmt, meiner wert und würdig ist. Diese Inhalte meines persönlichen Bewusstseins nun brauchen nicht unbedingt mit dem übereinzustimmen, was das kollektive Bewusstsein für wichtig und richtig anerkennt. Zum Beispiel ist es heute weit verbreitet, über zu viel Arbeit zu stöhnen – unabhängig davon, wie viel man wirklich zu tun hat. Wer nicht ständig »im Stress« ist und dies auch kund tut, »gehört nicht dazu«, zur Gruppe der Überlasteten. Wenn jemand sagt: »Am Liebsten habe ich es, wenn es ganz still um mich herum ist, wenn ich allein bin und es nichts zu tun gibt«, sieht sie oder er in der Regel in ungläubige Gesichter und hört die Frage: »Liest du dann wenigstens ein Buch oder siehst fern?« Und wenn die Person sagt: »Nein, nichts, ich tue einfach nichts, sondern genieße die Stille und das Nichtstun«, dann löst das bei manchen Menschen Staunen aus. Auch wer in den Ferien in eine ganz kleine, gemütliche Pension in den Odenwald fährt, obwohl die finanziellen Mittel eine teure Südseereise erlauben würden, verhält sich nicht so, wie es die Meisten von ihm oder ihr erwarten, weil so etwas nicht zu dem passt, was heute »in« ist. Es ist eher außer-gewöhnlich. Oder individuell. Wobei wir nicht meinen, dass nur eine »neue Bescheidenheit« Ausdruck eines Individuationsprozesses sei. Wenn nämlich der Trend gerade dahin geht, wenn sie wieder »in« wird – heute »lessness« genannt –, hat sie nichts Individuelles, sondern ist dann kollektiv, also »ganz normal«.

Es ist aber nicht so leicht, die Individuation von einer Rebellion zu unterscheiden. Denn die Rebellen grenzen sich ja auch von der Norm ab. Ihre Intention ist, nicht konform sein zu wollen. Sie stellen sich gegen das kollektive Bewusstsein, prangern es an, wollen es aufbrechen. Was auch etwas Gutes hat. Weil es das Bewusstsein verändert, und somit neue Bewusstseinsebenen schafft. Gerade in der Pubertät ist es für viele Jugendliche wichtig, erst einmal in die Rebellion zu gehen. Nur so können sie ihr Eigenes finden.

Der französische Dichter André Malraux soll gesagt haben: »Wenn mein Sohn mit 20 kein Rebell ist, enterbe ich ihn. Wenn er aber mit 40 immer noch ein Rebell ist, enterbe ich ihn auch.« Es hat eben alles seine Zeit. Und dem Individuationsweg kann ein Rebellionszug voran gehen – es muss aber nicht so sein. Auch aus einem jungen Angepassten kann am Ende ein autonomer Mensch werden.

Was ist aber nun der entscheidende Unterschied zwischen einem Rebellen und einem Menschen, der den Individuationsweg gegangen ist? Es ist ganz einfach: Der oder die Individuierte hat auf seinem oder ihrem Weg Vieles hinter sich gelassen, hat viele Abschiede genommen, während der Rebell oder die Rebellin Vieles festhält, nämlich das, wogegen er oder sie rebelliert. Er oder sie klammert sich also an seine oder ihre Ideologie.

Womit wir beim allerschwierigsten Punkt auf dem Individuationsweg angekommen sind. Nichts stellt sich der Individuation so hartnäckig in den Weg wie eine Ideologie, eine »Lieblingsüberzeugung«. In der Transaktionsanalyse sprechen wir von den »Lieblings- oder Psychospielen«, die viele Menschen, oft ein Leben lang, spielen. Sie dienen ihnen dazu, das Skript, den Lebensplan, der in der frühen Kindheit »geschrieben« wurde, aufrecht zu erhalten. Dieses Skript kann beispielsweise vorsehen, sich als armer, bedauernswerter Mensch zu fühlen und entsprechend von anderen behandeln zu lassen. Oder es gibt vor, jemand zu sein, alles zu können und zum

Gelingen zu bringen, niemals eine Schwäche zu zeigen. Dann tritt dieser Mensch entsprechend auf, verlangt »das Letzte« von sich, »holt alles aus einer Sache heraus«, auch wenn er oder sie schließlich »auf dem Zahnfleisch« daher kommt. Der oder die Bedauernswerte sagt sich (und anderen): »Ich kann nicht!« Der oder die »Starke« – es ist keine echte Stärke – sagt sich (und anderen): »Ich muss!« Beide Wörtchen: »kann« und »muss« entstammen dem kollektiven Bewusstsein – »man kann doch nicht!« – »man muss doch!«.

Und was sagt der Mensch, der schließlich autonom wird? »Ich will.« Nicht trotzig, sondern still und bestimmt. Dazu ist es allerdings nötig zu wissen, was man will. Das heißt, jemand der sagen kann »ich will« hat damit schon einen ganz entscheidenden Bewusstseinsschritt getan.

Dieses Abschiednehmen – vom Lebensskript, von der »Lieblingsneurose«, von lieb gewordenen Überzeugungen, Einstellungen, Ansichten, Vorstellungen – ist sehr, sehr schwer. Weil wir es in der Regel selber tun müssen, weil uns das Schicksal nicht davon befreit. Es ist möglich, dass der Verlust eines wichtigen Menschen zur Veränderung oder gar zum Aufgeben der Lieblingsüberzeugungen führt, doch es kann auch sein, dass solche »Schicksalsschläge« die Lebenseinstellung nur noch festigen. Ob das Eine oder das Andere eintritt, liegt an der Bereitschaft des betreffenden Menschen, bewusst seine Einstellungen zu überprüfen, aufmerksam seine Vorstellungen zu beobachten, zum Beispiel mit Hilfe einer Aktiven Imagination.

Hierzu die Imagination eines Arztes, der seit Jahren in der Psychiatrie arbeitet und sich intensiv mit dem Leid und auch der Hoffnungslosigkeit vieler Kranker in diesen Kliniken täglich befassen muss.

Das Gefängnis und die Verzweiflung der Leprakranken

Diese Imagination begann sehr hell und leicht in Spanien in den wunderbaren Gärten der Alhambra, die er mit seiner Familie im vergangenen Urlaub besucht hatte. Er begegnete in der Imagination dort dem Sultan und Herrscher, dem er die Frage stellen wollte, warum die Völker nicht in Frieden miteinander leben können. Von der Alhambra aus schaute er hinunter auf Granada, auf das muntere Treiben der Leute, er dachte aber auch an das friedliche Zusammenleben von Juden, Moslems und Christen in Spanien während der vergangenen Jahrhunderte. »Der Sultan konnte mir aber auf meine Frage keine Antwort geben und verwies mich an seine Gelehrten. Ich fragte ihn, wo ich diese denn fände.«

Und dann begann die äußerst dramatische Geschichte:

Der vom Sultan beschriebene Weg führte hinunter in eine tiefe Schlucht und auf eine Steinbrücke zu, über die ich gehen müsse, dort würde ich die Gelehrten finden. Zu meinem großen Schrecken war aber diese Brücke in der Mitte zerstört. Es führte kein Weg hinüber. Wie konnte ich dann die Gelehrten finden, welche die Antwort auf die mich bedrängenden Fragen wüssten? Als ich, zurückgekommen, den Sultan danach fragen wollte, war dieser nicht mehr da, seine Wachen sagten, er habe jetzt Mittagspause und dürfe nicht gestört werden. Ich ging wieder in den Garten, einen Ort, den ich gerne festhalten würde, wie eine Oase der Ruhe und der Kraft, wo ich mich wohl fühlte. Es war auch ein Ort der Einsamkeit, ich wollte trotzdem nicht weiter gehen, war auch vom Weg in die tiefe Schlucht sehr müde, fühlte mich kraftlos. Dann sah ich meine drei Kinder, es durchströmte mich ein Gefühl des Glücks.

Ratlosigkeit, Müdigkeit, ja fast Hoffnungslosigkeit angesichts der zerstörten Brücke belasteten ihn, nur das Glück der Familie bleibt. Er kann aber die andrängenden Fragen nicht beantworten. Es treibt ihn weiter.

Ich sah dann aber plötzlich in dieser harmonischen Umgebung vor mir eine quadratische Öffnung in der Erde, die ich bisher nicht bemerkt hatte. Eine Leiter führte etwa 10 bis 15 Meter in die Tiefe. Ich stieg hinunter, hatte komischerweise auch keine Angst. Erst war es ganz dunkel, es handelt sich gewissermaßen um die untere Seite oder Ebene der Alhambra. Dann bemerkte ich zu meinem Schrecken, dass dort viele Leprakranke unter elenden Bedingungen in einem Gefängnis leben. Hohe Gitter auf der einen Seite und auf der anderen Seite ein Wassergraben, in dem Krokodile schwimmen. Jeden, der in seiner Verzweiflung über diesen Graben zu fliehen versuchte, haben sie gefressen. Der Schock über die Schönheit oben in den wunderbaren Gärten und das extreme Elend, die absolute Hoffnungslosigkeit und die Grausamkeit hier unten war tief. Mich packte eine maßlose Wut auf den Sultan, der das alles zuließ und in seinem Palast lebte.

Und jetzt begann eine Dynamik dem inneren Muss des Helfens im ärztlichen Handeln, dem er sich verpflichtet fühlte, und der ebenfalls bestehenden, fast absoluten Aussichtslosigkeit, wirklich helfen zu können.

Diesen inneren Konflikt so bewusst zu spüren war kaum auszuhalten, ich konnte ihn aber auch nicht verdrängen. Er war in seiner absoluten Härte einfach da, voll präsent, unausweichlich, total bewusst.

Helfen wäre mein eigener Tod, das war klar. Ich stand vor einer unmöglichen Situation. Aber ich konnte dort auch nicht länger bleiben, es wäre sinnlos gewesen und hätte den Kranken nicht geholfen. Ich musste sie ihrem Schicksal überlassen, weiterhin voller Zorn und Wut auf den Sultan.

Es folgte dann ein sehr mühsamer Aufstieg über eine jetzt sichtbare Treppe, die nach oben hin immer schmaler wurde, sodass er sie nur noch auf allen Vieren bewältigen konnte. Es stellten sich beim Imaginieren Rückenschmerzen ein, die sich auch in der folgenden Nacht und beim Berichten der Erlebnisse wieder sehr stark bemerkbar machten, so intensiv war das Erleben während der Imagination. Oben befand er sich völlig erschöpft auf einem kahlen Felsplateau ohne jedes Grün, kein Grashalm war zu sehen, nur eine Akademie, die ein Ort der hohen Wissenschaft war, entsprechend der platonischen Akademie.

Hier knüpfen sich persönliche Entwicklungen an, die sich in der Imagination im einzelnen entfalteten. Alte Forschungsinteressen wurden wach. Die Frage nach der tiefsten beruflichen Identität, die Auseinandersetzung mit dem Möglichen und dem Unmöglichen, die Grenze der geistigen Bewältigung, aber auch die Sehnsucht, persönlich weiter zu kommen, waren nach wie vor ein bewegendes Thema, das sich noch mit vielen Einzelheiten ausgestaltete, die hier nicht dargestellt werden können. Insgesamt war es eine erschütternde Imagination, die weit über mögliche Erwartungen hinausging und tiefste persönliche und berufliche Fragen neu beleuchtete. Die ständige geistige und wissenschaftliche Auseinandersetzung und Forschung ist heute wohl der einzige Weg, Vielen aus dem verzweifelten Elend zu helfen, vor allem auch den psychiatrisch Kranken, mit denen er täglich konfrontiert ist. Zugleich wird aber auch die zum Teil damit verbundene geistige Öde dargestellt, die mit jeder Einseitigkeit, wie heute in der Forschung üblich, verbunden ist. Jede Einseitigkeit provoziert ihre Kompensation. Vor diesem Hintergrund erscheinen die wunderbaren Gärten auch in einem anderen Licht. Er braucht ganz sicher diese Oase der Ruhe, des persönlichen Glücks, wie er sie auf der Gartenbank fand. Doch dann muss er wieder weiter, immer aufs Neue.

Es ist hier wieder deutlich geworden, wie über die Imagination existentielle persönliche aber auch berufliche Fragen aufgegriffen und Schritt für Schritt einer Lösung zugeführt werden können. Wir haben oft beobachtet, dass dieser Prozess, wenn er konsequent durchgehalten wird, innere Ruhe, ja auch Dankbarkeit aufkommen lassen, kann, in Bezug auf das Schicksal, das wir nun einmal leben müssen und auch auf die Aufgabe, die wir, aus welchen Gründen auch immer, gewählt haben. Aber, wie sich zeigt, auch Lebensaufgaben, die wir freiwillig und mit Verantwortung gewählt haben, stellen uns ständig vor neue Belastungen und es bedarf einer Ruhepause auf der Bank im Park, des Glücks in der eigenen Familie mit den Kindern und was es im Einzelnen auch sein mag, um mit diesen im Grunde unlösbaren Fragen zwar nicht fertig zu werden, sie aber doch ertragen zu können. Und dabei darauf zu achten, welche inneren Möglichkeiten sich von Fall zu Fall konstellieren, wohl wissend um die zum Teil auch absoluten Grenzen des menschlich Möglichen.

Ein weiteres Beispiel mag dies noch verdeutlichen:

Eine wachsame Katze oder der Respekt vor dem Unabänderlichen

Als sie in ihrer Aktiven Imagination eine Türe geöffnet hatte, stand die etwa 40-jährige Frau vor einer völlig unerwarteten Situation, die sie wie folgt beschreibt:

In einer etwas öden, weiten Landschaft sah ich eine alte, fast zerfallene Kate, in der zwei alte Menschen mehr schlecht als recht in einer sehr ärmlichen, eigentlich elenden Umgebung lebten. Mir begegnete vor allem die Frau, deren Körper von Entbehrungen und wohl auch von Krankheit, vielleicht dem nahenden Tod, gezeichnet war. Auf einer Mauer saß eine Katze. Ich fragte die Katze, wie es ihr gehe, und sie meinte, für ihre Bedürfnisse reiche es, aber in dem Raum, in dem die Alten lebten, mit den Ratten, das wäre zu viel für sie. Auf dem Feld die Feldmäuse, das wäre okay. Ich wollte weiter fragen, aber da hat sie sich plötzlich aufgerichtet und mich angefaucht, hätte mir sicher auch eine runter gehauen. »Es langt, hier gehst du nicht mehr weiter!« Warum sie nichts mehr sagen wolle? »Das geht dich nichts an!« Ich war sehr erschrocken, das hatte ich nicht erwartet. Die Katze hatte ja gerade noch ganz friedlich da gelegen.

Ich überlegte, die beiden Alten noch einmal aufzusuchen, was ich auch tat. Irgendwie wollte ich ihnen helfen, ihr Schicksal ging mir sehr nahe. Die Katze war nicht mehr da. Die alte Frau war ärgerlich, dass ich zurückkam. Sie suchte im Garten mühselig Kartoffeln zusammen, sie hätten gerade für sich selbst genug zu essen, sie könne mir leider nichts anbieten. Ich müsste selbst in der Umgebung schauen, was ich finde. Die Atmosphäre war nun etwas freundlicher. Die Waldfrüchte, die ich fand, habe ich ihr gebracht.

Und jetzt kommt der entscheidende Dialog, der gerade für die Frau, die selbst Ärztin ist, doch zu einer fast erschütternden Erfahrung geworden ist. Sie stellte die Frage, warum die Alten hier in dieser elenden Hütte mit all den Entbehrungen geblieben sind.

Sie antworteten, sie seien zu alt, »wir werden hier sterben, das ist unser Land«. »Aber da ist doch noch die Ziege und die Kuh ...« »Auch die hätten bald keine Kraft mehr. Sie würden auch sterben.« Ich sollte ihr Sterben nicht sehen. Das können sie nicht ertragen. Mir war klar, das ist hier nicht mein Platz. Ich war jung, das sagte auch die Alte, das wäre hier nicht mein Leben. Aber irgendwann würde es mir angesichts des Sterbens auch so gehen. Mir fiel es sehr schwer, den inneren Impuls, hier doch zu helfen, zur Ruhe zu bringen und die Würde dieses auf diese Weise zu Ende gehenden Lebens zu respektieren. Es war klar, es sollte hierfür keine Zeugen geben. Eine tiefe menschliche Scham wurde offenbar. Es sollte niemand zuschauen. Irgendwie war die Botschaft noch mit dem Hinweis verbunden: »Richte dein eigenes Leben ein, akzeptiere die Trennung, du hast hier keine Rechte und auch keine Pflichten.«

Auch im Rückblick war dies eine existentielle Erfahrung für eine Frau, deren Beruf das Heilen in jeder Situation und eigentlich auch um jeden Preis ist. Hier Abschied zu nehmen und selbst ein elendes Sterben als würdig anzuerkennen war ein tiefes Erlebnis für sie.

Die größte Illusion ist also ein Ich, das aufgebläht – »ich kann helfen!«, das umwölkt – »ich muss helfen!«, schwach – »ich kann nicht helfen« ist. Um in der Welt bestehen zu können, sich selbst zu finden, autonom zu werden, brauchen wir ein starkes, stabiles, die Realität wahrnehmendes, nüchternes und klares Ich. Mit ihm können wir uns getrost auf die schwierige Reise ins »Landesinnere«, in die Tiefen der persönlichen und kollektiven Seele begeben. Ein solches Ich wird in der Gestalt des Nachiketa in einem Quellentext indischer Spiritualität, der zu den großen heiligen Schriften der Weltliteratur gehört, beschrieben. Das Buch handelt »Von der Unsterblichkeit des Selbst« – es ist das SELBST gemeint, wie wir es in der Jungschen Psychologie verstehen. Zum Verständnis des Textes wird einleitend folgende Geschichte – auch sie können wir als eine großartige Aktive Imagination sehen – erzählt:

Nachiketa

Es lebte einst ein Rishi namens Vajashravasa, der ein Opfer darbrachte, das darin bestand, seinen ganzen Reichtum wegzugeben. Er hatte einen Sohn, Nachiketa, der, obgleich noch sehr jung, sich zum spirituellen Leben hingezogen fühlte. Als die Kühe seines Vaters gebracht wurden, um unter den Brahmanen und Priestern verteilt zu werden, die das Opfer verrichten sollten, fand Nachiketa sie zu alt und ungeeignet. Da er bestrebt war, seinen Vater vor Schaden zu bewahren, sagte er ihm, dass ein Sohn auch zu seinem Besitz gehöre und in die Gaben eingeschlossen werden müsse. Er wollte deshalb wissen, wem er gegeben werden sollte. Drei Mal stellte er die Frage. Aber Vajashravasa war verärgert über die Ungezogenheit seines Sohnes und antwortete zornig, dass er ihn Yama, dem König des Todes, übergeben würde. Nachiketa gehorchte seinem Vater und begab sich zum Reiche Yamas.

Yama gewährte ihm die Erfüllung dreier Wünsche.

Als erstes bat Nachiketa, dass der Zorn seines Vaters verfliegen möge. Der zweite Wunsch war, in das Feueropfer eingeweiht zu werden, durch das man in Brahmaloka, das Reich von Brahma, gelangt, wo man ein langes glückliches Leben genießt, frei von Krankheit, Alter, Sorgen und Angst.

Beide Wünsche wurden erfüllt. Mit der Äußerung des dritten Wunsches beginnt nun die Belehrung der Upanischade (heiliger Text).

Nachiketa wollte nämlich wissen, ob es etwas Unsterbliches im Menschen gäbe, das den Tod des Körpers überdauert. Er fragte also nach dem gehüteten Geheimnis der indo-arischen Weisheit, dem Geheimnis des Atman. Ein Lehrer muss aber erst prüfen, ob der Schüler geeignet ist, in das Geheimnis des Atman eingeweiht zu werden. Wenn er diese Erkenntnis verarbeiten will, muss er Unterscheidungsvermögen entwickelt haben, darf er nicht verhaftet sein, muss er aufrichtiges Verlangen nach Wahrheit besitzen und ausgeglichen sein. Er muss allen Wünschen nach vergänglichem Glück auf Erden oder im Himmel entsagen. Deshalb bot Yama Nachiketa zahlreiche Verlockungen an, irdischer und himmlischer Art, wie Söhne, Enkel, Reichtum, Vieh, Königreiche, langes Leben, himmlische Gefährtinnen und Musik. Der junge Adept, mit scharfem Verstand und ruhiger Überlegung begabt, wies sie alle zurück, da sie unbeständig und vergänglich seien. Da er ein nach Unsterblichkeit Suchender war, blieb er bei seinem Entschluss, den Schleier zu zerreißen, der die Selbsterkenntnis verhüllt, und Yama erfüllte seinen Wunsch.

Yama lehrte ihn, dass das Selbst im Menschen nichts anderes ist als die Kraft hinter dem Universum, die in den Veden (heilige Schriften) mit dem heiligen Symbol OM beschrieben wird. »Das erkennende Selbst ist nicht geboren, und Es stirbt nicht. Es ist aus nichts entstanden, und nichts entstand aus Ihm. Geburtlos, ewig, dauernd, wird Es nicht getötet, wenn der Körper getötet wird. Wenn der Tötende zu töten glaubt, und der Getötete glaubt, getötet zu sein, haben beide nichts begriffen. Das Selbst tötet nicht, noch wird Es getötet.«

Atman, das Selbst, ist alldurchdringendes Bewusstsein und das innere Herz aller Dinge, ob groß oder klein. Im Körper wohnend, ist Es körperlos; obgleich mit wandelbaren Dingen verbunden, ist Es unwandelbar. Durch Studium oder mit einem scharfen Verstand kann man Atman nicht erkennen. Wenn das Denken durch Verehrung und rechtes Tun, durch Selbstbeherrschung und Kontemplation geläutert ist, wird Es durchsichtig und klar und reflektiert die Herrlichkeit des Atman.[23]

In der Gestalt des Nachiketa ist also ein Ich beschrieben, das allein in der Lage ist, sich mit dem SELBST zu verbinden, ohne dabei seine Orientierung in der Welt zu verlieren. Ein Mensch, der nicht über so ein starkes Ich, das heißt vor allem, über Unterscheidungsvermögen verfügt, kann sehr leicht in eine Psychose geraten, wenn er mit den Inhalten des Unbewussten »überschwemmt« wird. Das ist der Grund, warum viele Therapeuten sagen, die Aktive Imagination kann für Menschen mit einem zu schwachen Ich gefährlich sein. Doch wir stehen auf dem Standpunkt, dass gerade das Ich durch die Aktive Imagination gestärkt werden kann. Allerdings nur, wenn die oder der Betreffende bereit ist, sich mit den Inhalten des Unbewussten wach und tapfer auseinander zu setzen, sie nicht einfach, mehr oder weniger passiv, hinzunehmen. Wenn sie oder er also wirklich in eine *aktive* Imagination einsteigt, so wie Nachiketa sich mit dem König des Todes Yama auseinandergesetzt hat und nicht auf dessen Verführungskünste hereingefallen ist.

Insofern gilt es also Abschied zu nehmen von einem illusionären Ich, das nicht bereit ist, sich für sich einzusetzen, das wünscht, dass ihm die »gebratenen Tauben« von allein in den Mund fliegen mögen, das – manchmal ein Leben lang – hofft, von irgend jemandem versorgt, gehätschelt und verwöhnt zu werden, das darauf wartet, dass eines Tages »der Weihnachtsmann« oder der »Märchenprinz« kommt. Der Volksmund weiß es besser: »Jeder ist selbst seines Glückes Schmied«. Doch dazu gehören viele Abschiede. Ein jeder bedeutet ein bisschen mehr Stärke.

10.
Ankommen und daheim sein

Das Wort »daheim« hat für die meisten Menschen einen »anheimelnden« Klang. Es weckt Erinnerungen, die zum Teil weit in die persönliche oder familiäre Vergangenheit zurückreichen, es ist mit Heimat verbunden, kann aber auch mit schmerzhaften Erlebnissen des Verlustes der Heimat, der Heimatlosigkeit, die Einsamkeit auslöst, verbunden sein. Oft weckt es eine eigenartige Sehnsucht, oder auch tiefe Freude und Dankbarkeit. Die Fülle der Heimatlieder, die von sehr vielen Menschen gerne gehört werden, weisen in die gleiche Richtung.

Und zur Heimat gehört das Ankommen. In der Imagination, in der die beiden Alten auftauchen, kam dies ja genau ins Blickfeld: Sie waren am Ende ihres Lebens angekommen und hatten sich auch innerlich damit abgefunden, dass ihr Leben an dem Ort, wo sie sich befanden und wo sie auch bleiben wollten, nun auch zu Ende gehen würde. Die viel jüngere Besucherin dagegen spürte den Impuls, hier noch etwas Neues zu gestalten. Sie wollte die beiden alten Menschen noch einmal ein Stück weit auf einen Weg mitnehmen, den sie, das heißt ihr Ich-Bewusstsein, sich vorstellte und für richtig hielt. Sie wurde jedoch belehrt, dass dies nur für sie selbst gelte. Für die beiden Alten, die das Selbst der Frau, die noch mitten im Leben steht, repräsentieren, sah es anders aus. Es geht also in der Aktiven Imagination immer wieder um die Auseinandersetzung zwischen dem, was das Ich meint und dem, was das SELBST weiß.

Doch das »Daheimsein« meint noch etwas viel Umfassenderes als »zu sich selber kommen«, »bei sich selbst einkehren« oder »bei sich zu Hause sein«, wie es in vielen Selbsterfahrungsgruppen genannt wird. Natürlich gehören die Erlebnisse der eigenen Kindheit ganz wesentlich hierher. In Verbindung mit der Aktiven Imagination jedoch eröffnen sich noch andere Dimensionen. Diese hat auch schon der deutsche Mystiker Meister Eckehart beschrieben. Er formulierte schon vor rund 700 Jahren genau das, was heute jede Imaginierende und jeder Imaginierende erlebt: Aus ihr oder ihm, in ihr oder ihm wird etwas lebendig, was sie oder ihn weiterführt und letztlich ans Ziel bringt, und zwar nicht nur an ein äußeres Ziel, sondern auch und vor allem an ein inneres.

> Was im eigentlichen Sinne in Worten geäußert werden kann, das muss von innen heraus kommen und sich durch die innere Form bewegen, nicht dagegen von außen hereinkommen, sondern: von innen muss es herauskommen. Es lebt eigentlich im Innersten der Seele. Dort sind dir alle Dinge gegenwärtig und im Innern lebend suchend und sind (dort) im Besten und im Höchsten. Weshalb merkst du nichts davon? Weil du dort nicht daheim bist.[24]

Eine treffendere und ermutigendere Beschreibung dessen, was in einer Aktiven Imagination geschehen kann, ist kaum zu finden. Wir haben an mehreren Stellen schon darauf hingewiesen, dass wir in der Aktiven Imagination dem Numinosen begegnen, also einer Kraft, die bewegend und umfassend ist und uns über unser persönliches Leben hinausführt. Und dass wir dort daheim sein können, ist doch eine wunderbare befreiende Verheißung. Alle Facetten, die wir in den verschiedenen Imaginationen erleben, sind Teile eines großen Mosaiks, das letztlich den Sinn und die Würde unseres Lebens ausmacht. Da mögen die Ziele oder auch Teilziele – denn der Prozess geht unablässig weiter, hier ist wieder der Weg das Ziel – zunächst erstaunen und vielleicht befremden. Aber wenn wir das begleitende Gefühl wahrnehmen, spüren wir, wie stimmig das Bild ist. Was nicht heißt, dass wir dabei stehen bleiben. Immer wieder gibt es notwendige Durchgangsstationen im inneren Prozess, also Teilziele des Weges. Das zeigt sich sehr schön in der Fortsetzung der Imagination, bei der es um die schrecklichen Erlebnisse in der Alhambra ging.

Der Liliputaner und die Frau im Rollstuhl

Wir hatten den Mann auf einem kahlen Felsplateau verlassen, dort sah er nur etwas Gras wachsen, jedoch nicht viel. Er hatte der Akademie der Wissenschaften den Rücken gekehrt und noch einmal hinübergeschaut auf die Leprakranken im Gefängnis, das sich in einer sehr großen Entfernung befand. Er wünschte sich immer wieder, dass ein Gefängniswärter kommt, um die Tür aufzuschließen, dies ist jedoch nicht geschehen. Dann wurde er sich noch einmal bewusst, wie anstrengend, beschwerlich und gefährlich der Aufstieg aus der Schlucht war, wie Rücken und Nacken noch schmerzten. Diese Situation kennzeichnete er sehr treffend als seine engagierte Auseinandersetzung mit der Wissenschaft und seinen wissenschaftlichen Interessen.

Und jetzt geschieht das Überraschende, eine Situation, wie sie in vielen Aktiven Imaginationen eintreten kann: Er sieht, wie ein Liliputaner vorbeikommt. Dieser schiebt einen Rollstuhl, in dem eine Frau sitzt. Sie ist offensichtlich querschnittsgelähmt. Beide wirken aber glücklich und sagen, dass das Leben auch schön sein kann, wenn man behindert ist.

In diesem Zusammenhang tauchen nun Bilder aus der persönlichen Vergangenheit des Imaginierenden auf, seine Tätigkeit in der Missionsärztlichen Klinik, und überhaupt die Ideale des Berufs, wie sie sein Leben von Anfang an mit geprägt haben. Aber auch immer wieder das große Bedürfnis nach Ruhe und Ausruhen und die brennende Frage »Warum bin ich so hart zu mir gewesen?« Er hatte immer das Äußerste von sich gefordert, muss aber jetzt lernen, eine neue Balance und eine neue Ganzheit des Lebens zu finden.

Hier ist zu bemerken, dass die Ganzheit des Lebens immer eine vorläufige ist, bis wir eben an jenen Punkt kommen, wo wir dem Tod gegenüber stehen und unser Weg an dieser Stelle weitergeht. Er erzählt:

Als er so in der heißen Sonne sitzt und sich überlegt, ob er einen Sonnenschutz aufbauen soll, schaut er dem Liliputaner nach, der mit dem Rollstuhl der behinderten Frau an ihm vorbeigefahren ist. Der Liliputaner ruft ihm zu: »Komm mit, komm mit«. Der Mann steht auf, läuft dem Liliputaner nach, der dahineilt, und holt ihn auch ein. Der Liliputaner legt ein ziemliches Tempo vor, er kann kaum mithalten. Aber er ruft immer wieder: »Komm mit, komm mit.« Dadurch schafft er es mitzuhalten. Schließlich wird es Abend. Die drei kommen vom Felsplateau an einen Waldrand, es wird dunkel, der Liliputaner baut ein Zelt auf, versorgt liebevoll die Rollstuhlfahrerin, macht ein Feuer und füttert sie. Schließlich isst er auch selbst und bietet dem Mann Speise an. Sie essen und ruhen sich aus. Von dem Liliputaner geht Güte und Kraft aus.

Und dies ist der entscheidende Satz. Oft gehen Güte und Kraft in unserer Persönlichkeit von etwas aus, von dem wir es am wenigsten erwarten. Der Liliputaner ist voller Kraft und Liebe, er ist eigentlich das verbindende Glied, er strahlt eine große Liebeskraft aus, kann einer hilflosen Kranken helfen, auch wenn er, angesichts anderer Vergleichsmaßstäbe, klein wirkt. So geht es oft ja gerade Menschen, die angesichts der »Akademie der großen Wissenschaften« die eigene persönliche Leistung betrachten und dann den Eindruck haben, niemals in den Kreis der erlauchten großen wissenschaftlichen Geister zu gehören. Da ist es nicht leicht, vor allem wenn man über eine wissenschaftliche Begabung verfügt, hier seinen Frieden zu machen. Das Unbewusste bietet aber ein sehr erstaunliches, im Grunde wunderbares Beispiel an, wie das gelingen kann. »Der Liliputaner ist voller Kraft und Liebe« beschreibt das Eigentliche dieses Mannes, im wahrsten Sinne des Wortes: sein »Eigensein«. Es ist nun sehr spannend, wie der Weg dieser drei Menschen weitergeht. In jedem Fall ist eine Quelle der Kraft und der Liebe gefunden, angesichts des großen Elends und der Arroganz der herrschenden Prinzipien, die vom Sultan und den Wissenschaften repräsentiert werden.

Wir hatten es schon bei den beiden Alten in der heruntergekommenen Kate gesehen und hier bestätigt es sich, wie über die Aktive Imagination immer wieder der Blick frei wird für die Würde des Menschen, für unsere eigene Würde. Wie wir es auch bei der notwendigen »Kultur des inneren Dialogs« schon gesehen haben, kommt es darauf an, die oft wirklich verbissen negativen Formen des Umgangs mit uns selbst auf ein anderes inneres Niveau zu heben, das unserer Würde entspricht. Um nicht weiter so würdelos mit uns umzugehen, wie es leider häufig der Fall ist.

Der schwarze Panther

In der schon beschriebenen Geschichte mit den beiden Alten in der verfallenden Kate tauchte auch eine kleine Katze auf. Sie saß auf dem Schoß des alten Mannes, der der Imaginierenden wissend zulächelte: »Nun siehst du, wie es ist.«

Die Katze streicht der Frau um die Beine, sie fühlt sich wie ertappt, sie weiß weder etwas zu sagen noch zu fragen. Es ist eine Situation der Sprachlosigkeit. So tut sie das einzige in dem Zusammenhang Mögliche: Sie verabschiedet sich, »indem ich ihm kurz zunicke und weitergehe in die Landschaft. Die Katze folgt mir. Die Gegend ist düster, einsam und unbewirtschaftet, da hat sich schon lange niemand mehr gekümmert. Verfall. Reste wie nach einem Krieg.«

Die Aktive Imagination geht nun wie folgt weiter:

Mit der Zeit wildert die kleine schwarze Katze aus und wird ein Wildling, gewöhnt sich an die Freiheit, zumal die alte Frau bald sterben wird.

In der Imagination ist es nun ein paar Jahre später. Ich suche die Gegend nochmals auf, um nach der Katze zu sehen und betrete die Kate. Alles ist verlassen und verfallen, angenagt von der Zeit ohne menschliches Leben. In der Stube richte ich mir ein Lager auf dem Boden aus den noch benutzbaren Matratzen. Wasser ist vorhanden und im Herd kann ich Feuer machen. Die nötigsten Nahrungsmittel für einige Tage habe ich mitgebracht. Von den Überresten der alten Leute ist nichts zu sehen. Vielleicht sind sie irgendwo draußen in der Wildnis gestorben. Aber das steht jetzt nicht mehr im Zentrum meines Interesses, ich bin wegen der schwarzen Katze zurückgekehrt. Sie ist nicht zu sehen. Im Stall gibt es keine Haustiere mehr, keine Ziege, keine Kuh, aber noch genügend Heu und Stroh. In einer Nische bemerke ich eine Mulde im Heu, da muss ein Tier geruht haben, ein recht großes Tier. Obwohl mir beklommen zumute wird, habe ich Sehnsucht, die schwarze Katze wieder zu treffen.

Deshalb bleibe ich in der Kate. Beim Rundgang fühle ich mich beobachtet, kann aber nicht feststellen, von wem. Nachts kann ich schlecht schlafen, ich schaue durch die Fenster in die Dunkelheit, da sehe ich Augen leuchten und glühen, die mich beobachten. Ich denke an die Katze und an meine Reise hierher, ihr Vertrauen damals in mich und mein Mitleid mit dem Tier. Der Wunsch, herauszufinden, was aus ihr geworden ist, ist stärker als meine Angst, die mich am liebsten flüchten ließe.

Am nächsten Tag zeigt sich mir am Waldrand eine kräftige Pantherkatze, die mich abwartend und misstrauisch anschaut. Ohne einen Beweis dafür zu haben, im Gegenteil, mit großer objektiver Wahrscheinlichkeit mich zu täuschen, weiß ich, dass sie es ist, obwohl sie ganz anders aussieht. Unter ihren Blicken stelle ich eine Schüssel voll Milch nach draußen, dorthin, wo mal das Tor zum Garten des Hauses war, setze mich in die offene Haustür und beobachte, wie die Pantherkatze geschmeidig und zielstrebig zur Schüssel geht und trinkt. Dann setzt sie sich und putzt sich. In der folgenden Nacht lasse ich die Türe offen... und fühle, dass sich ein Körper an meine fröstelnden Füße und Beine legt, ein warmer, weicher Körper. Ich schmiege meine klammen Füße an und schlafe glücklich und zufrieden ein. Am Morgen ist niemand mehr da, nur der Abdruck eines Körpers neben mir in der Decke und einzelne schwarze Haare. An der Stelle ist die Decke noch warm. In den folgenden Szenen kommt die Katze jede Nacht. Einmal hat sie, als die Nahrung ausgeht, einen Rehbock im Maul, den sie vor der Kate ablegt. Sie lässt sich ein paar Meter weiter im Gras nieder und schaut zu, wie ich das Tier abhäute, zerteile und das Fleisch ins Haus trage neben die Feuerstelle, die Katze folgt. Die Hälfte des Fleisches brate ich für mich, die andere Hälfte zerteile ich in maulgerechte Stücke für die Jägerin. Gemeinsam lassen wir uns das Fleisch schmecken, ich bin dankbar und freue mich, dass die schwarze Katze mich nicht vergessen hat und jetzt so gut für mich sorgt, wie ich damals für sie gesorgt habe.

Die letzten Sätze sind ebenso wegweisend wie wunderbar: »Die Hälfte des Fleisches brate ich für mich, die andere Hälfte wird zerteilt in maulgerechte Stücke für die Jägerin«. Und jetzt der wichtige Satz: »Gemeinsam lassen wir uns das Fleisch schmecken«. Dankbarkeit und Freude sind hier die begleitenden Gefühle, die in jeder Imagination so wichtig und charakteristisch sind. Über die kompensatorische Funktion, die eine Brückenfunktion in der Psyche ist, wird immer wieder schrittweise Ganzheit hergestellt. In dieser Imagination zeigt sich eine bewegende Verbindung zwischen der Katze und der Frau, wir können auch sagen, zwischen dem Tier in uns, der animalischen, der Instinktseite, dem Wissen, der Kraft, der Sicherheit und der Schönheit der Natur und unserem bewussten menschlichen Leben. So sind die Tiere, die in den Aktiven Imaginationen auftauchen, immer hilfreiche Tiere auf dem Wege zur persönlichen Ganzheit. Und diese Ganzheit ist das Ziel unserer Individuation.

Die Aktive Imagination ging noch weiter, die Frau entdeckte dann über bestimmte Figuren die Verbindung zu ihrer künstlerischen, schriftstellerischen Seite, die sie zwar bisher immer geahnt, aber nicht wesentlich gefördert hatte. Und hier kommt ein weiterer Punkt, der für alle Imaginationen eine grundlegende Rolle spielt: Über die Bilder und die erlebten Geschichten deuten sich Möglichkeiten an. Es sind Angebote des Unbewussten an das Bewusstsein, die aber dann in das gelebte Leben übernommen werden müssen, sonst bleiben sie »graue Theorie«, eben nur schöne Gedanken oder Möglichkeiten, an die wir vielleicht eines Tages traurig zurückdenken. Warum habe ich damals diese Imagination nicht weitergeführt, warum die Möglichkeiten nicht verwirklicht? Die Antwort kann jeder nur für sich selbst finden. Meistens gibt es so genannte »guten Gründe«, hinter denen sich allerdings fast immer eine Angst verbirgt, sich in etwas Neues, Ungewisses einzulassen. Warum fürchten wir, endlich heim zu kommen?

In Verbindung mit den Ahnen

Mit jeder Aktiven Imagination werden Grenzen überschritten. Wir erweitern unser Bewusstsein, unsere Lebensmöglichkeiten, auch Erinnerungen, die wir nicht mehr präsent haben – an eigene frühe Lebensphasen und an Menschen, die zu unserer Familie gehören –, wachsen uns zu. In unserer Kultur ist der Bezug zu den Ahnen bestenfalls über Erinnerungen und anhand von Fotoalben oder rekonstruierten Stammbäumen möglich. In einigen östlichen Kulturen und Religionen werden die Ahnen in Tempeln verehrt, sie sind also im Leben gegenwärtig. In zwei beschriebenen Imaginationen spielte der Großvater eine große Rolle, einmal saß er mit auf der Bank in den verschiedenen Räumen, welche die Frau kennen lernte und in der eben beschriebenen Imagination hing ein Bild an der Wand der Kate, das an die beiden Großväter erinnerte. Gleichzeitig strich die Katze um die Beine des alten Mannes. Wir können also hier, natürlich etwas spekulativ, eine innere Erlebnisreihe von der Tierseele über das eigene Leben hinaus in die persönliche Vergangenheit bis hin zur Ahnenreihe zumindest mit aller Vorsicht annehmen.

Die folgende Aktive Imagination stammt von einem Mann. Er ist ein erfolgreicher Geschäftsmann mit eigener Firma, verheiratet und hat mehrere, inzwischen erwachsene Kinder. Jetzt sucht er nach einer neuen und weiterführenden Orientierung, die er buchstäblich an der Quelle findet, aus der ihm regelmäßig und zuverlässig von der »inneren Frau« der Becher zum Trank gereicht wird. Er ist uns schon als Besitzer des Katers Barbarossa bekannt. Von einem bestimmten Zeitpunkt der Imaginationen an begleitete Barbarossa ihn stets auf seinen Wegen.

Ich gehe meine innere Frau besuchen, Barbarossa geht mit mir. Am Übergang in meine innere Welt fürchtet er sich wieder, dann geht er ›bei Fuß‹ mit. Meine innere Frau steht schon am Quelltopf. Der Kater umschmust sie, ich trinke Wasser und nach dem Trinken gehen wir, die innere Frau, Barbarossa und ich zu den beiden Alten. Auf der Treppe hinab fürchtet sich Barbarossa, sträubt seine Rückenfellhaare, ich nehme ihn auf den Arm. Dann übergebe ich ihn meiner inneren Frau und er wird ganz ruhig. Hat er Angst vor dem Zwischengeschoss? Sind da Leute? Welche? Unten sitzen zwei Alte auf einem Sofa.

Hier wird noch einmal die schon beschriebene Schwellenthematik deutlich. Wenn die inneren Räume zunehmend bewusst und auch betreten werden, stellt sich immer ein fast instinktives Zögern, eine natürliche Vorsicht des Bewusstseins und des Ichs ein. Dies drückt sich wieder sehr schön in der Haltung des Katers aus.

Hier muss nun erwähnt werden, dass der Mann plötzlich eine

Treppe entdeckte und feststellte, dass man zwei Stockwerke im Treppenhaus hinuntergehen konnte und unten auf der Treppe zwei alte Leute saßen. Er war äußerst betroffen, dass sie in dieser einfachen, primitiven Umgebung sitzen und fühlte sich ihnen sehr verbunden.

Sie sind nicht freundlich, nicht unfreundlich, und irgendwie erkenne ich sie wieder. Wir reden miteinander. Ich frage sie: «Sitzt ihr schon immer da?« Sie: »Ja«. Ich: »Wie lange schon?« Sie: »Sehr lange schon, sehr, sehr lange«. Ich: »Seit meiner Geburt?« Sie: »Schon vorher«.
   Ich bin sehr betroffen, sage, ich komme wieder. Wir gehen die Treppe hinauf, sie scheint mir jetzt endlos lang. Ich schaffe es fast nicht, doch unterwegs ermuntert mich meine innere Frau. Als wir endlich oben bei der Quelle sind, sage ich, das hat aber lange gedauert, das war aber anstrengend. Sie sagt: »Wir waren auch sehr tief unten, sehr tief«. Und ich: »Was hältst du von den beiden da unten?« Sie: »Das wirst du entscheiden müssen«. Ich gehe wieder nach draußen, bin ganz erschüttert. Ich habe geahnt, dass da etwas sehr Wichtiges sein könnte.

Der zentrale Satz ist, dass er zwei alten Menschen begegnet, die schon seit der Zeit vor seiner Geburt da unten sitzen. Sie sind mit ihrem einfachen Los zufrieden, er fühlt sich aber von jetzt an verantwortlich, die Räume umzubauen. Er besucht sie immer wieder, sie erzählen ihm, dass nichts passiert, und dass sie aufpassen, was oben geschieht. Im einzelnen entwickeln sich dann Gespräche, in denen die beiden Alten nach und nach doch sagen, dass sie gerne ein Bad und ein Klo hätten, das bisher nur behelfsmäßig ist, und er fragt nach Fenstern. Sie sagen ihm, dass sie keine haben. Es wird ihm immer deutlicher, unter welch ärmlichen Bedingungen diese beiden leben.
   So geht es über viele Wochen. Wenn er sie besucht, sitzen sie immer noch am Ende der Treppe, aber es ist schon heller.

Das Schlafzimmer wird gebaut, es geht eine Tür nach außen, man kann auf den Wintergarten sehen, der im Bau ist, die Küche ist schon fertig, direkt neben dem Wintergarten. »Kann ich noch etwas tun?« Sie schweigen freundlich. Ich hätte gerne noch ein Bänkchen vor die Küche gestellt, über die sie sich freuen, sie könnten darauf sitzen. Auf meine Frage, welche Farbe diese haben soll, sagen sie: »Gelb«. Dann frage ich noch, es fällt mir nicht leicht, diese Frage zu stellen, wer seid ihr? »Deine Ahnen«. Wir verabschieden uns fast herzlich und wie alte Bekannte.

So geht es immer weiter mit dem Bau und den entsprechenden Gesprächen. Einmal sage ich, ich habe meine innere Frau mitgebracht, kennt ihr sie? »Ja natürlich!« »So?« »Ja, sie ist doch auch in uns«. Sie sitzen dann mit dem Blick ins Freie, ein Zaun, der die Sicht behinderte, wurde noch entfernt. Dann sieht man weiter hinaus, das ist schön, ein unbegrenzter Blick über die Wiesen. Und jetzt die beiden Alten: »Von dort sind wir doch hergekommen«.

Und noch eine letzte Sequenz:

Wir gehen zu meinen Ahnen. Die Alten freuen sich, vorher frage ich meine innere Frau, wie sich die beiden jetzt fühlen. Sie sagt: »Sie sind jetzt daheim. Sie sitzen auf dem Bänkchen«. Ich sage zu ihnen, ich fühle mich mit euch sehr verbunden und sie antworten, das sind wir ja auch. Ich zu ihnen: »Wo ihr herkommt, komme auch ich her«. Sie: »Ja, das stimmt«.

Wir haben diese Imagination in einigen Sequenzen dargestellt, um zu zeigen, bis in welche Details die inneren Gespräche gehen, und wie die inneren Figuren auch darauf angewiesen sind, dass wir uns ihnen zuwenden. Es ist hier nicht der Ort, weiter darüber zu spekulieren, aber offensichtlich ist es so, wie es auch in der östlichen Kultur immer wieder betont wird, dass unsere Ahnen sehr darauf angewiesen sind, wie wir mit ihnen umgehen.

Der Mann zeigt großen Respekt, auch anfänglich tiefe Betroffenheit darüber, wie nonchalant er bisher mit diesen beiden Alten, die dort unten im Haus im Flur sitzen, umgegangen war. Offen bleibt bis heute die Frage nach dem Zwischenstock, es ist ja ein zweistöckiges Haus. Von da waren schon Stimmen zu hören, doch wurde dieses Stockwerk bisher nicht betreten. Sicher ist es hier wieder so eine Schwellensituation, bei der es gut und wichtig ist, abzuwarten, bis der richtige Zeitpunkt gekommen ist.

In der Verbindung mit den Ahnen treffen sich viele Lebenslinien:

Die Vergangenheit erscheint im Hier und Jetzt, das aktuelle Bewusstsein erweitert sich in weite Räume, beginnt zu ahnen, woher es kommt, übernimmt Verantwortung auch für das, was in der Vergangenheit geschehen ist, und gewinnt an innerer Weite und Lebendigkeit.

Mein liebes Herz, was soll ich tun?

Wir waren in diesem Buch schon mehrfach an einer Stelle, wo wir sowohl auf die besondere kreative Kraft der Imaginationen als auch auf den hohen Informationswert der Bilder für das persönliche Leben und Wohlergehen hingewiesen haben. Es zeigte sich aber immer wieder, nicht nur bei den Begegnungen mit dem Großvater und jetzt den Ahnen und dem damit verbundenen weiten Blick, dass die Imaginationen uns an Bereiche anschließen können, die nicht so ohne Weiteres für den rationalen Verstand zugänglich sind. Ein Beispiel hierfür ist die folgende Imagination, die wir, um den Blick auch in diese Richtung noch zu öffnen, wenigstens kurz zusammenfassend darstellen. Sie stammt von einer Frau, die nach ihrer Architektentätigkeit lange schon künstlerisch tätig ist.

Ich stehe im Garten meines Hauses am See, gehe hinaus, wo führt es hin? Rechts gewaltige Berge, links der tiefe Abgrund zum See, mit Wolkendunst. Ich gehe hinauf, immer an der Grenze entlang. Es ist eine freie Landschaft, ich setze mich nieder, es ist einsam. Dann gehe ich rechts herum weiter. Es kommen Gestalten von links herauf, vermummt, dunkel, still. Sie sehen mich nicht, sie ziehen hinauf über den Grashang zu den Felsen. Sie bringen Nebel mit. Es sind viele. Sie haben ein Ziel, sie haben aber keine Materie, sie gehen an mir vorbei, es ist wie ein Fluten. Soll ich mitgehen? Es ist ganz still. Was sie tun, ist nicht meine Mission. Sie ziehen wie eine stille Schafherde, sie verlieren sich rechts oben. Sind sie die alte Frau, die mir sagte: »Schau genau hin«? Es hört nicht auf mit diesem Strömen. Sie sehen mich nicht. Wie soll ich da durchkommen? Sie ziehen quer zu mir. Sie sprechen nicht, jeder zieht für sich, schwerelos. Was geschieht, wenn ich quer durchgehe? Aber mir bleibt nichts anderes übrig als durchzugehen. Die Flut hört nicht auf und ich gehe quer dazu. Es ist immer Luft dazwischen. Wo gehen sie hin? Dort zieht es mich nicht hin. Sie müssen dorthin, ich nicht. Ich will nicht mitgehen, ich lebe ja noch. Es sind Schatten aus dem Totenreich, mit hellen Augen. Ich darf sie nicht wecken.

»Mein liebes Herz, was soll ich tun?« »Warte ab, bis es vorbei ist«. »Wer sind sie, du weißt es doch.« »Es sind die, die gelebt haben«. »Wo gehen sie hin?« »Nur du meinst, dass sie gehen, nur du siehst sie hier. Es ist ein Spiegel. Du wirst auch drankommen, sie sind nicht wirklich«.

Es rauscht lautlos und spiegelt alles wie eine Glaskugel. Es strömt auch von links nach rechts, wie eine Rundkurve, nah bei mir. Es strömt quer zu mir, es kommt aus dem Nichts, fließt ins Nichts.

Wenn ich das Boot links vor mir nehme und mich vom Fluss wegtragen lasse? »Mein liebes Herz, was soll ich tun?« »Mach mit, lass dich tragen, ich bin da, der Fluss ist in mir, ich bin der Fluss.« Der Fluss ist voller Stimmen und Leben, geschäftiges Treiben. Es geht reißend schnell.

»Wohin fließen wir, mein liebes Herz?« »Wir strömen nicht, wir sind. Es sieht nur so aus. Es ist schwer auszuhalten. Halte nichts, es ist ganz still, bleib darin, bleib in mir.«

Ganz gewöhnlich gehen, ganz hier und jetzt, hinsehen und hören. Ich bin frei. Nur ich gehe. Es gibt kein Zurück, nur diese eine Wegrichtung. Nichts als der Weg, manchmal ist er an der Straße entlang, manchmal staubig, manchmal matschig, manchmal muss ich über den Fels klettern, nichts als der Weg unter mir. Die Katze ist mal vorn, mal hinten. Nicht rennen, es ist, als ob der Weg selbst geht. Viele gehen mit, alle haben ihren Weg. Ich kann keinen anderen Weg gehen, ich bin allein und doch nicht.

»Mein liebes Herz, was soll ich tun?« »Bleib auf der Erde, spüre die Füße, gehe den Weg, geh, geh«. »Wohin?« »Das spielt keine Rolle, es ist nur das Gehen und der Weg.« »Wo gehen die anderen der Familie?« »Sie haben auch ihren eigenen Weg. Alle gehen in eine Richtung, aber diese ist breit und umfasst alles. Es ist ganz gewöhnlich.« »Was ist das Ziel?« »Du wirst es merken. Es ist nicht vorne, es ist dabei, es ist die Dichte. Habe keine Angst, ich bin da«. »Ich danke dir.«

Diese hier nur ausschnittweise wiedergegebene Aktive Imagination, die sich natürlich über längere Zeit erstreckte, gibt auch noch einmal eine recht bewegende Antwort auf die Frage nach dem Weg und dem Ziel, auch die enge Verbundenheit, ja die Einheit von beidem.

»Denken am Rande des Undenkbaren«

In dem gleichnamigen Buch der drei Wissenschaftler Rupert Sheldrake, Philosoph und Biochemiker; Terence McKenna, Ethnologe und Anthropologe; Ralph Abraham, Mathematiker, geht es um Ordnung und Chaos, Physik und Metaphysik, Ego und Weltseele. Dort steht der Satz:

> Es ist die Imagination, die für einen göttlichen Funken im Menschen spricht. Es ist völliger Irrwitz, die Imagination als etwas begreifen zu wollen, das von der Biologie als notwendige Größe hervorgebracht wird. Sie ist eine Emanation von oben, buchstäblich ein Abstieg der Weltseele in uns alle.[25]

Einen solchen Satz kann natürlich nur formulieren, wer am Rande des Undenkbaren zu denken wagt. Ein solcher Denker war nun mit Sicherheit auch Meister Eckehart, der jetzt noch einmal zu Wort kommen soll. Er beschäftigt sich mit dem »Umkreis der Ewigkeit« und beschreibt hierfür drei Wege. Der dritte Weg heißt zwar »Weg« und ist doch ein »Zuhause sein«, er ist: Gott zu schauen unmittelbar in seinem eigenen Sein.

> Lausche (denn) auf das Wunder! Wie wunderbar: draußen stehen wie drinnen, begreifen und umgriffen werden, schauen und (zugleich) das Geschaute selbst sein, halten und gehalten werden – *das* ist das Ziel, wo der Geist in Ruhe verharrt, der lieben Ewigkeit vereint.[26]

Und er geht noch weiter:

> Gott ist uns ›nahe‹, *wir* aber sind ihm fern; Gott ist drinnen, *wir* aber sind draußen; Gott ist (in uns) daheim, *wir* aber sind in der Fremde.[27]

Hier beschreibt Eckehart nun einen ganz entscheidenden Sprung, nicht nur wir sind daheim, sondern selbst die Gottheit ist daheim in uns. Eine innigere Verbindung zwischen dem Menschen und dem Göttlichen lässt sich sprachlich nicht mehr formulieren. Und noch ein letztes Zitat einer Erfahrung, die sich auch wieder mit der Aktiven Imagination vergleichen lässt:

> Wenn das Licht aber ausbricht und es in die Seele durchbricht und sie Gott gleich und gottförmig macht, so weit es möglich ist, und sie von innen durchleuchtet, so ist das um vieles besser: In dieser Erleuchtung glimmt sie über sich hinaus im göttlichen Lichte. Wenn sie dann so heimkommt und so mit ihm (= Gott) vereint ist, so ist sie eine Mitwirkerin.[28]

Hier zeigen sich Perspektiven des Weges und des Ziels, des Suchens und Ankommens, die weit über die persönliche Existenz hinausreichen. Auch über die Existenz unserer Ahnen und sicher auch über das Totenreich hinaus, das wir wie in der letzten Imagination dargestellt, berühren, dessen Wege wir durchqueren, bis wir uns einreihen müssen in den großen Strom der Gestalten, wie sie der Frau gezeigt wurden. Wir sind überzeugt, dass in der Aktiven Imagination auch ein Wissen zugänglich wird, das mit den heutigen Möglichkeiten der Wissenschaft noch nicht erreichbar ist. Die Akademie der Wissenschaften, wie sie in der »Alhambra-Imagination« dargestellt ist, steht auf einem kahlen Hügel, auf dem kaum ein Grashalm wächst.

Und zum Abschluss dieses Kapitels noch eine ungewöhnliche Aktive Imagination über das Ankommen von einer 65-jährigen Frau:

Ich hatte kein besonderes Anliegen. Ich wollte einfach eine Aktive Imagination machen, weil so etwas wie eine Sehnsucht danach in mir aufstieg.

Ich gehe Stufen hinunter, halte ein wenig auf dem unteren Absatz inne und gehe dann, ganz langsam – ich weiß nicht, warum ich ganz langsam gehen »muss« – die nächsten Stufen hinunter. Dort öffne ich eine große Tür, bin gespannt, was mich erwartet. Zu meiner großen Überraschung sehe ich mich selbst auf noch einmal einer unteren Stufe sitzen. Zuerst bin ich sprachlos. Alles hätte ich erwartet, nur nicht mich selbst.

Nachdem ich mich ein bisschen gefangen habe, sage ich zu »mir«, also zu der, die auf der Stufe sitzt und auch ich bin: »Guten Tag.« »Guten Tag«, erwidert sie und schaut mich freundlich an. »Was machst du hier?« »Nichts. Ich sitze hier.« »Einfach nur so? Ohne Zweck?« »Ja, ohne Zweck und ohne Ziel. Ich sitze hier und schaue in den Himmel.«

Ich setze mich neben sie und blicke ebenfalls zum Himmel hinauf. Schöne weiße Wolken ziehen dahin. Ich sage: »Es ist wunderschön.« Sie lächelt und meint: »Ja. Siehst du, so ziehen wir alle auch dahin. Wie die Wolken.« »Hast du nichts anderes zu tun?« frage ich. »Nein, was sollte ich zu tun haben?« »Na, vielleicht etwas Nützliches.« Sie lacht mit heller, glockenklarer Stimme und sagt: »Es gibt nichts Nützlicheres, als den Wolken nachzusehen und zu verstehen, dass sie uns den Weg weisen.« »Den Weg wohin?« »Aus dem Nichts ins Nichts.«

Ich sehe wohl ein bisschen unglücklich aus, deshalb nimmt sie eine meiner Hände in ihre Hand, streichelt sie zärtlich und sagt mit sanfter Stimme: »Das, worum es geht, das Nützlichste, ist das Schauen. Einfach nur schauen, ohne auf das, was du siehst, zu reagieren. Komm, probiere es einmal.« Ich folge ihrem Rat, schaue den Wolken nach, schaue, schaue, und auf einmal merke ich, wie es still in mir wird. Es formen sich keine Gedanken mehr, keine Fragen tauchen auf. Ich atme einfach nur regelmäßig ein und aus und mir wird ganz warm ums Herz, ein Gefühl von tiefem Frieden breitet sich aus und dann ist eine stille Freude in mir. Ich schaue sie an, sie sieht mich an mit einem innigen, aber auch etwas amüsierten Lächeln, und ich weiß, dass uns ein Wissen verbindet, welches man nicht aussprechen kann, weil es dafür keine Worte gibt.

Diese Frau ist also bei sich selbst angekommen. Gibt es ein schöneres Bild für »daheim sein«? Sie hat ihr »größeres«, ihr wissenden Ich getroffen, das Teil des großen SELBST ist. Jede und jeder trägt es in sich, auch wenn sie oder er nichts davon weiß. Jede und jeder kann danach auf die Suche gehen – von einer Aktiven Imagination zur nächsten. Bis er oder sie daheim angekommen ist – wie immer dieses Zuhause für die Einzelne und den Einzelnen aussehen mag. Es gibt keine tiefere Freude, als endlich bei sich selbst angelangt zu sein.

11.
Und am Ende bleibt das SELBST

Dazu passt sehr gut folgende Geschichte, die auch aus einer Aktiven Imagination hervorgegangen sein könnte.

Auf einem Baum sitzen zwei Vögel, einer auf der Spitze und der andere auf einem Zweig ganz unten, nahe der Erde. Der Vogel auf der Spitze ist ruhig und majestätisch, er ist in seine eigene Herrlichkeit versunken und schweigt. Der Vogel auf den unteren Zweigen dagegen hüpft unruhig von Ast zu Ast, isst abwechselnd von den süßen und bitteren Früchten und ist bald glücklich, bald unglücklich. Nach einiger Zeit gerät er an eine ungewöhnlich bittere Frucht und fühlt sich angeekelt. Er blickt hinauf und sieht den anderen Vogel mit dem goldenen Gefieder, der weder süße noch bittere Früchte isst, der weder glücklich noch unglücklich ist, sondern ruhig und selbstbewusst. Der untere Vogel möchte auch diesen Zustand erreichen und beginnt Zweig um Zweig nach oben zu flattern. Doch bei den süßen Beeren, die er erwischt, vergisst er es aber bald und wendet sich nur wieder den Früchten zu. Abermals stößt er auf eine ungewöhnlich bittere Frucht, die ihn unglücklich macht, und er blickt hinauf und versucht, dem oberen Vogel näher zu kommen. So geschieht es mehrmals, bis er endlich dem oberen Vogel sehr nahe ist und das Licht von dessen Gefieder seinen eigenen Körper umhüllt. Er spürt einen Wandel und scheint sich aufzulösen. Er kommt noch näher, und alles um ihn herum scheint zu verschwinden. Schließlich begreift er den wunderbaren Wandel. Der untere Vogel war nur ein Schatten, eine Reflexion des oberen. Er war in Wirklichkeit immer der obere Vogel gewesen. Sein Kosten der süßen und bitteren Früchte, sein Weinen und Glücklichsein waren nur ein Traum. Der wirkliche Vogel war da oben, ruhig, herrlich und majestätisch, jenseits von Kummer und Leid.

Wir haben gedanklich oft unten an diesem Baum gestanden und zu den beiden Vögeln hinauf geschaut. Manchmal, eigentlich öfter, fühlten wir uns dem auf dem tieferen Ast sitzenden näher verbunden. Wer kennt nicht die vielen Schönheiten des Lebens, die wir in unsere Zukunft projizieren, so hätten wir es doch auch gern, dies möchten wir noch erleben, jenes auch einmal haben, auf den vielen Ästen des Lebens sitzen. Das wäre das Glück. Aber dann überkommt uns plötzlich so eine unbestimmte Sehnsucht – gar nicht nur nach dem Verzehr einer bitteren Beere – nach etwas Unbekanntem, es zieht uns »irgendwohin«. In einem alten Schlager wird von einer »Reise nach Nirgendwo« gesungen. Ein Freund von uns erlebt diese Sehnsucht immer beim Läuten der Kirchenglocken, sowohl am Tage als auch ganz besonders am Abend. Er kann es nicht besser formulieren, als dass ihn die Töne und Schwingungen in die Weite, in eine ihm natürlich unbekannte Unendlichkeit ziehen.

So mag es dem kleinen Vogel auch ergehen. Plötzlich weiß er, dass er weiter, auf einen höheren Ast fliegen, dort ein Stück verweilen möchte, bis ihn diese Sehnsucht nach dem Unbekannten wieder überkommt. Die Kernfrage ist natürlich: Woher weiß er, dass er weiter möchte, woher wissen wir, dass wir hier nicht bleiben wollen?

Getrieben oder gezogen?

Da gibt es zwei ganz grundsätzliche Antworten: Nach der einen werden wir von vielen inneren Bedürfnissen angeregt, gewissermaßen getrieben und in eine bestimme Richtung förmlich gedrängt. In der modernen Psychologie der Motivation, der Affektivität, aber auch der Neurosenlehre spielen diese Grundannahmen eine zentrale Rolle und haben sich für das Verständnis vieler normaler Verhaltensweisen und Wachstumsprozesse während des ganzen Lebens und vieler Krankheiten bewährt. Diese Antwort bevorzugen wir in der Regel. Wir sind es gewohnt, so zu denken.

Aber da gibt es noch eine zweite Sicht: Sie ist am ehesten mit dem Begriff »attraktiv« ausgedrückt. Im Alltag verwenden wir dieses Wort sehr häufig, fragen uns vielleicht, ob wir für unsere Partner noch attraktiv sind, ob sie uns noch anziehend finden. Es lohnt sich wirklich, darüber nachzudenken, was uns im Leben anzieht, nicht nur, was uns motiviert oder antreibt. Der kleine Vogel in der Geschichte wird von dem goldenen Vogel auf der Spitze des Baumes angezogen. Dieser hat für ihn große Attraktivität, immer neue Anziehungskraft. Man könnte paradoxerweise sagen, der Vogel ganz oben ist sowohl motivierend, also die Ursache der Sehnsucht, als auch das anziehende Zielbild, das die innere Suchdynamik eigentlich erst aktiviert. Hier wäre es wieder eine unnötige einseitige Vereinfachung, dem Einen oder dem Anderen die entscheidende Rolle zuzuteilen, keines ist ohne das Andere lebendig, sie gehören zusammen, bilden ein Ganzes. In der Analytischen Psychologie sprechen wir von Gegensatzpaaren, einer Grundstruktur der Psyche, welche die Dynamik des Lebens und der Entwicklung ermöglichen.

Wie so oft in solchen alten Geschichten, liegt hier eine tiefe Weisheit offen zu Tage, wir bemerken das nur meist nicht beim ersten Hinschauen. In der Geschichte ist nämlich von zwei Vögeln die Rede, die in einer inneren und sehr dynamischen Beziehung zueinander stehen. Sie wissen voneinander, nur ist dieses Wissen dem unteren Vogel nicht verfügbar, er findet jedoch immer wieder Zugang dazu. Im – noch unbewussten – Grunde weiß er stets um sein größeres Selbst. Dieses Wissen ist es, das seine Sehnsucht motiviert und ihn gleichzeitig nach oben zieht – treibt und zieht.

In symbolischer Sprache ist hier ausgedrückt, was wir in der Analytischen Psychologie mit dem SELBST bezeichnen. Wir hatten schon mehrfach auf den Unterschied hingewiesen: Ich habe ein Selbst-Verständnis, setze mich im inneren Dialog mit »mir selbst« in Verbindung. Hier sind alle meine Kenntnisse über mich selbst zusammengefasst, die mir teilweise unbewusst sein mögen, zu denen ich aber immer Zugang finden kann. Es ist dies gewissermaßen mein persönliches, relativ geschlossenes System. Das bin ich, soweit es mir jeweils bekannt ist oder von anderen gespiegelt wird. Das ist weitgehend mit dem »unteren Vogel« erzählt. Das SELBST nun, wie Jung es beschrieben hat, ist eine größere lebendige und dynamische Einheit, umfassender als mein mir jetzt bekanntes Ich, weit reichend und vorausschauend. Dort ist gewissermaßen schon als Möglichkeit vorhanden, was aus mir einmal werden kann und in welche Richtung sich meine Individuation entfaltet. Es ist die große Schöpferkraft, die mein Leben umspannt, es ist der »große Attraktor«, der mich immer wieder weiter zieht und neue Inhalte meines Lebens plötzlich und vielleicht für mich völlig unerwartet so attraktiv macht, dass mich nichts anderes mehr interessiert. In jeder Liebesbeziehung begegnen wir diesen »Attraktoren«. Dabei spielt es keine Rolle, ob meine Liebe einer Person oder einer Sache gilt, der ich mich ganz hingeben möchte. Hierher gehört auch das Erlebnis der Faszination. Mit ihr sind wir – meist plötzlich und unerwartet – von etwas erfasst, das in unserem Leben noch Raum haben möchte. Wir werden mit Macht von etwas angezogen, zu ihm hingezogen.

In der modernen Physik spielt die Entdeckung und intensive Bearbeitung der »Attraktoren« eine zunehmend größere Rolle. So spricht man von »seltsamen, chaotischen, kosmischen, vereinigenden Attraktoren«. Der Bezug zur Chaostheorie, also – psychologisch gesehen: – zum Urgrund, in dem alles enthalten ist, was sich so nach und nach in einer bestimmten Ordnung gestaltet, wird dabei immer mit hergestellt. Die damit verbundenen offenen und sehr spannenden, um nicht zu sagen: erregenden Fragen sind so weit reichend, dass sie ein neues Buch erfordern würden, wollten wir sie einigermaßen beantworten. Wir sind zwar keine Physiker, doch haben sowohl C. G. Jung als auch seine langjährige und enge Mitarbeiterin Marie-Louise von Franz die Zusammenarbeit als Psychologen mit den Physikern begonnen und es wäre an der Zeit, diese fortzusetzen und auszubauen. Zum Beispiel trifft sich im Modell der ständigen weiteren Verästelung der Entwicklung – Bifurkation genannt – nicht nur biologisches und physikalisches, sondern auch psychologisches Wissen. Dies ist nun in dem von uns sehr geschätzten und schon zitierten Buch *Denken am Rande des Undenkbaren* so meisterhaft und gut verständlich beschrieben, dass wir daraus zitieren wollen, um etwas von der Faszination dieses Themas zu vermitteln. Grundlegend ist – das sei noch einmal hervorgehoben – dass wir das SELBST als solch einen, wenn nicht *den* »großen Attraktor«, etwa im Sinne des ATMAN, verstehen wollen, wie Jung es vorgeschlagen hat. Die folgenden Zitate stammen jeweils von einem der drei Autoren, die miteinander im Gespräch am Rande des Undenkbaren denken:

Die Attraktoren haben unser Denken über die Natur wirklich verändert. Mit ihnen können wir die ›Entelechie‹ begreifen, wie Aristoteles es nannte, nämlich das Ziel, das den Veränderungsprozess anzieht... Auf der kosmologischen Ebene gelangen wir zu der Überlegung, zu dem Gedanken eines Attraktors für den gesamten kosmischen Evolutionsprozess.[29]

Genau genommen haben sie unser Denken nicht wirklich verändert, sondern wieder an einen Punkt zurückgeführt, der den menschlichen Geist immer bewegt hat. Viele Worte und Konzepte sind dafür gefunden worden bis hin zu Goethes unsterblichem Wort, dass das ewig Weibliche uns hinanzieht.

Meiner Meinung nach übt der Attraktor einen Einfluss aus und zieht die Dinge zu sich. Es geht nicht schnurstracks geradeaus. Sie müssen dieser topologischen Mannigfaltigkeit der Zeit folgen, sie müssen in das Labyrinth hinein, in die Lücken des Werdens, um den Attraktor zu erreichen. Aus genau diesem Grund ist die Geschichte so verquer.[30]

So geschieht es uns im Leben immer wieder: Wege und Umwege kennzeichnen den Lebenslauf, wir bleiben stecken, kommen voran, zögern, eilen weiter, bis wir an dem – unbekannten – Ziel angekommen sind. In schwierigen Situationen trösten wir uns damit, dass es immer wieder weitergeht, auch wenn wir vielleicht im Augenblick keinen Ausweg sehen können. Es geht eben nicht schnurstracks geradeaus, und doch ist, im Rückblick wenigstens, immer eine Richtung erkennbar. In den »Lücken des Werdens« wird der »Attraktor« sichtbar und erlebbar, wie es so schön formuliert wurde. Die »Lücken des Werdens«, – ein verheißungsvoller Gedanke.

Und noch ein letztes Zitat:

Evolution, Geschichte, Komprimierung der Zeit, sie alle sind Anzeichen für die zunehmende Komplexität der Wirklichkeit. Ist es nicht sinnvoll, dass eine Singularität gegen Ende des Komplizierungsprozesses auftreten muss, statt an seinem Anfang? Wenn wir unsere vorgefassten Meinungen über die Bewegungsrichtung von Ursache und Wirkung umkehren, erhalten wir einen großen Attraktor, der alle Organisationsformen und Strukturen über mehrere Milliarden Jahre zu sich hinzieht.[31]

So klingt es in der Sprache der modernen Wissenschaft, was mit der Geschichte von den beiden Vögeln ebenso, in bildhafter und poetischer Form, erzählt wird. Nach Sheldrake gibt es eine »Kosmische Imagination«, die Imagination der *Anima Mundi*, der Seele des Universums, der Weltseele. In ihr enthalten sind die Imaginationen von Galaxien, Sonnensystemen, Planeten, Ökosystemen, Gesellschaften, einzelnen Organismen, Organen, Geweben und so weiter. In dem zielgerichteten Ablauf der Aktiven Imagination, von innen motiviert und »von weit her gezogen«, treffen sich diese enormen dynamischen, schöpferischen Prozesse, an denen wir teilhaben. Der Einzelne ist der Mittelpunkt dieses Geschehens, er oder sie kann sich eingebunden wissen und dies immer wieder in den überraschenden Erfahrungen der Imaginationen erleben. Ohne das Individuum wäre die *Anima Mundi* blind. Aber das Wunderbare und letztlich Geheimnisvolle ist doch, dass der kleine Vogel und der goldene Vogel identisch sind. Das heißt, wir sind bei aller Vereinzelung und auch Verirrung immer auch »das Ganze«, eine tiefe Weisheit, die der große Zen-Meister *Hakuin* so ausdrückt:

Nicht wissend, wie nah die Wahrheit ist,
suchen die Menschen sie weit weg, – wie schade!
Sie gleichen dem, der inmitten des Wassers
So flehend seinen Durst hinausschreit.[32]

Es lässt sich wie alle großen Wahrheiten nur paradox formulieren: Wir sind zwei und doch eins, wir sind ganz individuell und doch ein Teil des großen Ganzen, das die moderne Wissenschaft mit Begriffen wie dem »großen Attraktor« oder der letzten Singularität begrifflich zu fassen versucht. Dies ist wohl das endliche uns begreifbare oder sprachlich formulierbare Ziel unserer Sehnsucht, das uns anzieht und große Anziehungskraft oder Faszination auf uns ausübt.

Schöpferisches Bewusstsein und Weisheit

Wohl die größte Anziehungskraft dieser Art aber übt die Weisheit aus, vielleicht das höchste uns bislang erreichbare Ziel der Bewusstwerdung und damit auch der Aktiven Imagination. Es ist diese Sehnsucht nach dem Unbekannten und im tiefsten Inneren doch Bekannten, das uns wie der goldene Vogel lockt und immer wieder von Neuem anzieht, bis wir es endlich nach langer Wanderung erreicht haben. Eine gute und zuverlässige Begleitung auf diesem Weg ist die Aktive Imagination.

Es ist uns wichtig, diese Erfahrungs- und Erlebnismöglichkeit, die jedem Menschen zugänglich ist, mit dem Alltag des täglichen Lebens und den wohl unerforschlichen inneren Quellen der Weisheit und Führung in Verbindung zu bringen. Wichtig ist die Offenheit des Bewusstseins, die Handlungsbereitschaft des Ichs und der Bezug zur Innenwelt.

In umfassender Weise haben der tibetische Buddhismus und die tibetische Mystik die vielleicht vorläufig letzten, uns zugänglichen, Formen der Weisheit in Gestalt der Dhyani-Buddhas – Dhyani heißt Meditation – beschrieben und dem Erleben vermittelt. Sie bilden die Dimensionen der Weisheit in wohl bisher einmaliger und vollständiger Weise ab und seien hier kurz zusammenfassend dargestellt.[33]

> Die spiegelgleiche Weisheit oder die Weisheit des Großen Spiegel wird dargestellt durch den Dhyani-Buddha *Aksobya*. Die Formen aller Dinge, auch unseres Lebens, treten wie zum ersten Mal bewusst auseinander und werden mit der Klarheit, Unerschütterlichkeit und Unparteilichkeit eines von den Gegenständen selbst unberührten Spiegels reflektiert.

Es geht um die reine Anschauung, die reine Wahrnehmung der Dinge, auch um die Totalität unserer Vergangenheit und Gegenwart, wie sie sich unserem geistigen Auge darstellt. Hier ist die gesamte persönliche Entwicklung eingeschlossen, mit all ihren Höhen und Tiefen, ihrem Glück und Leid, aber auch ihrer ständigen begleitenden Sehnsucht.

Die Weisheit der Gleichheit und der essentiellen Einheit allen Lebens wird dargestellt im Dhyani-Buddha *Ratnasambhava*, verbunden mit der Geste des Gebens. Das reine, ihm zugeordnete Urprinzip des Gefühls kommt hier gesteigert zum Mitgefühl, zur allumfassenden Wesensliebe und einer entsprechenden persönlichen Identität zum Ausdruck.

Dies geschieht in umfassender Weise, ganz individuell für mich und für die Welt, in der ich lebe. In der Analytischen Psychologie wird diese Sicht annäherungsweise im Konzept des kollektiven Unbewussten formuliert. Es ist die Grundlage und der Speicher aller menschlichen Erlebnismöglichkeiten, die sich im Schicksal des Einzelnen, nicht in ihrer Gesamtheit, aber jeweils bezogen auf die aktuelle, oft notvolle Lebenssituation entfaltet. Hier zeigt sich der wichtige Bezug der großen Weisheitslehren zur westlichen Psychologie und zur Methode der Aktiven Imagination, deren Bilder und Szenen die jeweils sinnvolle Verbindung von persönlichen Themen mit der »Weisheit der Menschheit« darstellen.

Die Weisheit des unterscheidenden intuitiven inneren Schauens wird dargestellt in *Amithaba*, dem Buddha des »Unendlichen Lichts«. Die Meditationsstellung, die er einnimmt, zeigt die Aufnahmefähigkeit und Bereitschaft gegenüber den ewigen Qualitäten und Kräften des Universums. »In dieser Haltung ist der Körper in vollkommener Symmetrie, vollkommen zentriert, ausgeglichen und entspannt und ruht in vollkommenem Gleichgewicht.«

Aus einer vollkommen entspannten inneren Haltung zu schauen, vielleicht sonst belastende Unterschiede zu sehen, intuitiv neue Möglichkeiten zu erkennen und doch im inneren Gleichgewicht zu bleiben, dies ist eine Dimension der Weisheit wie sie hier ganz klar formuliert wurde. Über die Symmetrie bin ich dem archetypischen Gestaltungs- und Strukturprinzip des Kosmos verbunden. Ist doch die Symmetrie die Basis der Lebensform, wie in der Natur überall festzustellen ist. Über die Aktive Imagination wird diese Beziehung immer wieder im persönlichen Lebensvollzug hergestellt.

Nur aus einer so zentrierten und zugleich entspannten Haltung kann eine spontane und selbstlose Tat geboren werden. Im Dhyani-Buddha *Amoghasiddhi*, der die ›Weisheit, die alle Werke vollendet‹, verkörpert, wird dies dargestellt. Hinzu kommt in allen Darstellungen die Geste der Furchtlosigkeit, der Versicherung, Beruhigung und Segnung, der selbstlosen Liebe und des Erbarmens, eine Verkörperung höchster Freiheit.

Am Anfang war die Tat, selbstlos und spontan, ein Akt der Freiheit. Eine Weisheit, die alle begonnenen Werke so vollendet, ist eine hohe Stufe menschlicher Kraft und Energie. Gelassen und frei, diese Möglichkeit der Aktiven Imagination kommt hier noch einmal klar zum Ausdruck.

An der zentralen Stelle, in der Mitte des Dhyani-Mandalas findet sich der Buddha *Vairocana*, der die Verkörperung der Ganzheit der vier Weisheiten ist, nämlich des ›Universellen Gesetzes‹. In seiner Geste sind die inneren und äußeren Welten in der höchsten Erkenntnis vereint und stellen den ursprünglichen Zustand wieder her – den ursprünglichen Zustand der Universalität.

Die Lebensmöglichkeiten dieser allumfassenden Form der Weisheit sind kaum noch in Worte zu fassen. Eine längere Praxis der Aktiven Imagination vermittelt aber ein Gefühl der Zugehörigkeit zu einem Ganzen, zu einer Einheit von innen und außen, von – meiner – Seele und – meiner – Welt, ein Daheimsein, ein Angekommensein in einem Raum.
Das Mandala ist in Tibet ein zentrales Meditationsbild, das in symmetrischen Formen den ganzen Kosmos symbolisiert und den Meditierenden mit den entsprechenden inneren und äußeren Dimensionen in Verbindung bringen kann. Im tibetischen Buddhismus ist es eine Selbstverständlichkeit, dass all die großen Bilder Projektionen unserer Innenwelt sind. Außen und Innen sind eins, sind nicht getrennt, wie es für die westliche Welt so selbstverständlich ist. Wir müssen die Einheit alles Lebendigen erst wieder lernen und persönlich erfahren, was über die Aktive Imagination möglich ist. Wie groß das Bedürfnis nach einer solchen einheitlichen Schau der

Welt und des Kosmos ist, zeigt sich inzwischen auch im Westen, nicht zuletzt in den vielen Mandala-Malbüchern für Kinder und Erwachsene, die sogar in Schreibwarenläden in großer Vielfalt angeboten werden.

In der Sprache der deutschen Mystik sind wir dann wieder daheim, sind angekommen, haben das Ziel unserer Sehnsucht erreicht, wie das Vögelchen, das auf der Baumspitze die Einheit allen Lebens erfährt.

Die Erfahrung zeigt, dass die Aktive Imagination ein gangbarer und mit dem aktuellen Leben immer vereinbarer Weg ist, sich diesen Weisheitsformen schrittweise, und seien es nur ganz kleine Schritte, anzunähern.

Vergleicht man diese Formen der Weisheit mit den abendländischen Weisheitstraditionen und der Liebe zur Weisheit, wie sie in der Philosophie zum Ausdruck kommt, so wird der ganz besondere Wert der tibetischen Sichtweise deutlich.

Wir haben in diesem Buch viel über Bewusstwerden und Bewusstheit geschrieben, bieten diese doch die Chance, für unsere persönlichen und kollektiven Probleme Lösungen zu finden. Aber die Krönung der Bewusstwerdung ist die Weisheit, höchstes Ziel in allen philosophischen und religiösen Traditionen. Die Sophia im Alten Testament wurde wieder entdeckt, die Schriften der Sufis und die Texte der Upanishaden, um nur einige zu nennen. Die umfassende Weisheit der Dhyani-Buddhas ist hierfür ein krönender Abschluss, über den wir noch nicht hinaus kommen, den wir erst nach langen Übungswegen erreichen können. Die Aktive Imagination ist eine diesen Buddhas würdige und entsprechende Methode, mit deren Hilfe es möglich ist, in diesen Bereich vorzudringen.

Und Nachiketa?

Wie wir schon weiter oben ausführten, fühlte er sich, obgleich er noch sehr jung war, zum spirituellen Leben hingezogen. Das brachte ihn zu seinen Fragen an die Priester, an seinen Vater und zu seinen energischen Handlungen. Seine entscheidende dritte Frage an den Gott des Todes war die nach dem Unsterblichen im Menschen. Sie faszinierte ihn so, dass er alles für die Antwort hingab, nichts konnte die Anziehungskraft dieser ersehnten Antwort noch überbieten, nicht die schönsten Angebote des Gottes – die süßesten Beeren im Bild des Vogels – nichts, nur das Eine war attraktiv. Es führte zum großen Ganzen, wie der Gott es dann beschrieb, und Nachiketa war entsprechend vorbereitetet. Nach unseren Erfahrungen und der vieler Anderer ist jede Aktive Imagination ein Schritt in diese Richtung, es geht immer ein kleines Stückchen weiter. Und je näher wir der Spitze des Baumes und damit dem SELBST kommen, umso weniger Äste können uns verführen oder vom Weg abbringen, dessen Energie und Ruhe immer attraktiver werden. Die praktische Imaginationserfahrung und der theoretische Kontext, wie wir ihn hier kurz vorgestellt haben, gehören zusammen, im Alltag geht es aber nur um das Erleben im Hier und Jetzt unseres Lebens.

So wird also auch Nachiketa von Yama, dem Gott des Todes, unterrichtet:

> Erhebe dich! Vom Schlaf der Nichterkenntnis, welche Träume weltlicher Objekte entstehen lässt und alles Leid verursacht. Erwache! Nähere dich den Großen, den erleuchteten Lehrern und lerne die Erkenntnis der eigenen Identität mit Brahman (dem Höchsten). Wie die scharfe Schneide eines Rasiermessers ist der Weg von Unterscheidungsvermögen und Wissen, der zu Brahman führt, schwer zu gehen und nicht leicht zu überwinden.
>
> Ein verirrter Wanderer sieht in der Wüste eine Luftspiegelung und läuft auf das Wasser zu in der falschen Hoffnung, seinen Durst löschen zu können. Ein Mensch verwechselt in der Dunkelheit ein Stück Tau mit einer Schlange und zittert vor unbegründeter Furcht. Wenn aber die wahre Natur von Wüste und Tau durch einen Weisen enthüllt worden ist, dann leiden die vorher Getäuschten nicht mehr unter falscher Erwartung oder Furcht. Sie erlangen Seelenfrieden. Ebenso unterwirft sich ein getäuschter Mensch, der Atman mit Namen, Formen und Handlungen verbindet und Ihn als den Handelnden und den Genießer des Handelns betrachtet, falschen Erwartungen und Furcht und erfährt endloses Leid. Wenn er aber durch die Anweisungen ei-

nes erleuchteten Lehrers Selbsterkenntnis erlangt, wird er von Nichterkenntnis befreit, erkennt die Täuschungsnatur der Objekte und genießt Frieden. Der Weg zur Selbsterkenntnis ist schwer. Vom Strebenden wird gefordert, Unterscheidung zu üben nach den Anweisungen des Lehrers.[34]

Auf dem Weg zur »Anima Mundi«

So forderten es die Upanishaden, die »geheimen Lehren« der Hindus vor etwa 3000 Jahren. Inzwischen sind wir Menschen weiter gegangen, unsere Bewusstheit hat zugenommen, wir sind »erwachsener«, selbstständiger geworden und bedürfen nicht mehr unbedingt der (äußeren) Lehrer. Doch die inneren Lehren, die des SELBST, die ES uns immer wieder, in unendlicher Geduld und Nachsicht, nahe legt, diese Lehren werden niemals aufhören, uns zu leiten. Auf die äußeren Leitfiguren können wir nach und nach verzichten, aber die inneren Lehrer und Lehrerinnen, die sich in den Gestalten, die das SELBST uns in den Aktiven Imaginationen immer wieder, immer weiter anbietet, sollten wir unbedingt beachten, sie fragen, was sie uns mitzuteilen haben, ihnen zuhören, wenn sie uns ihre Lehren erteilen. Aber uns auch mit ihnen auseinandersetzen, wenn wir nicht ihrer Ansicht sind, sie fragen, wenn wir etwas nicht verstehen, mit ihnen verhandeln, bis wir Klarheit erlangt haben. Wir brauchen nicht einfach alles, auch wenn es von innen kommt, nur so hinzunehmen. Im Sinne der Autonomie, die wir erlangen wollen, ist es besser, mit wachem, kritischen Verstand das, was auftaucht, zu durchleuchten. Von Nachiketa wurde ja auch ein scharfes Unterscheidungsvermögen verlangt. Uns selbst zuliebe, aus Liebe zu uns selbst.

Denn letztendlich ist die Liebe die Schwingung, die uns trägt, wenn der »große Attraktor« uns zu sich zieht in seine absolute Stille und seinen tiefen Frieden hinein. Die Liebe als höchste, als »Laser«-Energie ist uns vom SELBST geschenkt, damit wir uns auf ihren Flügeln dorthin tragen lassen, wo alles Weh und Leid ein Ende hat. Im Erdenleben können wir den Schmerzen nicht ausweichen, sie gehören zur Materie mit ihrer Schwere. Doch anders als den Tieren ist uns Menschen das Bewusstsein darüber gegeben, dass es noch eine andere, eine geistige Dimension gibt, die schmerz- und leidfrei ist. Und die Liebe ist die Energie, die uns am Schnellsten dorthin tragen kann.

Deshalb sollten wir sie niemals versäumen, wenn sie uns berührt, wenn wir auch nur einen kleinen Hauch von ihr spüren. Wir sollten nicht die Sinne verschließen für diese Energie, sondern sie hellwach, so stark, wie wir es vermögen, zu uns heran ziehen, uns also selbst zum Attraktor für die Liebe machen. Wie das geht? Mit ganz viel Offenheit die Schönheiten um uns herum sehen, auch uns selbst so attraktiv wie möglich gestalten, aufmerksam und bewusst unser Äußeres, vor allem aber für unser Inneres sorgen, und uns damit beschäftigen, was uns zur Ruhe kommen lässt, was uns wohl tut. Eine bessere Psychohygiene, als immer wieder in Aktive Imaginationen zu gehen, kann es gar nicht geben. Sie wirken – wir haben es in diesem Buch in vielen Variationen beschrieben – wie ein inneres Bad, eine Reinigung, eine Klärung. Sie lassen uns jedes Mal, wie auch eine äußere Säuberung, ein bisschen besser duftend, ein wenig reiner und klarer aus dem Läuterungsraum heraus kommen, machen uns also immer attraktiver, nicht nur für eine äußere Geliebte und einen äußeren Geliebten, sondern vor allem für die innere Liebesgestalt. So wie der kleine Vogel auf den unteren Ästen nähern wir uns mit jeder Aktiven Imagination der inneren Liebesgestalt, nehmen selbst den goldenen Glanz des vollendeten Vogels auf der Baumspitze an.

Nach außen gewinnen wir auf diesem Weg immer mehr Selbstbewusstsein, das uns autonom und unabhängig macht. Nach innen erreichen wir zunehmende Ruhe, finden Frieden, und die Schönheit, die dadurch entsteht, ist wiederum der Attraktor für viele andere Menschen, die sich von uns angezogen fühlen und uns vielleicht nach dem Geheimnis unserer Attraktivität fragen. Weil sie auch in sich die Sehnsucht nach dem – noch – Unbekannten spüren. Insofern erlangen wir mit Hilfe der Aktiven Imagination sowohl emotionale als auch soziale Kompetenz, wir verrichten also die innere Arbeit nicht egoistisch nur für uns selbst, wir tun sie im Grunde für die ganze Welt, im Namen der »Anima Mundi«, der Weltseele. Wenn wir der Energie der Seele folgen, erreichen wir die

Weltseele, die wir wahrscheinlich bisher als Singularität verstanden haben. Sind wir jedoch erst einmal in diesem tiefsten Bereich der Seele angekommen, stellen wir vielleicht fest, dass es sich anfühlt, als hätten wir ein »Kosmos Elternpaar« (wir schreiben hier Kosmos im Sinne Ken Wilbers groß) gefunden, das seine Kinder liebt, das weiß, dass diese das Beste aus dem machen, was ihnen mitgegeben ist. Über den Weg der Aktiven Imagination können wir dieses »KOSMISCHE Elternpaar« erreichen, uns geborgen, sicher und verstanden fühlen. Außerdem erhalten wir nur dort die richtige Weisung für den persönlichen Sinn unseres Lebens. Haben wir diesen erst erkannt, fällt es uns nicht mehr schwer, ganz individuell und autonom zu leben.

12.
Blick aufs Ganze: Technik, Theorie und persönliche Fragen

Bisher haben wir an vielen Beispielen gezeigt, was in einer Aktiven Imagination geschehen, in welchen Lebenssituationen und zu welchen Themenbereichen sie angewendet werden kann. Wir haben auch beschrieben, dass aus dem unbewussten Bereich der Seele in Notsituationen Impulse in Form von Gestalten auftauchen können, die ihre Hilfe anbieten. Insgesamt geht es uns darum, aufzuzeigen, dass das Ichbewusstsein des einzelnen Menschen nicht alleine mit seinen Fragen, Kümmernissen, Ängsten, Bedürfnissen und Wünschen nach Selbstverwirklichung ist, sondern jede Unterstützung aus seinem eigenen Inneren erhält, wenn es bereit ist, darum zu bitten und sie dann auch anzunehmen. In diesem Kapitel werden wir nun der Vollständigkeit halber noch auf technische Einzelheiten eingehen und auch ein wenig allgemein verständliche Theorie der Aktiven Imagination einfügen. Wir beginnen damit, ganz klar zwischen passiven und aktiven Imaginationen zu unterscheiden.

Passive und Aktive Imagination

Stellen wir uns folgende Situation vor: Wir haben den Hörer in der Hand, führen ein konzentriertes Gespräch und malen gleichzeitig auf einem vor uns liegenden Papier. Es ist kein zielgerichtetes Malen, es entsteht etwas, über das wir möglicherweise nach Beendigung des Telefonats erstaunt sind. Vielleicht erkennen wir in diesem Bild sogar etwas, das mit dem Gespräch in einem Zusammenhang steht, es ist jedoch völlig unbewusst entstanden, es war ohne eine bestimmte Absicht geschehen.

Wenn wir beobachten, was mit uns vor dem Einschlafen geschieht, so stellen wir auch da fest, dass Bilder in uns auftauchen, die wir meist nicht zuordnen können, auch sie wechseln sich mit anderen Bildern ab.

Wir sind also nie oder wenn, dann nur für ganz kurze Zeit, ohne innere Bilder und Vorstellungen, denen wir normalerweise jedoch keine große Aufmerksamkeit schenken, sie geschehen gleichsam parallel zu unserem Bewusstsein. In diesem Zusammenhang ist interessant, was ein Klient neulich berichtete:

Ich war vor Jahren einige Tage in Kairo, besuchte die Pyramiden, das Ägyptische Museum und andere Sehenswürdigkeiten der ägyptischen Hauptstadt. Dann saß ich im Flugzeug von Kairo nach Europa und dachte darüber nach, wie es passieren konnte, dass in mir in den wenigen Tagen meines Aufenthalts ein körperliches Symptom entstehen konnte. Plötzlich hörte ich eine innere Stimme, die sich als »Hüterin der religiösen Stätten des alten Ägypten« zu erkennen gab. Ich erschrak – was ist das?

Nachdem ich mich gefangen hatte, fragte ich, ob sie mir etwas dazu sagen könne, warum ich dieses Symptom entwickelt hätte. Sie antwortete, sie sei gekommen, um mir zu sagen, dass ich ehrfurchtslos, wie eben ein geistloser Tourist, durch die heiligen Stätten gelaufen sei. Das sei nicht gut und werde der Bedeutung und der Heiligkeit dieser Stätten nicht gerecht, deshalb sei dieses Symptom aufgetreten. Nicht im Sinne einer »Strafe«, sondern als freundlicher Hinweis für ein, der jeweiligen Örtlichkeit, angemessenes Verhalten.

Das Gespräch mit der Stimme ging noch etwas weiter, merkwürdigerweise bis das Flugzeug die Landesgrenze in Richtung Norden überflog.

Vergleichen wir die Aktive mit der passiven Imaginationen, so fallen Gemeinsamkeiten und Unterschiede auf:

Als passive Imagination bezeichnen wir das Auftauchen von inneren Bildern oder Gedanken, denen wir uns nicht weiter zuwenden. Sie tauchen auf und verschwinden wieder, verschiedene Bilder können sich scheinbar ohne Sinn aneinander reihen, was uns gar nicht weiter stört. Unser Ich lässt sie geschehen und kümmert sich nicht weiter darum. Würde sich unser Ich diesen Botschaften aus dem Unbewussten zuwenden, könnten wir feststellen, dass sich doch ein Sinn mit ihnen verbindet, den wir jedoch in aller Regel nicht näher wahrzunehmen versuchen.

Auch in der Aktiven Imagination taucht bei vollem Bewusstsein ein Bild, ein Geschehen aus dem Unbewussten auf. Das Unbewusste ist im oben genannten Beispiel durch die Stimme sogar sehr aktiv und zielgerichtet, sie hatte eine wichtige Botschaft zu überbringen.

Auch das Bewusstsein wird aktiv, es bittet die Stimme gleichsam um Hilfe, es will wissen, warum dieses Symptom aufgetreten ist. Es kommt zu einem Dialog zwischen dem Unbewussten und dem Bewusstsein, der hilft, bedeutsame Zusammenhänge zu verstehen.

In der Aktiven Imagination wird also das, was aus dem Unbewussten aufsteigt, im Gegensatz zur passiven Imagination ernst genommen. Es ereignet sich ein Dialog zwischen der Stimme und dem Bewusstsein, zwischen dem Unbewussten und dem Bewusstsein. Das Bewusstsein akzeptiert, dass sich die Stimme als überlegen darstellt, weil es spürt, dass diese mehr weiß, in diesem Fall, welche Bedeutung ein bestimmtes Symptom hat. Das Bewusstsein hat diesbezüglich zunächst keine Ahnung.

Verwandte Methoden

Es gibt Menschen, die gleichsam eine natürliche Begabung zur Aktiven Imagination haben, sie können beispielsweise mit einem Baum reden oder ihrem Gott ihre Anliegen vortragen und nehmen dann auch entsprechende Reaktionen wahr. So standen beispielsweise die Propheten des Alten Testaments im Austausch mit Jahwe, sie waren in der Lage, seine Stimme zu hören und entsprechend zu antworten. Im Grunde brauchen wir aber nicht so weit in die Vergangenheit zurückzugehen, auch heute können wir uns mit Gott, einem Baum, einem Tier oder einem Stein unterhalten.

Die meisten Menschen müssen diese »Verrücktheit« allerdings erst »lernen«, was aber durchaus möglich ist. Manchmal geht der Weg zunächst über Methoden, die mit der Aktiven Imagination verwandt sind: z. B. Malen und Schreiben aus dem Unbewussten, Tonen, Sandspiel oder auch Träumen.

In einer psychotherapeutischen Klinik werden zum Beispiel acht bis neun Patienten in einer Gruppe behandelt und in unregelmäßigen Abständen deren Partner und Partnerinnen oder die Eltern eingeladen, sich tagsüber von Montag bis Freitag ebenfalls in der Klinik aufzuhalten und an allen Therapieveranstaltungen teilzunehmen. Es geht dabei darum, die Beziehung zwischen den Eheleuten oder den Eltern und ihrer Tochter oder ihrem Sohn und umgekehrt zu beleuchten und gegebenenfalls daran zu arbeiten. Patienten, Angehörige und der jeweilige Therapeut oder die jeweilige Therapeutin treffen sich montags früh im Gestaltungsraum und beginnen mit Malen. Patient und Patientin und Partner und Partnerin bekommen einen Tisch, die notwendigen Farben und ein Blatt Papier. Die Anweisung lautet:

»Gestalten Sie gemeinsam das vor Ihnen liegende Blatt Papier. Sie haben 60 Minuten Zeit, sich auf dem Papier so auszudrücken, wie Sie es für richtig, gut und treffend halten.«

Nach einer Stunde setzen sich die Beteiligten dann in einen anderen Raum, um die Bilder, die entstanden sind, unter dem Aspekt der Beziehung zwischen ihnen anzuschauen.

Es handelt sich um ein Bild, das spontan aus dem Unbewussten entsteht, dem die Möglichkeit gegeben ist, sich darzustellen. Vergleichbar ist dieses Bild der oben genannten Stimme, die etwas Wesentliches und Hilfreiches zum entstandenen Symptom auszudrücken wusste, was dem Bewusstsein verschlossen ist oder war. Auch dieses Bild sagt etwas zu einem Konflikt, den wir über das Symbol, das auf dem Bild erscheint, zu verstehen versuchen. Die Äußerung des Unbewussten bedarf dabei der Auseinandersetzung mit dem Bewusstsein, um eine Hilfe für den vorhandenen Konflikt zu erhalten.

Bei allen imaginativen Verfahren geht es meist zunächst einmal um einen Konflikt, den das Bewusstsein trotz intensiven Bemühens nicht in der Lage ist zu lösen. Man könnte sagen, dass das Bewusstsein sich auf Grund seiner Unfähigkeit, eine Lösung zu finden, an das Unbewusste um Hilfe wendet, weil es weiß, dass in diesem Bereich Möglichkeiten schlummern, die aus dem Konflikt herausführen. Das Unbewusste kann sich dann durch Farben auf Papier, durch einen Traum, durch Ton, der gestaltet, eine Geschichte, die geschrieben wird oder durch ein Sandbild ausdrücken. Gemeinsam ist den »Werken«, die so entstanden sind, dass sie spontan und intuitiv hergestellt wurden. Das Bewusstsein beschäftigt sich dann mit diesen Gestaltungen und sucht den Lösungsansatz, der ihm angeboten wird, zu ergründen und zu verstehen.

In unserer psychotherapeutischen Arbeit versuchen wir immer herauszufinden, wozu das jeweilige Gegenüber die beste Begabung mitbringt. Manche Menschen können sich überhaupt nicht über Malen, Tonen, Sandspiel oder Träumen ausdrücken, aber ihnen liegt es vielleicht, etwas aufzuschreiben. Wir regen sie dann an, beispielsweise ein Märchen oder eine Geschichte zu erfinden oder einen Brief an den Konfliktpartner aufzusetzen, der dann jedoch nicht abgeschickt wird. Auch so entsteht eine Äußerung des Unbewussten, die wir dann mit unserem Ich zu verstehen suchen und entsprechend auch Stellung beziehen.

C. G. Jung subsumierte ursprünglich unter dem Begriff »Aktive Imagination« alle bildhaften Methoden, durch die sich das Unbewusste darstellen kann. Nach dieser Definition sind Malen, Tonen, Schreiben, Sandspiel oder Tanzen Methoden der Aktiven Imagination. Wichtig erscheint, dass alle Methoden zur Verfügung stehen. Mit dem Malen, Tonen, Schreiben oder Spielen im Sand lassen sich die aus dem Unbewussten entstandenen Bilder vertiefen. Nicht selten können Menschen die von innen auftauchenden Bilder emotional nicht erleben, sie bleiben in der Rolle des Zuschauers. Durch die Vertiefung mittels der anderen Methoden kann es gelingen, den Imaginierenden aus der Beobachterposition herauszulösen und ihn als emotional Handelnden ins Geschehen einzubinden.

Später haben Jung und seine Mitarbeiterin Marie-Louise von Franz den Begriff »Aktive Imagination« deutlich von den verwandten Methoden unterschieden. Sie verstanden darunter das im Wachzustand entstandene innere Bild aus dem Unbewussten und die bewusste Auseinandersetzung mit diesem Bild und den darin auftauchenden Gestalten.

In der Literatur werden gelegentlich auch die verwandten Methoden dem Begriff »Aktive Imagination« zugeordnet. Es ist richtig, dass auch in den anderen imaginativen Verfahren dem Unbewussten die Möglichkeit, sich zu äußern, gegeben wird und dass sich das Bewusstsein mit diesen Äußerungen auseinandersetzt. Ein wesentlicher Unterschied zwischen der Aktiven Imagination und den ihr verwandten Methoden besteht jedoch darin, dass in der Aktiven Imagination ein Dialog, das heißt eine aktive Beziehung und auch Auseinandersetzung des Ichs mit den Gestalten aus dem Unbewussten erfolgen soll. Nur so lässt sich, wie Jung nahelegt, das Unbewusste vom Bewusstsein und das Bewusstsein vom Unbewussten analysieren. Diese Auseinandersetzung ist notwendiger Bestandteil der Individuation, denn sie stärkt auf Dauer das Ich mit seinen verschiedenen Funktionen, die mit den angeborenen menschlichen Fähigkeiten des Empfindens, Denkens, Fühlens und der Intuition gegeben sind. Wir brauchen ein starkes, sicheres, aber auch flexibles Ich, um autonom, also selbstbewusst und selbstsicher in der Welt zu handeln.

Elia und der Engel

Zur Erklärung einer solchen Auseinandersetzung in einer Aktiven Imagination hier ein Beispiel aus der Literatur. Paulo Coelho, ein vielgelesener Schriftsteller der heutigen Zeit, beschreibt in seinem Buch *Der fünfte Berg*, das vom alttestamentlichen Propheten Elia handelt, eine Aktive Imagination, die er allerdings nicht so nennt. Doch von der Dynamik her können wir das Geschehen, das Coelho beschreibt, als Aktive Imagination betrachten:

> Elia schreckte aus seinem Traum auf und blickte hoch zum Firmament. Das war die Geschichte, die ihm nicht eingefallen war!
> Vor langer Zeit hatte der Patriarch Jakob seine Zelte aufgeschlagen, und jemand war in sein Zelt gekommen und hatte mit ihm bis zum Morgengrauen gekämpft. Jakob hatte den Kampf aufgenommen, obwohl er wusste, dass sein Gegner der Herr war. Als es Tag wurde, war er immer noch unbesiegt. Und da hatte Gott ihn gesegnet.
> Sie wurde von Generation zu Generation weitergegeben, damit niemand vergaß: Manchmal ist es notwendig, mit Gott zu kämpfen. Alle Menschen mussten irgendwann in ihrem Leben

ein Unglück durchmachen. Es konnte die Zerstörung einer Stadt sein, der Tod eines Kindes, eine unbegründete Anklage, eine Krankheit, die sie für immer zu Invaliden machte. In diesem Augenblick forderte sie Gott heraus, sich ihm zu stellen und ihm seine Frage zu beantworten:

›Warum klammerst du dich so sehr an ein kurzes Leben voller Leiden? Welchen Sinn hat dein Kampf?‹

Der Mensch, der darauf keine Antwort hatte, schickte sich dann darein. Während der andere, der für sein Leben einen Sinn suchte, sein eigenes Schicksal herausforderte, weil er fand, dass Gott ungerecht gewesen war. Das war der Augenblick, in dem ein anderes Feuer vom Himmel herabkam – nicht jenes, das tötet, sondern jenes, das die alten Mauern einreißt und jedem Menschen seine wahren Möglichkeiten gibt. Die Feiglinge lassen niemals zu, dass ihr Herz von dieser Flamme entflammt wird. Sie wollen nur, dass alles wieder so wird wie vorher, damit sie so leben und denken können, wie sie es gewohnt waren. Die Tapferen jedoch werfen alles, was alt war, ins Feuer und geben, wenn auch unter Schmerzen, alles auf, sogar Gott, und schreiten voran.

›Die Tapferen sind immer starrsinnig.‹

Vom Himmel lächelte der Herr zufrieden – weil es genau dies war, was Er wollte, nämlich dass jeder die Verantwortung für sein Leben in die eigenen Hände nahm. Schließlich war dies ja die größte Gabe, die er Seinen Kindern gegeben hatte: Die Fähigkeit, selbst zu wählen und zu bestimmen.

Nur Männer und Frauen mit der heiligen Flamme im Herzen hatten den Mut, sich Ihm zu stellen.

Und nur sie kannten den Weg, der zurück zu Seiner Liebe führte, weil sie am Ende begriffen hatten, dass das Unglück keine Strafe, sondern eine Herausforderung war.[35]

Soweit das Verständnis Coelhos über Bewusstheit und Autonomie, das wir durchaus mit ihm so teilen. Auch Jakob hat nicht aufgegeben, sich mit seinem Ich mit Gott – in der Jungschen Psychologie sagen wir: mit dem SELBST – auseinanderzusetzen. Auf diese Dynamik kommt es also bei der Aktiven Imagination an.

Ich imaginiere!

Nun erklären wir noch einmal genau die Technik der Aktiven Imagination. Wie wir es schon einige Male beschrieben haben, wollen manche Menschen die Aktive Imagination kennen lernen, weil sie davon gehört haben und die Methode durchaus interessant finden. Manche haben sich bereits mit anderen imaginativen Verfahren beschäftigt und möchten deshalb auch diese Methode lernen. Andere wiederum leiden an einem Konflikt, sie suchen eine Lösung und wenden sich deshalb der Aktiven Imagination zu. Oft haben sie schon eine Psychoanalyse hinter sich, sie sind also mit der analytischen Arbeit vertraut. Bei manchen besteht jedoch dieser Hintergrund nicht, sie sind aber so begabt, dass sie schnell in die Aktive Imagination einsteigen können.

Wichtig ist der Ort, an dem ich imaginieren will. Er sollte ruhig und vielleicht, wenn der Raum allzu hell ist, etwas abgedunkelt sein und einen angenehmen Platz zum Sitzen bieten. Die Sitzgelegenheit kann ein Sessel oder ein Stuhl, ein Meditationskissen oder ein Platz auf dem Boden sein. Wichtig ist, dass ich eine Haltung einnehme, die sowohl entspannt ist als auch Aufmerksamkeit zulässt, dass ich mich wohl fühle und in keiner Weise in meiner Konzentration abgelenkt bin.

Manchmal muss man eine Weile warten, bis man bei sich selbst angekommen ist und das Hin und Her der oft widersprüchlichen Gedanken und Gefühle, die uns immer bewegen, gestoppt hat und nicht mehr von äußeren Ereignissen belastet ist. Da kann es hilfreich sein, vor Beginn der eigentlichen Aktiven Imagination eine kleine Entspannungsübung zu machen. Das ist auch nützlich, wenn man schon viel Erfahrung mit dieser Imaginationsform gesammelt hat.

Das kann z. B. folgendermaßen geschehen: Man schließt die Augen und stellt sich eine nach unten führende Treppe vor. Es kann eine Treppe sein, die man vielleicht schon einmal irgendwo gesehen hat, sie kann aber auch völlig unbekannt sein. Es gibt diesbezüglich kein »Richtig« und kein »Falsch«; was kommt, stimmt und ist gut. Dann geht man langsam und bewusst Schritt für Schritt die Treppe nach unten, zuerst einmal 10 Stufen. Dabei kann man innerlich mitzählen: 10. Stufe, 9. Stufe, 8. Stufe, usw. bis man bei 1 und einem Absatz angekommen ist. Oft ist es zweckmäßig, diesen Vorgang zu wiederholen und nochmals 10 Stufen langsam und bewusst hinunterzusteigen.

Unten angekommen steht man dann vor einer verschlossenen Tür. Auch diese ist ganz frei vorstellbar, es ist keine bestimmte Tür. Die erscheint, ist die richtige und für diese Imagination passende Tür. Manchmal kann es auch ein großes Tor sein.

Diese einstimmende und entlastende Entspannungsübung, die man auch in einer anderen Weise, die einem vertraut ist, durchführen kann, etwa eine Zeit lang dem eigenen Atem folgen, die einzelnen Atemzüge bewusst wahrnehmen, dient nur der Vorbereitung der Aktiven Imagination. Sie ist noch nicht Inhalt der Imagination. Erst mit dem Überschreiten der Schwelle, dem Öffnen der Tür oder wenn gleich ein bestimmtes Bild auftaucht, beginnt die Imagination. Wichtig ist, dass man sich immer alles genau anschaut und vergegenwärtigt: Wie sehen Treppe und Tür aus, in welcher Umgebung befinde ich mich, ist die Treppe breit oder schmal, hat sie hohe oder niedrige Stufen, hat die Türe ein besonderes Schloss oder eine besondere Klinke?

Und dann beginnt die eigentliche Aktive Imagination.

Jetzt ist es ganz wichtig, dass das erste Bild, das entsteht, aus dem Inneren auftaucht, als Einstieg in die Imagination aufgefasst und ernst genommen wird. Es muss auf dieses erste Bild reagiert werden. Da gibt es kein Handeln darüber, ob mir dieses Bild gefällt oder nicht, ob es mir angenehm ist oder nicht und ich lieber auf ein anderes warten möchte. Das zuerst auftauchende Bild, in welcher Form auch immer – und die mitgeteilten Beispiele haben ja viele immer überraschenden Anfangsbilder gezeigt –, ist der Zugang zu der Information und der Botschaft, die mir mit meinem Anliegen, mit dem ich begonnen habe, weiterhelfen soll. Hier ist nun entscheidend, dass ich aktiv an dem folgenden Geschehen teilnehme und zwar so, wie ich mich auch sonst im Leben verhalte. Wenn mir etwas unklar ist, frage ich. Ich richte meine Frage oder mein ungläubiges Staunen an mein inneres Gegenüber, wer oder wie es auch sein mag. Dies wurde ja in den vielen Beispielen schon gezeigt.

Ich darf nicht in der Rolle einer passiven Zuschauerin, eines passiven Zuschauers wie im Kino verbleiben und einfach alles geschehen und so über mich ergehen lassen, als ginge es mich nichts an. Das wäre eine passive Fantasie, um die es hier nicht geht. Es kommt hier – das können wir nicht oft genug betonen – auf meine aktive Teilnahme am inneren Geschehen an. Das Ich vertritt seine ihm jetzt gemäße und passende Haltung. Das Ich und das Unbewusste nehmen häufig verschiedene Standpunkte ein, die eines Ausgleichs bedürfen, auf eine notwendige Ergänzung hinweisen, die im Sinne meiner Weiterentwicklung sinnvoll ist. Genau hier liegt ja die große Möglichkeit der Erweiterung meiner Lebensperspektiven, an der ich kontinuierlich mit der Aktiven Imagination arbeiten kann.

Von großer Bedeutung ist auch, dass ich mit meinem Gefühl beteiligt bin und nicht nur einfach spannende Bilder kommen lasse oder gar schon darüber nachzudenken beginne. Es kann sein, dass ich plötzlich, vielleicht zu meinem großen Erstaunen, weinen oder auch lachen möchte, dann sollte ich das unbedingt zulassen. Vieles ist in einer Aktiven Imagination wirklich völlig überraschend. Das ist gerade ein Kennzeichen einer gelingenden Aktiven Imagination. Schöpferische Impulse, denn um die geht es immer auch, sind eben völlig neu und nicht ein Weiterschreiten auf bekannten Bahnen. Das innere Geschehen einer Aktiven Imagination ist hinsichtlich der Gefühle identisch. Das Innen ist genau so emotional wie das Außen des Lebens und umgekehrt.

Ein sehr wichtiger Gesichtspunkt ist auch die Verbindlichkeit einer Aktiven Imagination. Wir neigen leicht dazu, das Erlebte als von mir selbst erfunden oder ausgedachte Fantasie zu entwerten. Dann ist es nichts anderes als ein kleines unverbindliches Fantasiespiel, wie ich es immer in mir herstellen kann.

Bei dieser Methode jedoch gehen wir davon aus, dass ich vor einem autonomen inneren Gegenüber stehe, das man, wie beschrieben, als das größere SELBST, als die innere Weisheit verstehen muss, dem oder der ich mich fragend öffne. Es kommen natürlich nicht nur angenehme oder erfreuliche Themen zur Sprache im inneren Dialog. Viele Hinweise können zunächst unbequem sein, führen mich aber, wie gezeigt, gerade deswegen weiter auf meinem persönlichen Weg. So werden wir auch mit den nicht gelebten oder ängstlich von uns, vielleicht seit unserer Kindheit und als Folge der unter

Umständen sehr strengen Erziehung, vehement abgelehnten Seiten unserer Persönlichkeit konfrontiert, worüber wir vielleicht wieder erschrecken, weil es ängstigend und unangenehm ist. Aber gerade darin liegt die Chance und wohl auch die Aufgabe, vor die ich jetzt gestellt werde, sonst hätte ich mir das Anliegen oder die Frage nicht vorgenommen. Ich kann an diesen Themen immer weiter arbeiten und bin nicht nur auf die Träume angewiesen, über deren Erscheinen oder Ausbleiben ich wenig Einfluss habe. Die Aktive Imagination will und muss in ihrer Gesamtheit ernst genommen werden. Wenn ich dazu nicht bereit bin, sollte ich sie lieber unterlassen.

Nicht wie ein Schwein vom Trog davonlaufen

Ein Mann, der schon viel Erfahrung mit der Aktiven Imagination gesammelt hat, berichtet hierzu folgendes:

Ich hatte über etwa 5 oder 6 Monate häufig imaginiert. Nun stand unser Urlaub vor der Tür, ich entschied mich, während der Urlaubszeit nicht zu imaginieren. Die Räumlichkeiten am Urlaubsort waren zu eng, auch die nötige Ruhe fehlte, außerdem hatten wir vor, viel zu wandern oder andere Dinge zu unternehmen, so dass mir das Imaginieren nicht richtig in den Urlaub zu passen schien.

Merkwürdigerweise fühlte ich mich in diesem Urlaub aber gar nicht wohl, ich konnte mich nicht erholen und fuhr genauso müde nach Hause, wie ich gekommen war. Ich konnte mir das nicht erklären, bis ich wieder zu Hause meine Seele nach den Gründen fragte. Ich erfuhr nun zu meiner Überraschung, dass ich einfach in den Urlaub gefahren war, ohne mich vorher ausdrücklich zu verabschieden, ich sei von der Zeit des gemeinsamen Tuns – ich hatte ja sehr häufig imaginiert – weggelaufen wie ein Schwein vom Trog. Natürlich war ich sehr betroffen ob dieses Vorwurfs, ich musste mir eingestehen, dass ich das innere Geschehen doch nicht ernst und verpflichtend genug genommen hatte. Von einem guten Freund wäre ich so nicht einfach weggelaufen, ich hätte mich vor dem Urlaub verabschiedet. Über dieses Geschehen habe ich hinsichtlich des ernsthaften Umgangs mit der Aktiven Imagination viel gelernt.

Weitere nützliche Tipps

Wir sollten auch darauf achten, ob sich während des Imaginierens irgendwelche Symptome bemerkbar machen. Es kann zum Beispiel sein, dass Kopfschmerzen auftreten, dass der Rücken weh tut, das Herz plötzlich zu rasen beginnt, Schweiß ausbricht oder ein Kloßgefühl im Hals spürbar wird. Diese Symptome gehören in den psychovegetativen Bereich, sie können auftreten, wenn ein seelischer Konflikt berührt oder starke Emotionen wie Ärger, Wut, Trauer, Angst unterdrückt werden. Ist dies der Fall, vermerken wir im Protokoll, das wir anschließend oder auch während der Imagination schreiben, wo, an welcher Stelle sich die Symptomatik zeigte. Zum Verständnis dessen, was im eigenen Inneren vorgeht, ist das von erheblicher Bedeutung. Wir müssen damit dann aber nichts »machen«. Es geht nur darum, solche Störungen wahrzunehmen und auch als zu mir gehörig anzunehmen. Dann können sie sich von selbst verändern.

Auch wenn die Bilder während der Aktiven Imagination »springen«, das heißt, wenn plötzlich ein ganz anderes Bild auftaucht, das nichts mit dem vorhergehenden zu tun hat, ist dies ein Zeichen dafür, dass ein wichtiges Gefühl nicht zugelassen wurde. So ein »Springen« geschieht immer dann, wenn es einen Widerstand dagegen gibt, ein bestimmtes Gefühl wahrzunehmen.

Eine Aktive Imagination könnte zum Beispiel so beginnen, dass ich irgendwo eine Wanderung mache und dabei an einem einsam stehenden Haus vorbeikomme. Plötzlich »springt« das Bild, die Landschaft hat sich verändert, ich befinde mich allein an einem Mittelmeerstrand oder in einer fremden Stadt. Es spielt keine Rolle, welches Bild auftaucht, von Bedeutung ist der Bildwechsel. Im Laufe der Jahre kann man dann zum Beispiel herausfinden, dass ein solcher Bildwechsel immer dann stattfindet, wenn eine Situation in der Aktiven Imagination Unbehagen oder Angst bereitet. Bewusst ist diese Angst zunächst nicht wahrnehmbar, spürbar kann sie möglicherweise dann werden, wenn man ins erste Bild zurückgeht und die Imagination fortsetzt.

Eine Aktive Imagination sollte im Normalfall etwa 30 Minuten dauern. Sie kann auch gelegentlich kürzer sein. Sie länger als 30 Minuten auszudehnen empfiehlt sich nicht, weil erfahrungsgemäß nach dieser Zeit die Konzentration nachlässt und dann die Gefahr besteht, dass aus der Aktiven Imagination eine passive Träumerei wird. Am Besten spüre ich in mir nach, wann ich die Aktive Imagination beenden möchte. Im Laufe der Zeit erkenne ich auch, ob diese Sequenz der Aktiven Imagination mit dem heutigen Tag beendet ist oder ob sie morgen fortgesetzt werden möchte. Der in Aktiver Imagination schon erfahrene Mann – er praktiziert diese Methode seit vielen Jahren mit persönlichem Erfolg – berichtet:

Meine längste Aktive Imagination dauerte etwa vier Monate, wobei ich ungefähr vier mal wöchentlich imaginierte. Nach dieser Zeit sagte mir mein Begleiter, dass er mir jetzt nicht mehr weiterhelfen könne, dass ich mir jetzt einen anderen Begleiter suchen müsse. Ich habe einen neuen Begleiter gefunden, gelegentlich besuche ich meinen alten Freund, von dem ich viel erfahren habe. Auf Grund meiner oben geschilderten Erfahrungen habe ich ihm immer gesagt, wenn ich wieder zu ihm kommen wolle, und habe mich auch an meine Zusagen gehalten.

Manche Menschen sind in der Gefahr, sich in den unbewussten Bildern zu verlieren. Für sie empfehlen wir, sich einen Wecker zu stellen, der sie dann auf jeden Fall in die äußere Realität zurückholt. Es handelt sich hierbei um eine reine Vorsichtsmaßnahme, die für die meisten Imaginierenden nicht nötig ist. Sie spüren meist sehr schnell, ob eine solche Hilfestellung für sie geeignet ist oder nicht.

Es ist sehr sinnvoll, die Imaginationen zu protokollieren. Das Geschehen der Aktiven Imagination kann so schnell vergessen sein, wie am Morgen die Träume schwinden können, wenn sie nicht gleich aufgeschrieben werden. Es wäre nicht im Sinne der Aktiven Imagination, wenn die Inhalte, die sich aus ihr ergeben, wieder ins Unbewusste zurücksinken. Aus diesem Grund empfiehlt es sich dringend, sofort nach Beendigung ein Protokoll anzufertigen. Den besten Platz finden die Protokolle sicher im vorhandenen oder anzulegenden Traumbuch. Das Protokoll dient der Kontrolle und Objektivierung dessen, was sich abgespielt hat. Ich kann besser erkennen, ob ich mein Ziel, das ich in der Fragestellung formuliert habe, auch erreicht habe. Darüber hinaus kann ich feststellen, ob ich mich wirklich ausreichend aktiv mit dem, was aufgetaucht ist, auseinandergesetzt habe oder mich möglicherweise doch in einer passiven Imagination habe treiben lassen.

Wenn ich spüre, dass die Imagination nach einer halben Stunde nicht beendet ist, dass ich sie weiterführen möchte, dann fange ich beim nächsten Mal – die Zeitpunkte sollten nicht zu lange auseinander liegen, höchstens eine Woche – da an, wo ich zuvor aufgehört habe. In den Imaginationen mit dem Landstreicher und der Bärenmutter haben wir solche fortlaufenden Sequenzen beschrieben.

Vor dem Beginn einer Aktiven Imagination sollte ich mir über mein Ziel klar werden. Ich kann eine Frage an das Unbewusste stellen, die beispielsweise lauten kann: »Warum bin ich heute den ganzen Tag wütend? – Warum fühle ich mich niedergeschlagen? – Warum passiert es mir immer wieder, dass...? – Warum muss ich immer wieder an eine Gestalt des Traums aus der vergangenen Nacht denken? – Warum hatte ich einen Unfall?«

Es gibt unendlich viele Fragen, die man stellen kann, die man aber nicht stellen muss. Es ist nicht unbedingt nötig, eine Frage zu formulieren, ich kann mit der Aktiven Imagination auch einfach so beginnen. Nicht selten ergibt sich erst aus dem Inhalt der Imagination die für mich relevante Frage, die mir vorher gar nicht bewusst gewesen ist.

Mein Anliegen sollte im Protokoll festgehalten und möglichst einfach formuliert werden. Während der Imagination spielt meine Frage dann keine Rolle. Danach werde ich mich an sie erinnern und den Inhalt der Imagination mit meiner Frage in Beziehung setzen. Natürlich will ich auch verstehen, was zu meiner Frage aus dem Unbewussten aufsteigt. Manchmal erschließt sich die Frage unmittelbar und sofort, manchmal kann ich überhaupt nicht verstehen, was diese »Antwort« mit der Frage zu tun hat. Dies ist in aller Regel dann der Fall, wenn sich die Antwort symbolisch ausdrückt. Da das Symbol für den Moment eine bestmögliche Antwort darstellt, sollte ich es nicht mit dem Verstand zerpflücken, weil ich es seiner Energie, die es in mir wachruft, beraube. Ich lasse es einfach wirken, versuche meditativ mit dem gesamten Geschehen umzugehen. So wirkt es am Besten auf mich und bewirkt etwas in mir. Der symbolische Ausdruck ist auch ein Hinweis darauf, dass ich die Aktive

Imagination fortsetzen sollte. Damit können sich die Symbole verändern, im Verlauf des Prozesses wandeln sie sich so, dass sie dem Bewusstsein verstehbarer werden.

Unter Umständen gibt es auch Schwierigkeiten beim Imaginieren. Ich habe mir den richtigen Platz im richtigen Raum geschaffen, habe versucht, mich zu entspannen, ich habe die Augen geschlossen und jetzt taucht nichts aus dem Unbewussten auf, ich fühle mich leer, ich kann das auch nicht ändern, wenigstens für den Moment nicht. Ziemlich abwertende Gedanken können dann auftreten – wir haben weiter oben, im Zusammenhang mit der Kultur des inneren Dialogs darüber geschrieben – sie suggerieren mir vielleicht, ich sei zu dumm oder ich sei jetzt nicht in Stimmung oder das Ganze sei doch sowieso kindisch. Eine solche Blockade tritt meist bei Anfängern auf und ist auch ein Ausdruck einer gewissen Angst vor dem, was aus der Tiefe auftauchen könnte. Wichtig ist dann, sich von einer solchen Blockade nicht entmutigen zu lassen oder zu meinen, über Anstrengung sei das Problem zu lösen.

Manchmal hilft es, sich weiter zu entspannen oder aus dem Unbewussten zu dieser Situation zu malen oder ein Sandspiel zu machen, manchmal tut es gut, frühere Träume wieder zu lesen, oder es hilft ein Spaziergang, weil er mich aus meiner Verkrampfung holt.

Unter Umständen führt auch ein Stück Psychoanalyse weiter, was dann mit einem Therapeuten oder einer Therapeutin geklärt werden kann, der oder die selbst einen Zugang zur Aktiven Imagination hat. Man kann also durchaus zu Beginn die Hilfe eines oder einer in Aktiver Imagination Erfahrenen in Anspruch nehmen.

Ein notwendiger Brückenschlag

Schwierigkeiten beim Imaginieren können sich auch deshalb einstellen, weil das Bewusstsein und das Unbewusste sehr verschieden sind.

Unserem Bewusstsein ist zu eigen, dass es zielgerichtet und mehr oder weniger konzentriert ist. In der Regel stehen wir am Morgen auf, frühstücken, fahren anschließend zur Arbeit, erledigen konzentriert die dort anstehenden Aufgaben und so weiter. Während des größten Teils des Tages wenden wir uns zielgerichtet Aufgaben zu, die wir zu bewältigen haben. Unser ganz persönlicher sozialer Wert richtet sich danach, wie sehr wir Zielgerichtetheit und Konzentration entwickelt haben. Technik und Kultur können sich nur entfalten, wenn es ausreichend Menschen in einer Gesellschaft gibt, die sich den gegebenen Aufgaben konzentriert zuwenden.

Durch die Zielgerichtetheit des Bewusstseins tritt eine gewisse Einseitigkeit auf. Menschen, die beispielsweise sehr mit ihrem Beruf befasst sind, haben möglicherweise kein Interesse mehr an Dingen, die ihr Leben außerdem bereichern und erfüllen könnten.

Von einem klugen Unternehmer mittleren Alters erfuhren wir folgende Geschichte:

Er hatte von seinem Vater einen kleinen Betrieb in der Metallbranche geerbt. Unter großem Einsatz, 16 Stunden Arbeit täglich waren keine Seltenheit, erweiterte er sein Geschäft zu einem mittelständischen Betrieb. Er war stolz auf seine Firma und nahm auch in Kauf, dass seine Familie sehr unter seiner Abwesenheit litt. Bitten der Ehefrau und der Kinder, doch mehr Zeit mit ihnen zu verbringen, schlug er in den Wind. Dann zertrümmerte ein selbstverschuldeter Autounfall sein rechtes Fußgelenk, was einen längeren Klinikaufenthalt und Monate der Rekonvaleszenz mit sich brachte. Dort entdeckte er die Bücher von Hermann Hesse, hörte viel Musik und es entwickelte sich eine Beziehung zu seiner Familie, wie er sie vorher nie gekannt hatte. Er konnte diese Veränderung genießen. Sein Lebensraum hatte sich durch diesen Unfall wesentlich erweitert. Der Ärger über diesen selbstverschuldeten Unfall war verflogen, denn er hatte verstanden, was er aus diesem Zusammenstoß lernen konnte. Er erinnerte sich, dass er vor seinem Unfall von langen Urlauben geträumt hatte, er sah sich in einem Boot rund um die Erde segeln. Er erlebte sich in seiner Fantasie auch als Aussteiger, dem sein angesammeltes Vermögen ausreichen würde, sich und seiner Familie ein schönes Leben zu bereiten. Doch hielt er diese Fantasien für Fantastereien, die aus seinen Gedanken vertrieben werden mussten. Er meinte seine Aufgaben sehr genau zu kennen und glaubte zu wissen, was ihm zu tun aufgegeben war.

An diesem Beispiel zeigt sich die Zielgerichtetheit und Konzentration des Bewusstseins, das sich auf die tägliche Arbeit, hier auf den Aufbau eines Betriebes bezieht. Deutlich mischen sich aber auch Fantasien aus dem Unbewussten in das Bewusstsein ein, die eine ganz andere Sprache sprechen. Sie erzählen vom Aussteigen, von einer Weltumsegelung, oder von einer anderen und damit intensiveren Beziehung zur Familie. Solche Fantasien wollen die Einseitigkeit des Bewusstseins auflösen und den Bewusstseinsraum öffnen für das Andere, das Nichtgelebte, das aber auch zu der betreffenden Person gehört. Das Unbewusste bemüht seine kompensatorische Funktion, um die Enge des Bewusstseins nach innen und außen weiter, lebendiger und interessanter werden zu lassen.

Ein anderes kurzes Beispiel soll dies noch verdeutlichen:

Eine in ihren Aggressionen gehemmte junge Frau ging in einen Laden, um sich etwas Bestimmtes zu kaufen. Sie wurde schlecht bedient, aber sie war nicht in der Lage, sich zu wehren, und zog deprimiert wieder von dannen. In der darauf folgenden Nacht träumte sie: Wieder betritt sie den Laden, verlangt den Geschäftsführer und beschwert sich jetzt auf das Heftigste über die schlechte Behandlung am Vortag. Der Geschäftsführer entschuldigt sich, die junge Frau wacht auf und fühlt sich sehr zufrieden.

Diese beiden Beispiele zeigen die Unterschiedlichkeit von Bewusstsein und Unbewusstem. Auf der einen Seite steht eine nahezu ausschließliche Hinwendung an die berufliche Aufgabe oder ein deprimierter Rückzug. Auf der anderen Seite drängt das Unbewusste nach Erweiterung des Lebensraums, bzw. darauf, die eigene Person aggressiver zu vertreten, als dies bisher geschehen war.

Interessanterweise wurde im ersten Beispiel das Drängen des Unbewussten vom Bewusstsein erst aufgenommen und umgesetzt, als es zu einem Symptom, zum Unfall gekommen war.

Auch im zweiten Beispiel musste es erst zu einer affektiven Irritation und zu einem entsprechenden Traum kommen, bevor die junge Frau sich ernsthaft mit ihrer mangelnden Durchsetzungsfähigkeit auseinandersetzen konnte. Auch sie hatte schon zuvor des öfteren deutliche Aufforderungen wegen ihres Mangels an positiver Aggressivität erhalten, sie aber bislang nie umgesetzt oder angenommen.

Die Äußerungen des Unbewussten werden vom Bewusstsein nicht selten als unpassend, ablenkend, gefährlich, möglicherweise sogar als destruktiv erlebt, das Ich fühlt sich in seinen Alltagsaufgaben gestört. Das Unbewusste seinerseits hält seine Anliegen, hier die Erweiterung des Lebensraumes bzw. die bessere Behauptung der eigenen Person, für mindestens ebenso wichtig und versucht sich mit allen Mitteln durchzusetzen. Dieser »Krieg« führt sehr häufig, wie wir an den beiden Beispielen zeigen konnten, zu Symptomen bzw. zu affektiven Irritationen.

Sinn einer jeden Arbeit mit sich selbst – im Rahmen einer professionell durchgeführten Psychotherapie, aber auch in jeder einzelnen Aktiven Imagination – muss es von daher sein, den bewussten Pol wahrzunehmen und die kompensatorische Seite des unbewussten Pols zu sehen. Das heilsame Ziel kann nur heißen, beide Seiten zu einer Ganzheit zu verbinden. Wenn wir uns noch einmal dem ersten Beispiel zuwenden, so kann es nicht angehen, dass sich der Unternehmer ausschließlich über seine bewusste Seite durchsetzt. Die Folge wäre, dass der Betrieb mehr und mehr aufblüht, die Familie und sein sonstiges Leben dagegen mehr und mehr verkümmern. Würde sich die unbewusste Seite einseitig durchsetzen, würden die kreativen Fähigkeiten des Unternehmers, die zur Leitung eines Betrieb notwendig sind und die finanzielle Grundlage der Familie bilden, abbröckeln. Die Existenzgrundlage der Mitarbeiter und der Familie ginge verloren. Jede Einseitigkeit hätte fatale Folgen, weshalb sich die unbewusste Seite der Psyche mit Vehemenz gegen jede Einseitigkeit wehrt, ja unter Umständen die heftigsten Symptome einsetzt, um die Ganzheit entweder zu erhalten, wieder herzustellen oder überhaupt zu gewinnen.

Der Versuch die beiden Positionen über das Bewusstsein zusammenbringen zu wollen, würde kläglich scheitern, ein solches Ansinnen wäre schlicht wirkungslos, weil das Ich in den wenigstens Fällen so vernünftig und einsichtig ist, dass es ohne die Beteiligung des Unbewussten bereit wäre, sich auf den gesunden Ausgleich einzulassen. Leider ist das so, sonst wären nicht so viele Menschen krank und leidend.

In einer Psychotherapie geht es deshalb immer darum, das Bewusstsein mit allen unbewussten Äußerungen, wie zum Beispiel mit Träumen, Fantasien, oder gemalten Bildern anzureichern. So kommt es zur Zusammenführung der bewussten und unbewussten Inhalte, die Symptomfreiheit und Heilung ermöglichen. Weil aber niemand seine Analyse »ewig« fortsetzen will oder kann, sondern sich auch aus der Abhängigkeit vom Analytiker oder der Analytikerin lösen möchte oder muss, bietet sich zur Nacharbeit oder auch zum lebenslangen Kontakt mit dem Unbewussten die Aktive Imagination an. Mit ihr kann man sich auch allein dem zuwenden, was gerade fehlt und so das Bewusstsein und das Unbewusste zusammenführen.

Grenzen überschreiten

Wir verfügen nämlich über eine wunderbare Fähigkeit, auch dann noch Lösungen zu finden, wenn »nach menschlichem Ermessen« keine Lösung mehr in Sicht ist. »Immer, wenn du meinst, es geht nicht mehr, kommt von irgendwo ein Lichtlein her«, weiß der Volksmund. Wir hören beispielsweise – wie von ungefähr – irgendwo einen Satz, eine Melodie im Radio, oder jemand spricht etwas aus, was uns plötzlich wieder auf andere Gedanken bringt. Auf einmal ist eine neue Idee da, ein erlösendes Gefühl lebendig geworden. Jeder Mensch kennt dieses Phänomen. Wie ist so etwas möglich?

Meist ist es im Leben schwierig, das »Ganze« zu sehen oder zu überblicken. Wir verfangen uns oft in einem einseitigen Standpunkt, kommen mit unseren noch so angestrengten Überlegungen nicht mehr weiter, spannen uns an, sind ganz verkrampft. »Nichts geht mehr!« Bewusstes und Unbewusstes stimmen nicht überein, was ein Grund zu ständiger Unruhe oder zu stagnierender Apathie sein kann. Manchmal lösen Tränen die Spannung, die sich schon lange »angestaut« haben, das Gefühl kommt wieder »in Fluss«, Ruhe kehrt ein.

Gezielte oder spontan sich ereignende Aktive Imaginationen sind für einen solchen Prozess sehr hilfreich. Da taucht dann z. B. eine Gestalt wie ein Vogel auf, wenn ich mich nach innen öffne. Auch Saint-Exupéry durfte sehr erstaunt gewesen sein, als ihm in seiner großen Not in der Wüste plötzlich ein kleines Männchen gegenüberstand und ihn bat: »*Zeichne mir ein Schaf*«, und schließlich den wunderbaren Satz: »*Man sieht nur mit dem Herzen gut*«, sagte. Einen solchen Satz denkt sich nicht einfach der Verstand aus und schon gar nicht in einer lebensbedrohlichen Situation. Aber das war der Anfang der »Not-Lösung«.

Es ist, als werde in so einer scheinbar ausweglosen Lage eine Grenze in uns überschritten. C. G. Jung hat diese Fähigkeit im Menschen als »transzendente Funktion« bezeichnet. Denn sie »transzendiert« eine unüberwindbar erscheinende innere Lage. Das hat hier nichts mit Metaphysik, mit Transzendenz im philosophischen oder religiösen Sinne zu tun. Und doch bestehen gewisse Ähnlichkeiten. Für das bewusste Ich fühlt es sich so an, als würde eine Grenze überschritten, ein zu eng gewordener Raum verlassen. Der Blick wird wieder frei für eine neue Sicht, eine neue Weite, eine »andere Welt«. Und das geschieht ohne mein bewusstes Zutun, ja, wie von selbst, wie von einer inneren »Absicht« gesteuert, im Sinne der Befreiung, der Erlösung, der Öffnung des weiteren Weges.

Zu wissen, dass jeder Mensch über diese Möglichkeiten und Fähigkeiten verfügt, dass sie ihm einfach zur Verfügung stehen, kann eine wunderbare Geborgenheit und Sicherheit vermitteln. Wichtig ist hier auch, dass ich mir diese neue Lösung nicht ausdenke oder ausrechne. Sie kommt für mein Bewusstsein »von irgendwo her«, aus den »Tiefen« des Unbewussten, in dem alles Wissen vorhanden ist, und der Weisheit der Seele. Sie geschieht mir, ist einfach plötzlich da, immer schöpferisch, sie knüpft nur teilweise an Bisheriges und Bekanntes an. Manchmal ist es wie ein Sprung ins Paradoxe. Es gibt einen alten lateinischen Satz, den auch C. G. Jung öfters zitiert hat: »tertium non datur«, d. h. »das Dritte ist (noch) nicht vorhanden«, ist mir noch nicht zugänglich. Ich werde – noch – zwischen den Gegensätzen in mir hin und her geschüttelt und finde keine neue Orientierung. Das ist auch die typische Situation bei inneren Konflikten: »Soll ich oder soll ich nicht?«, »Will ich oder will ich nicht?«. Das Hin und Her mit diesen Fragen kann viele schlaflose Nächte bereiten. Fortwährendes Nachdenken hilft aber nicht mehr weiter, verwirrt nur noch mehr. Wir sind mit unserem Denken am Ende. Am ehesten führt dann die Intuition weiter, die aber auch bei den meisten Menschen ungeübt und unentwickelt ist, wenn sie überhaupt bewusst wahrgenommen wird.

Die innere Anspannung und Unruhe, die in solchen Konfliktsituationen spürbar wird, ist ein deutlicher Hinweis darauf, dass intensive Energien im Menschen zwar aktiviert sind, mit denen er aber im Augenblick nichts anfangen kann. In der Analytischen Psychologie spricht man von einem Libidoüberschuss – also von angestauter Lebensenergie – der noch keine neue Form gefunden hat, sie aber sucht.

Da bleibt einem im Grunde nichts anderes übrig, als loszulassen, das angespannte Nachdenken über den Konflikt aufzugeben und sich vertrauensvoll dem inneren Geschehen hinzugeben. Vielleicht bietet ein Traum eine mögliche Lösung an oder diese taucht völlig unerwartet irgendwann plötzlich im Alltag mit einem Einfall, einer Idee auf. Sie fällt gleichsam wie eine Sternschnuppe vom Himmel direkt in das Bewusstsein hinein. Unterstützung findet dieser Prozess in einer Aktiven Imagination. Sie bietet die einzige Möglichkeit, bewusst, vom Ich her, die Konfliktsituation aufzulösen, die gestaute Energie wieder in Fluss zu bringen.

Das immer Überraschende, das in der Aktiven Imagination auftaucht, geht auf das Wirken dieser transzendenten Funktion zurück. Es ist nicht das Ergebnis langer intellektueller Übungen und komplizierter Überlegungen, die ja in der Regel wenig Neues und schon gar nichts Überraschendes bringen. Sie vermitteln in der Regel keinen Unterschied zum schon Bekannten und Vertrauten, aber eben kaum noch Befriedigenden.

Die Erlebnisse in der Aktiven Imagination kompensieren also nicht nur die Einseitigkeiten meiner bewussten Lebenshaltung, sie stellen auch die Brücke zum Neuen zur Verfügung, dorthin, wo es »am anderen Ufer« weitergeht. Die transzendente Funktion bewirkt das Auftauchen eines neuen Symbols, was für eine veränderte Sichtweise sehr hilfreich ist. Symbole – z. B. die Sternschnuppe – weisen immer auf Möglichkeiten hin, die mir noch nicht zugänglich, aber schon konstelliert sind.

Das Wesentliche bei der Symbolbildung ist, dass über das Symbol die aktivierte Energie transformiert und in eine neue Form übergeführt wird, die jetzt gelebt werden kann. Wenn z. B. plötzlich in einer Aktiven Imagination Bilder einer lebendigen Erde, heute wieder als »Gaia« bezeichnet, auftauchen und aktiv verfolgt werden, dann ist so ein Symbol »gefunden«, oder vom Unbewussten »zur Verfügung gestellt« worden. Eine neue Verankerung im Leben wird möglich, der Mensch ist wieder »geerdet«. Was das dann im Einzelnen für die Alltagsbewältigung heißt, kann man in der Regel gut herausfinden und dann auch Schritt für Schritt verwirklichen. Das Symbol ist ein Energietransformator. Diese wissenschaftlich-abstrakte Bezeichnung enthält aber wieder den ermutigenden Hinweis, dass im Menschen nicht nur eine Brückenfunktion aktiviert werden kann, sondern dass das »andere Ufer« auch inhaltlich und bildlich sichtbar wird. Die Energie verpufft nicht blind im Affekt der Wut oder versackt in der Depression, sondern findet eine neue und weiterführende Form, ein inneres Bild, welches symbolhaft wirkt. Erwähnt sei auch, dass Symbole nicht nur in der persönlichen Entwicklung, sondern ebenso in großen geschichtlichen, politischen und religiösen Zusammenhängen eine maßgebliche Rolle spielen. Die enorme Energie, die zum Beispiel im »ewigen Feuer«, das bei der Olympiade brennt, spürbar ist, oder wenn die Mannschaften bei einer Fussball-Weltmeisterschaft ins Stadion einmarschieren, aber auch in den heiligen Bildern der verschiedenen Religionen aktiviert wird, ist ja den meisten Menschen bekannt. Es geht hier sowohl um individuelle als auch – wenn nicht noch intensiver – um allgemein menschliche Energien und Energietransformationen in den großen Symbolen der Kulturgeschichte, von denen Millionen Menschen auf der ganzen Erde ergriffen und motiviert werden, sogar ihr Leben zu opfern. Wir können diese Energien, die in jedem wirksam sind, gar nicht genug beachten. Es kann sehr gefährlich werden, sie zu unterschätzen. Das Symbol hat also eine grundlegend wichtige Funktion, es ist eng mit der transzendenten Funktion verknüpft.

Noch ein Weiteres wollen wir hervorheben: Die transzendente Funktion ist immer auf die aktuelle Lebens- und eben meistens auch Konfliktlage und die damit verbundenen notwendigen Lösungsschritte bezogen. Es handelt sich dabei nicht immer nur um große »Einbrüche« in das Bewusstsein, auch wenn es sich oft so anfühlt, als sei jetzt »der Durchbruch geschafft«. Ist er ja auch, denn es geht wieder weiter, eine mögliche Stockung ist vorüber.

Mit beiden, der Energie transformierenden Funktion des Symbols und der Brückenfunktion im Hin und Her der inneren Konflikte und Gegensätze, ist die Aktive Imagination sehr eng verbunden. Nur muss man sie eben nutzen, was ja, wie gezeigt, täglich möglich ist. So werden Konflikte und Belastungen zu vorübergehenden Ereignissen, die zugleich neue Erfahrungen ermöglichen.

Zusammenfassende Anleitung, persönliche Fragen und Antworten

Im Folgenden geben wir Ihnen noch eine kurze zusammenfassende Anleitung mit den häufigsten Fragen, die uns gestellt wurden. Wir nehmen an, dass auch beim Lesen des Buches die eine oder andere Frage aufgetaucht ist. Die Fragen wie die Antworten sind kurz formuliert, entscheidend ist die Offenheit für die eigenen Möglichkeiten und das Vertrauen, diesen Impulsen zunächst einfach zu folgen.

Anleitung:
Setzen Sie sich in einer entspannt aufmerksamen, aufrechten Haltung, so dass die Atmung nicht eingeengt ist, auf einen Stuhl, schließen Sie leicht die Augen – nicht fest zukneifen – und konzentrieren Sie sich zunächst einmal auf Ihre Atmung. Sie brauchen gar nichts Besonderes zu tun, folgen sie einfach den einzelnen Atemzügen, beobachten Sie, wie Ihr Atmen ganz von alleine, in seinem eigenen Rhythmus durch Sie hindurch strömt.

An dieser Stelle könnte folgende Frage auftauchen:

Kann ich eine Aktive Imagination auch im Liegen durchführen?
Grundsätzlich schon. Doch wir raten davon eher ab. Im Liegen verfügen Sie nicht über so viel wache Aufmerksamkeit, wie sie zur Aktiven Imagination nötig ist. Auch ein lebhafter Dialog oder eine Auseinandersetzung mit den Gestalten, die in Ihrem Inneren auftreten, ist so nicht gut möglich. Ein Gespräch führt man in der Regel »Auge in Auge« – das gilt auch für die imaginären, inneren Augen es sei denn, man ist krank oder aus anderen Gründen bettlägrig. Auch ist die Gefahr, in passive Träumerei zu verfallen oder gar einzuschlafen, im Liegen größer als im Sitzen.

Jetzt stellen Sie sich vor, Sie gehen eine Treppe hinunter. Beginnen Sie zu zählen: 10, 9, 8, usw. bis 0. Dann stehen Sie auf einem Absatz und sehen, dass da noch einmal eine Treppe ist. Gehen Sie auch diese hinunter, indem Sie wieder von 10 bis 0 zählen.
Folgende Frage könnte hier gestellt werden:

Kann ich mir eine bestimmte Treppe aussuchen?
Ja. Jede Treppe ist recht, es gibt keine bestimmte Regel oder Treppe. Sie kann ein Geländer haben oder auch nicht, kann gerade oder geschwungen, alt oder neu, breit oder schmal oder auch ganz anders sein.

Unten angekommen, stehen Sie vor einer Türe oder einem Tor. Öffnen Sie die Türe oder das Tor und treten Sie ein in Ihren Raum, den Sie noch nicht kennen, der Ihnen jedoch vielleicht irgendwie bekannt oder gar vertraut vorkommt.

Was mache ich, wenn die Tür, vor der ich stehe, nicht aufgeht?
Was würden Sie in einem solchen Fall im Leben tun? Das ist immer die erste und wichtigste Frage. Sie könnten erst einmal leise, dann lauter klopfen, auch sich stärker gegen die Tür stemmen – vielleicht ist sie eingerostet, lange nicht benutzt worden. Sie könnten rufen, auch lauter. Wenn keine Reaktion erfolgt, vielleicht einige Zeit warten oder mit einem Abschiedswort gehen

und die Rückkehr ankündigen, diese dann aber auch wahr machen.

Jetzt achten Sie sehr aufmerksam auf das, was geschieht, was Sie sehen, hören und vor allem, was Sie fühlen. Wo befinden Sie sich, wie sieht Ihre Umgebung aus? Was passiert?

Was mache ich wenn schon gleich am Anfang, noch bevor ich unten an der Treppe angekommen bin, Bilder aufsteigen oder sich etwa zwei Wege anbieten?
Fühlen Sie sich frei, den Weg zu gehen, der sich Ihnen anbietet. Die Imagination ist ein Weg in die Freiheit, auch wenn dieser sich zunächst als ungewohnt darstellt. Lassen Sie sich in solch einem »Konfliktfall« von dem führen, was sich Ihnen von innen anbietet. Gehen Sie ihren eigenen Weg, unabhängig davon, was als gut gemeinte Anleitung gedacht war. Vielleicht ist es ein erster Schritt in die Freiheit.

Kommt irgendetwas oder irgendjemand auf Sie zu? Falls eine Gestalt auftaucht, die Sie in der äußeren Realität kennen, verabschieden Sie diese freundlich aber bestimmt. Sie gehört nicht in Ihre Aktive Imagination.

Was mache ich, wenn gar keine Bilder kommen?
Das ist glücklicher Weise seiten der Fall. Die Seele drückt sich immer in Bildern aus, sie gehören wesensmäßig zu ihr. Also: Geben Sie nicht auf, versuchen Sie es immer wieder. Uns ist ein Fall bekannt, in dem eine Frau drei Wochen lang vor einem Bett saß, in dem ein Mann ihr den Rücken zudrehte. Geduldig nahm sie immer wieder die Beziehung auf, bis er sich schließlich nach langer Zeit umdrehte. Es ist immer wichtig, zu warten, auch über längere Zeit. Aber manchmal lässt es sich wirklich nicht erzwingen, dann war es noch nicht der richtige Zeitpunkt. Es mag vielleicht erst einmal Zeit für Träume, Malen oder auch passive Imaginationen sein.

Seien Sie weiterhin aufmerksam und wach für das, was nun geschieht. Wenn eine Gestalt auf Sie zukommt, nehmen Sie Kontakt zu ihr auf. Sie können sie zum Beispiel das fragen, was Sie besonders interessiert, was Sie auf dem Herzen haben.

Was mache ich, wenn die Bilder aus dem Unbewussten wieder verschwinden, wenn ich mich an sie wende?
Das kommt glücklicherweise selten vor. Meist ist es eine Übungsfrage, es geht von Mal zu Mal besser. Die aktive, natürliche Kontaktaufnahme im Sinne von »He, bleib da!« lohnt sich immer. Aber es stellt sich hier auch die Frage der Einstellung zur unbewussten Seite der Seele, die zwar unbekannt, aber eben auch die Grund legende Matrix aller Erlebnismöglichkeiten ist. Nur zu oft wird diese Seite missachtet, verdrängt, gefürchtet und verliert damit ihre schöpferische, ausgleichende und Weg leitende Funktion, auf die wir so angewiesen sind. Diese Abwehr kann zu verschiedenen Symptomen und neurotischen Erkrankungen führen. Es wäre also wichtig, wenn Sie Ihre Grundeinstellungen zum Leben selbst sorgfältig überprüfen. Die Hemmungen und Störungen in der Aktiven Imagination können eigentlich schon einwesentlicher Teil der inneren Führung sein. Hier zeigt sich bereits ihre große schöpferische Möglichkeit, die entsprechende Bereitschaft der inneren Helfer. Nehmen Sie diese ruhig in Anspruch.

Lassen Sie aber auch den Gestalten, die zu Ihnen kommen, die Möglichkeit, Ihnen etwas zu sagen oder Sie zu fragen. Hören Sie ihnen gut zu. Nur so kann ein Gespräch zustande kommen.

Was mache ich, wenn die inneren Bilder so heftig und bedrohlich sind, dass ich meine, sie nicht aushalten zu können?
In der Aktiven Imagination kommen auch unsere »dunklen Seiten« zu Wort, die wir bisher nicht sehen wollten oder durften. Dass Sie vor diesen Konfrontationen auch Angst haben, ist ganz natürlich und verständlich. Doch auf Dauer lassen sie sich nicht aussperren. Die Aktive Imagination gibt mit dem Hervorbringen des Ängstigenden eine wesentliche Chance zur persönlichen Weiterentwicklung, die wir in dieser Form seiten geboten bekommen. Diese Ängste sollten Sie, so lange es Ihnen möglich ist, auch längere Zeit in Gegenwart der inneren Begleiter aushalten,

sie mit ihnen besprechen. Wenn es gar nicht mehr geht, beenden Sie die Imagination, aber möglichst nur für dieses Mal. Kneifen Sie nicht grundsätzlich, sondern wagen Sie sich Schritt für Schritt wieder an diese Probleme, Fragen und Erinnerungen heran. Die Seele verfügt über viele Lösungsmöglichkeiten, wenn wir ihr die Chance dazu geben. Entwickeln Sie dieses Vertrauen.

Nach etwa einer halben Stunde – Sie haben vorher einen Timer gestellt verabschieden Sie sich von dem, was gerade ist und kommen zurück in die äußere Realität. Sie können zum Beispiel die Treppen, die Sie zu Beginn hinunter gegangen sind, jetzt hinauf gehen. Dann recken und strecken Sie sich wie eine Katze, um wieder ganz in der gewohnten Umgebung anzukommen und öffnen die Augen.

Was mache ich, wenn ich mit dem Ergebnis nicht zufrieden bin und meine, nicht für eine Aktive Imagination begabt zu sein?
Es gibt kein bestimmtes Ergebnis, das zu erreichen wäre. Feste Vorstellungen darüber behindern den lebendigen und schöpferischen Prozess, der gerade in der Aktiven Imagination zum tragenden Erlebnis wird. Prüfen Sie Ihre Erwartungen, sie sind vielleicht zu eng, zu ängstlich, zu fordernd. Jeder Mensch verfügt über die Fähigkeit, Fantasien zu entwickeln. Es braucht keine besondere Begabung zur Aktiven Imagination.

Nach der Aktiven Imagination fertigen Sie am Besten gleich ein Protokoll an. Selbst wenn Sie annehmen sollten, dass Sie das Erlebte gut in sich selbst gespeichert haben und nichts vergessen werden, ist es doch ratsam, alles gleich aufzuschreiben, vor allem auch Ihre Gefühlsreaktionen schriftlich festzuhalten. Sonst könnte diese Erfahrung bedauerlicherweise wieder ins Unbewusste zurücksinken.

Jetzt bringen wir noch einige Fragen – mit den entsprechenden Antworten – die von Teilnehmerinnen und Teilnehmern gestellt wurden, die bereits persönliche Erfahrungen mit der Aktiven Imagination gemacht haben oder grundsätzlich zweifeln, ob diese Methode für sie die richtige ist. Davon handelt die folgende Frage:

Was mache ich, wenn ich psychisch krank bin?
Gerade wenn Sie krank sind, kann Ihnen die Aktive Imagination helfen, Ihre Krankheit zu verstehen und Sie können dadurch wieder genesen. Sollten Sie jedoch wegen einer psychotischen Erkrankung in psychiatrischer Behandlung sein oder gewesen sein, sollten Sie sich zunächst nicht allein auf eine Aktive Imagination einlassen, sondern erst fachlichen Rat einholen. Auch wenn Sie feststellen, dass Ihnen die emotionale Beteiligung während der Aktiven Imagination über längere Zeit fehlt, ist es zumindest zu diesem Zeitpunkt ratsam, Ihr weiteres Bemühen um die Aktive Imagination einzustellen. Scheuen sie sich nicht, bei eventuellen Unsicherheiten die Unterstützung eines erfahrenen Therapeuten oder einer kompetenten Therapeutin in Anspruch zu nehmen.

Was mache ich, wenn ich mit einem bestimmten Bild, etwa aus einem Traum, imaginieren will – muss ich dann auch zuerst die Treppen hinunter steigen?
Nein, keineswegs. Fangen Sie einfach mit dem an, was gerade präsent ist. Die Stufen bieten lediglich eine gute Möglichkeit, in die Tiefe Ihrer Seele hinab zu steigen, wenn gerade nichts Bestimmtes an der Grenze zur Bewusstwerdung liegt.

Was mache ich, wenn ich nicht allein imaginieren will?
Das muss auch nicht sein. Man kann in Gruppen imaginieren, das bietet zumindest am Anfang den gewünschten Schutz. Dabei ist es wichtig, dass Sie nachfühlen, wie lange Sie in einer Gruppe so arbeiten wollen. Ursprünglich wurde die Aktive Imagination nur in Einzelarbeit durchgeführt. Doch heute ist es auch wichtig, in Gruppen zu imaginieren. Denn im so genannten »Wassermann-Zeitalter« geht es gerade darum zu lernen, ganz individuell in der Gruppe sein zu können.

Was mache ich, wenn ich meine Gefühle nicht zeigen will?
Die Frage taucht hauptsächlich in Gruppen und auch da oft nur anfangs auf. Gefühle gehören als grundlegende Lebensäußerungen immer dazu, sonst wäre die Aktive Imagination nur eine rein

intellektuelle Angelegenheit. Die Emotion ist der Motor, der die angestrebte Veränderung bewirkt.

Also bleiben Sie bei Ihren Gefühlen, immer in dem Maße, wie Sie es im Augenblick vermögen. Auch hier kann die innere Führerin und der innere Führer Sie beraten, Sie müssen diese allerdings fragen. Alle Gefühle gehören zu Ihnen: Freude, Trauer, Liebe, Sehnsucht, Ärger, Wut und Angst, um nur einige zu nennen. Trauen Sie sich, Ihre Gefühle auch in einer Gruppe zu zeigen. Denn nur dadurch entstehen Vertrauen und Innigkeit. Die anderen haben doch auch entsprechende Emotionen und fühlen sich immer verstanden, wenn jemand ihre oder seine Gefühle zulässt.

Was mache ich, wenn ich aus irgend einem Grund sehr aufgeregt und unruhig bin, aber trotzdem imaginieren will?
Am Besten noch ein bisschen abwarten, sich erst einmal oben an der Treppe hinsetzen, einige Atemübungen machen oder auch einen Spaziergang, wenn möglich. Aber keinesfalls aufgeben. Letztlich geht es immer gut weiter. Die inneren Begleiter lassen uns nicht im Stich.

Was mache ich, wenn ich immer wieder Zweifel an der Methode habe?
Auch Imaginationsmethoden brauchen neben Vertrauen und Lust eben viel Übung, sie sind ganz sicher erlernbar. Also weitermachen. Buddha sagte immer wieder: 'Komm und sieh selbst.' Jeder muss hier seinen eigenen Weg finden, und dieser ist auffindbar – manchmal geht es eben ein wenig langsam. Jede Seele hat ihren eigenen Rhythmus.

Was mache ich, wenn ich die Bilder interpretieren möchte?
Das sollte während des Imaginationsprozesses, auch wenn er über längere Zeit andauert, nicht geschehen. Die Bilder sprechen für sich selbst. Sie in irgend eine psychologische Meta- oder Fachsprache zu ›übersetzen‹ ist unnötig, es nimmt ihnen ihre ursprüngliche Kraft.

Was mache ich, wenn ich das Gefühl habe, das, was in der Aktiven Imagination geschieht, sollte eine Konsequenz für mein Alltagsleben haben?

Das ist ein ganz wichtiger Punkt. Sie sollten die Aktive Imagination immer als verpflichtend ansehen. Natürlich in realistischen Grenzen. Wenn Ihnen etwas gesagt wird, bei dem sich Ihr Inneres sträubt: Sie sollen beispielsweise einen Menschen verlassen, der Ihnen sehr wichtig ist, dann fragen Sie nach, wieso Sie das tun sollen. Setzen Sie sich so lange mit diesem Ansinnen auseinander, bis Sie Klarheit über Ihre Gefühle haben. Lassen Sie sich auf nichts ein, was Ihnen ein ungutes Gefühl bereitet. Dann sprechen Sie die Angelegenheit lieber mit einem professionellen äußeren Begleiter oder einer Begleiterin durch, bevor Sie etwas tun, das Ihnen gar nicht behagt.

Doch wenn Sie spüren: Ja, das sollte ich tun, das wäre meine Pflicht – mich stärker sozial zu engagieren; bewusster mit Menschen meiner Umgebung umzugehen; strikter und liebevoller mit mir selbst zu sein; einfacher in meiner Lebensführung zu werden; milder zu urteilen – dann lassen Sie nicht zu, sich dieser Pflicht zu entziehen. Dies ist die große Stärke der Aktiven Imagination: sie vermittelt ein ethisches Gefühl. Gerade in unserer Zeit ist das sehr wichtig.

Falls Sie jedoch grundsätzlich nicht bereit sind, die gegebene Konsequenz aus der Aktiven Imagination zu ziehen, wäre es besser, sich nicht in den inneren Prozess, den die Aktive Imagination bietet, einzulassen. Denn wenn man Verpflichtungen spürt, die man nicht einhält, kann dies zu länger anhaltendem Unwohlsein führen.

Nun wünschen wir Ihnen viele interessante Erfahrungen mit der Aktiven Imagination sowie Mut und Freude auf Ihrem Weg in die innere Freiheit.

Und noch ein letztes Bild, das in seiner Schönheit kaum zu übertreffen ist:

Und alles ist gelöst

»Schließlich werden wir, davon bin ich überzeugt, die der Existenz selbst innewohnende Freude finden, eine Freude, die in der Großen Vollkommenheit dieses und jedes anderen Augenblicks wurzelt. Ein jeder von uns ist ein wundervolles Ganzes an sich und ein Teil eines nächsthöheren Ganzen, eine gleitende Aufeinanderfolge von Ganzen und Teilen, die kaskadenförmig vor und zurück in die Unendlichkeit stürzt, ein Ganzes, dem es nie an irgendetwas mangelt und das niemals einer Sache bedarf, weil es im Gleißen des Jetzt schon immer erfüllt ist. Nachdem die integrale Vision ihren Zweck erfüllt hat, wird sie schließlich vom Leuchten des GEISTES überstrahlt, der viel zu offensichtlich ist, als dass wir ihn sehen könnten, und der uns viel zu nahe ist, als dass wir ihn erreichen könnten. Und die integrale Suche kommt schließlich an ihr Ziel, indem sie das Suchen selbst aufgibt und sich in einer radikalen Freiheit und ekstatischen Fülle auflöst, die immer schon vorhanden waren. So lässt man dann jede Theorie von Allem fallen, um einfach Alles und Jedes zu *sein*, eins mit dem All in seinem grenzenlosen Gewahrsein, das den KOSMOS liebevoll in seinem Handteller trägt. Und dann offenbart sich das wahre Mysterium. Das Antlitz des GEISTES lächelt heimlich, die Sonne geht in deinem eigenen Herzen auf und die Erde wird dein ganz persönlicher Körper, Galaxien rasen durch deine Adern, während die Sterne die Neuronen deiner Nacht zum Leuchten bringen. Und niemals wieder wirst du nach einer bloßen Theorie dessen suchen, was tatsächlich dein eigenes Ursprüngliches Antlitz ist.«
Ken Wilber[36]

Anmerkungen

1. Wilber, Ken: Halbzeit der Evolution. Bern / München / Wien: Scherz 1984, S. 376
2. Jung, Carl Gustav: Briefe II. Olten / Freiburg i.Br.: Walter 1972, S. 76
3. Jung, Carl Gustav: Erinnerungen, Träume, Gedanken. Olten: Walter 1971, S. 92/93
4. Popper, Carl. R. u. Eccles, John C.: Das Ich und sein Gehirn. München / Zürich: Piper 1982, S. 649 ff.
5. ebda.: S. 649/650
6. Dante Alighieri: Die Göttliche Komödie. Stuttgart: Reclam 2000, S. 7 u. 253
7. Platon: Das Gastmahl. Stuttgart: Reclam 199, S. 80/81 u. 84/85
8. Preußler, Otfried: Die Abenteuer des starken Wanja. Stuttgart / Wien: Thienemann 1981, S. 15
9. Albig, Jörg-Uwe: Engel. Geo. Hamburg: Gruner & Jahr 2000, S. 60-86
10. Tarr-Krüger, Irmtraud: Schutzengel. Freiburg i.Br. / Basel / Wien: Herder 1999, S. 99/100
11. Hüther, Gerald: Bedienungsanleitung für ein menschliches Gehirn. Göttingen: Vandenhoeck & Ruprecht 2001, S. 119
12. ebda: S. 85
13. Minsky, Marvin: Mentopolis. Stuttgart: Klett-Cotta 1994
14. von Franz, Marie-Louise: Psyche und Materie. Einsiedeln: Daimon 1988, S. 178
15. Linke, Detlef: Das Gehirn. München: Beck 1999, S. 91/92
16. Johnson, Buffy: Die grosse Mutter in ihren Tieren. Olten, Freiburg: Walter 1990, S. 284
17. Bhagavad Gita. München / Engelberg: Drei Eichen 1984, S. 116
18. Jung, Carl Gustav: Erinnerungen, Träume, Gedanken. Olten: Walter 1971, S. 259/260
19. ebda: S. 259
20. Penrose, Roger: Das Große, das Kleine und der menschliche Geist. Heidelberg, Berlin: Spektrum Akademischer Verlag 1998, S. 43 ff.
21. Wilber, Ken: Ganzheitlich handeln. Freiamt: Arbor 2001, S. 7 / 9
22. Jung, Carl Gustav: Erinnerungen, Träume, Gedanken. Olten: Walter, 1971, S. 93
23. Katha-Upanishad: Von der Unsterblichkeit des Selbst. Bern / München / Wien: Scherz, 1989, S. 12ff
24. Meister Eckehart: Deutsche Predigten und Traktate. Zürich: Diogenes 1979, S. 170
25. Sheldrake, Rupert u. McKenna, Terence u. Abraham, Ralph: Denken am Rande des Undenkbaren. Bern / München / Wien: Scherz 1993, S. 90
26. Meister Eckehart: Deutsche Predigten und Traktate. Zürich: Diogenes 1979, S. 285
27. ebda. S. 327

28 ebda: S. 378
29 Sheldrake, Rupert u. McKenna, Terence u. Abraham, Ralph: Denken am Rande des Undenkbaren. Bern / München / Wien: Scherz 1993, S. 63
30 ebda: S. 34
31 ebda: S. 26
32 Meister Hakuin: in Wilber, Ken: Wege zum Selbst. München: Kösel 1988, S. 189
33 Lama Anagarika Govinda: Schöpferische Meditation und multidimensionales Bewusstsein. Freiburg: Aurum, S. 79 ff.
34 Katha-Upanishad: Von der Unsterblichkeit des Selbst. Bern / München / Wien: Scherz 1989, S. 94/95
35 Coelho, Paulo: Der fünfte Berg. Zürich: Diogenes 1998, S. 189/190
36 Wilber, Ken: Ganzheitlich handeln. Freiamt: Arbor, 2001, S. 158

Literatur

Albig, Jörg-Uwe: Engel. Geo. Hamburg: Gruner & Jahr 2000, S. 60-86
Bhagavad Gita. Das hohe Lied der Tat. Bearbeitet und erläutert von K. O. Schmidt. München / Engelberg: Drei Eichen 1984
Coelho, Paulo: Auf dem Jakobsweg. Zürich: Diogenes 1999
Coelho, Paulo: Der fünfte Berg. Zürich: Diogenes 1998
Damasio, Antonio R.: Descartes' Irrtum. München / Leipzig: List 1995
Dante, Alighieri: Die Göttliche Komödie. Stuttgart: Reclam 2000
Franz, Marie-Louise von: Psyche und Materie. Einsiedeln: Daimon 1988
Franz, Marie-Louise von: Psychotherapie. Einsiedeln: Daimon 1990
Goleman, Daniel: Emotionale Intelligenz. München / Wien: Hanser 1996
Hoff, Benjamin: Tao Te Puh. Essen: Synthesis 1984
Hüther, Gerald: Bedienungsanleitung für ein menschliches Gehirn. Göttingen: Vandenhoeck & Ruprecht 2001
Jellouschek, Hans: Die Froschprinzessin. Wie ein Mann zur Liebe findet. Stuttgart: Kreuz, 1989
Johnson, Buffy: Die große Mutter in ihren Tieren. Olten, Freiburg i.Br.: Walter 1990
Jung, Carl Gustav: Briefe II. Olten / Freiburg i.Br.: Walter 1972
Jung, Carl Gustav: Der Mensch und seine Symbole. Solothurn / Düsseldorf: Walter 1995
Jung, Carl Gustav: Erinnerungen, Träume, Gedanken. Olten: Walter 1971
Kast, Verena: Imagination als Raum der Freiheit. Olten / Freiburg i.Br.: Walter 1988
Katha-Upanishad: Von der Unsterblichkeit des Selbst. Bern / München / Wien: Scherz 1989
Lama Anagarika Govinda: Schöpferische Meditation und multidimensionales Bewusstsein. Freiburg: Aurum 1982
Lindgren, Astrid: Tomte Tummetott. Hamburg: Oetinger 1960
Linke, Detlef: Das Gehirn. München: Beck 1999
Meister Eckehart: Deutsche Predigten und Traktate. Zürich: Diogenes 1979
Minsky, Marvin: Mentopolis. Stuttgart: Klett-Cotta 1994
Penrose, Roger: Das Große, das Kleine und der menschliche Geist. Heidelberg, Berlin: Spektrum Akademischer Verlag 1998
Platon: Das Gastmahl. Stuttgart: Reclam 1986
Popper, Carl. R. u. Eccles, John C.: Das Ich und sein Gehirn. München / Zürich: Piper 1982
Preußler, Otfried: Die Abenteuer des starken Wanja. Stuttgart / Wien: Thienemann 1981
Rost, Wolfgang: Emotionen. Berlin / Heidelberg: Springer 2001

Saint-Exupéry, Antoine de: Der Kleine Prinz. Düsseldorf: Karl Rauch 2000
Seifert, Angela: Jetzt pack ich's an! München: Deutscher Taschenbuchverlag, 2002
Seifert, Theodor u. Angela: So ein Zufall! Freiburg i. Br.: Herder 2001
Sheldrake, Rupert u. McKenna, Terence u. Abraham, Ralph: Denken am Rande des Undenkbaren. Bern / München / Wien: Scherz 1993
Tarr-Krüger, Irmtraud: Schutzengel. Freiburg i.Br. / Basel / Wien: Herder 1999
Wilber, Ken: Ganzheitlich handeln. Freiamt: Arbor 2001
Wilber, Ken: Halbzeit der Evolution. Bern / München / Wien / Scherz 1984